智库 · 原创 · 权威 · 卓越

Innovation Drives Green Prosperity:
China New Energy Industry Development Report
(2023-2024)

创新驱动绿色繁荣

中国新能源行业发展报告（2023—2024）

提供有价值的阅读

Innovation Drives Green Prosperity:
China New Energy Industry Development Report
(2023-2024)

创新驱动绿色繁荣

中国新能源行业发展报告

（2023—2024）

刘世锦　党彦宝 主编

中国发展出版社
CHINA DEVELOPMENT PRESS

图书在版编目（CIP）数据

创新驱动绿色繁荣 ： 中国新能源行业发展报告 ： 2023—2024 / 刘世锦，党彦宝主编. — 北京 ： 中国发展出版社，2024. 12. — ISBN 978-7-5177-1428-6

Ⅰ. F426.2

中国国家版本馆 CIP 数据核字第 2024PX8070 号

书　　名：创新驱动绿色繁荣——中国新能源行业发展报告（2023—2024）
主　　编：刘世锦　党彦宝
责任编辑：吴　思　钟紫君
出版发行：中国发展出版社
联系地址：北京经济技术开发区荣华中路 22 号亦城财富中心 1 号楼 8 层（100176）
标准书号：ISBN 978-7-5177-1428-6
经 销 者：各地新华书店
印 刷 者：北京华联印刷有限公司
开　　本：710mm × 1000mm　1/16
印　　张：23.25
字　　数：300 千字
版　　次：2024 年 12 月第 1 版
印　　次：2024 年 12 月第 1 次印刷
定　　价：98.00 元

联系电话：（010）68990535　68360970
购书热线：（010）68990682　68990686
网络订购：http://zgfzcbs. tmall. com
网购电话：（010）68990639　88333349
本社网址：http://www.develpress. com
电子邮件：2857118@qq.com

编委会

主　　编

刘世锦　党彦宝

学术顾问

毛宗强　刘　科　张永生　唐　杰　刘培林　唐军旺

叶思宇

编写协调人

郭　素　马健瑞

编写人员

王继源　刘　坚　李晓鹏　胡国良　位　鹤　左　琳

李伟溪　王若男　李　晨　吕凌云　谢剑波　杨佳雯

目录

第四章 我国氢能产业高质量发展的路径与对策研究

第五章 储能推动新能源发展的新机制研究

第一章
以低碳绿色新能源新技术替代加快“双碳”进程

近年来，随着我国光伏、风电、绿氢、储能等低碳绿色新能源新技术的快速发展，新旧技术和能源的替代持续加快，带动整体绿色转型成本不断下降，日益形成更具竞争力和可持续性的绿色转型动力。低碳绿色新能源新技术对传统能源和高碳技术的替代为我国转向“创新型减碳”战略打下了重要基础，也是加快我国“双碳”进程的关键所在。

一、新能源发展的规模、速度和特点

在政策和市场的共同推动下，我国新能源呈现高速发展态势，全产业链优势更加凸显，技术创新能力日益增强，成为全球最具发展潜力的新能源生产国和消费国。

（一）新能源主要领域的增长规模、速度

新时代以来，在能源安全新战略的科学指引下，我国深入推进能源生产和消费革命，可再生能源发电总装机增长约3倍，水电、风电、光

伏、生物质发电和在建核电规模多年位居世界第一，以年均不到 3% 的能源消费增速支撑了年均超过 6% 的经济增长。截至 2023 年底，我国可再生能源装机达到 14.5 亿千瓦，占全国发电总装机的比重超过 50%，历史性超过火电装机。其中，风电装机容量约 4.4 亿千瓦，太阳能光伏发电装机容量约 6.1 亿千瓦。2023 年，全国在建和年内拟开工能源重点项目完成投资额约 2.8 万亿元，其中新能源完成投资额同比增长超 34%，实现快速增长。

1. 风电

2012—2023 年风电装机容量从 6142 万千瓦提高到 44134 万千瓦，年均增长 19.6%（图 1–1）。2023 年我国风电行业运行平稳，新增装机同比增长 20.7%。根据国家“十四五”规划目标，2025 年后，我国风电年均新增装机容量应不低于 6000 万千瓦，到 2030 年至少达到 8 亿千瓦，到 2060 年至少达到 30 亿千瓦。中商产业研究院预测风电行业 2022—2027 年复

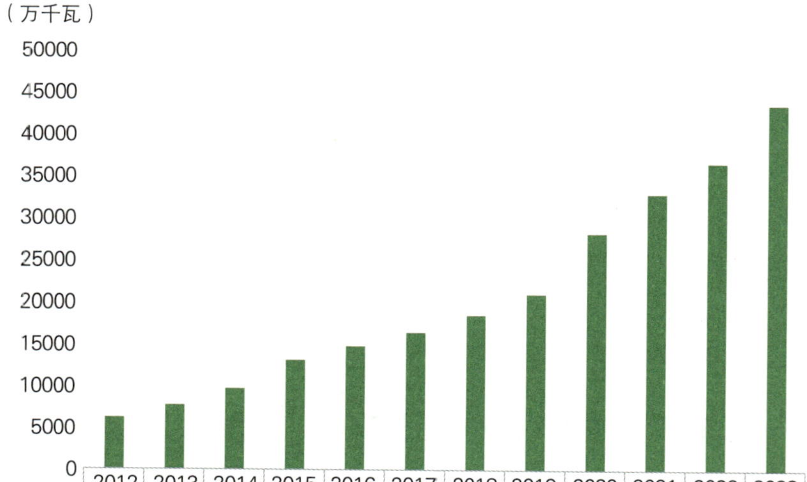

	2012	2013	2014	2015	2016	2017	2018	2019	2020	2021	2022	2023
风电	6142	7652	9657	13075	14747	16400	18427	20915	28153	32848	36544	44134

图 1–1　2012—2023 年全国风电装机容量

资料来源：国家能源局。

合增长率为 20%,《绿色金融蓝皮书：中国风电行业绿色金融发展报告（2022～2023）》预测未来五年海上风电复合年均增长率为 8.3%。

2. 光伏

2012—2023 年光伏装机容量从 341 万千瓦提高到 60949 万千瓦，年均增长 60.2%（图 1-2）。光伏产业的持续降本增效为产业健康发展提供了持续性动力，光伏新增装机量持续提升且增速较快，未来发展市场广阔。2025 年，我国新增光伏装机容量预计达到 9000 万～1.1 亿千瓦。远期发展态势平稳，到 2030 年，我国光伏累计装机容量将超过 10 亿千瓦，光伏有望成为国内第一大电源。

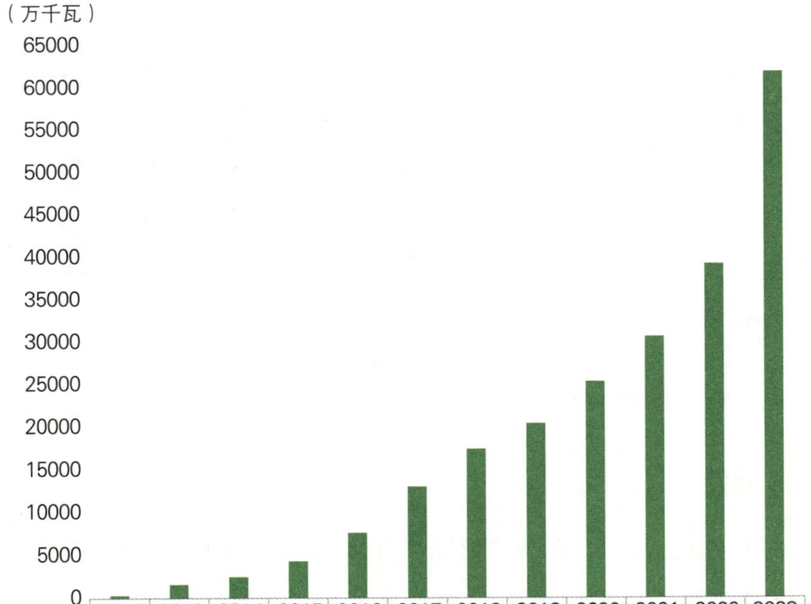

	2012	2013	2014	2015	2016	2017	2018	2019	2020	2021	2022	2023
■光伏	341	1589	2486	4318	7631	13042	17433	20418	25343	30656	39261	60949

图 1-2　2012—2023 年全国光伏装机容量

资料来源：国家能源局。

3. 氢能

我国是目前世界上最大的制氢国，2015—2022 年我国年制氢产量从

1800 万吨提高到 4000 万吨，年均增长 12.1%（图 1–3）。中国物流与采购联合会发布的《中国氢能储运与应用发展报告》显示，2022 年，我国氢能产业投资达到 6800 亿元，占新能源整体投资的 7.4%。根据中国氢能源及燃料电池产业创新战略联盟数据，预计至 2025 年和 2035 年，氢能行业产值将分别达 1 万亿元和 5 万亿元规模。预计 2060 年绿氢产量将超过 9000 万吨，占制氢总量 90% 以上。

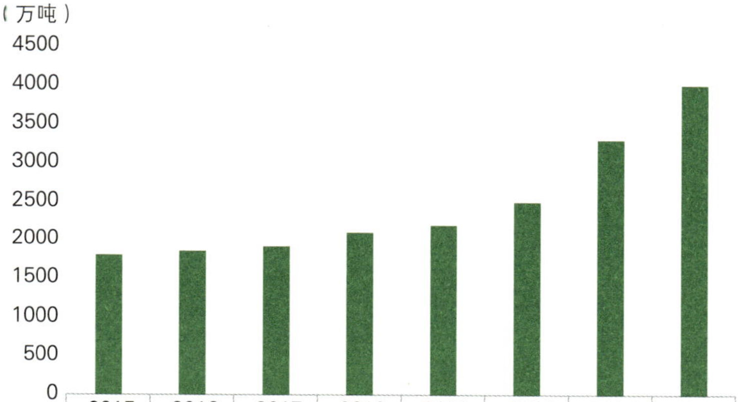

	2015	2016	2017	2018	2019	2020	2021	2022
■氢能	1800	1850	1915	2100	2200	2500	3300	4000

图 1–3　2015—2022 年全国氢能产量

资料来源：中国煤炭工业协会、中国氢能联盟。

4. 储能

2019—2022 年，我国储能累计装机和新增装机均实现持续增长。2022 年，我国储能累计装机规模达 59.4 吉瓦（图 1–4），占全球市场总规模的 25%；新型储能累计装机规模为 13.1 吉瓦，同比增加 128%。新增投运电力储能项目装机规模达到 16.5 吉瓦；其中，抽水蓄能新增规模 8.8 吉瓦，同比增长 75%。在相关政策指引和支持下，新型储能产业发展明显提速，新型储能新增规模创历史新高，达到 7.3 吉瓦，同比增长 200%。预计 2023 年我国新型储能市场规模有望达到 15 ~ 20 吉瓦。2023—2025 年合计增量接近 60 吉瓦（不含抽水蓄能），到 2025 年累计规模有望达到 70 吉瓦左右，预计到 2030 年超过 100 吉瓦，2060 年达到 1500 吉瓦（表 1–1）。

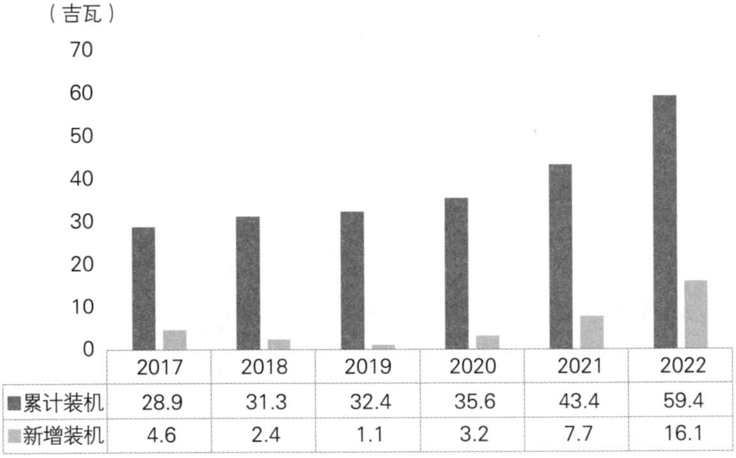

图 1–4　2017—2022 年我国储能累计装机和新增装机规模

资料来源：中关村储能产业技术联盟。

表 1–1　新型储能与抽水蓄能发展预计规模及减碳潜力

储能类型		2030 年	2040 年	2050 年	2060 年
新型储能	装机容量（吉瓦）	107	646	1121	1500
	放电时长（小时）	4	5	6	7
	循环频次（次 / 年）	300	300	300	300
	充放电效率（%）	85	85	85	85
	储能电量（吉瓦时）	128400	969000	2017800	3150000
抽水蓄能	装机容量（吉瓦）	120	300	409	421
	放电时长（小时）	6	7	8	9
	循环频次（次 / 年）	200	200	200	200
	充放电效率（%）	76%	78%	80%	82%
	储能电量（吉瓦时）	144000	420000	654400	757800
	储能减碳量（亿吨）	1.7	9	17	25

资料来源：中关村储能产业技术联盟。

（二）主要特点

1.“双碳”目标形成社会共识，形成绿色转型的长期预期

绿色低碳成为能源发展主旋律，全球应对气候变化开启新征程，超过130个国家和地区提出了碳中和目标，加快能源低碳转型已成为世界各国共识。我国坚定不移走生态优先、绿色低碳发展道路，着力推动经济社会发展全面绿色转型。党的二十大报告进一步提出，积极稳妥推进碳达峰碳中和，立足我国能源资源禀赋，坚持先立后破，有计划分步骤实施碳达峰行动。

2. 竞争性市场结构形成，各类经济主体广泛参与，民营经济活力突出

在新能源领域，我国不同性质、不同规模的企业共同竞争、良性发展，构成了全球最完善的新能源产业链。2022年全球风电新增装机排名前15名榜单中，我国风电整机企业有10家，明阳集团、金风科技、远景科技集团等一批具有民族品牌影响力的风电民营企业多年跻身全球出货量前十。全球光伏20强综合排行榜中有19家是中国企业，通威集团、东方希望、协鑫集团、隆基绿能、正泰电器、晶科能源、特变电工等7家光伏企业跻身2023中国民营企业500强榜单前100名。

3. 以创新驱动技术进步和产业升级，不断推出新品、降低成本

我国陆上低风速风电技术处于国际一流水平，大容量海上风电机组技术保持国际同步。光伏技术快速迭代，多次刷新电池转换效率世界纪录，量产单晶硅、多晶硅电池平均转换效率分别达到23.1%和20.8%。形成具有自主品牌的“华龙一号”“国和一号”等三代压水堆核电技术和具有四代特征的高温气冷堆先进核电技术。大规模储能、氢能、碳捕集利用与封存等研发

应用不断取得新进展。十年来，光伏电池成本下降超过90%，“太阳能发电+电池储能”的光储系统在光照充足地区，其综合成本已低于燃煤发电。

4. 坚持国内国际双循环，增强消纳能力，持续扩大市场需求

2018年以来，我国相继出台了《清洁能源消纳行动计划（2018—2020年）》《关于建立健全可再生能源电力消纳保障机制的通知》等政策文件，设定了各省级行政区可再生能源电力消纳责任权重等，旨在通过电源消纳结构调整引导行业发展，重点从电源开发布局优化、电力市场改革、宏观政策引导、电网基础设施完善、电力系统调节能力提升、电力消费方式变革、考核与监管等7个方面构建了政策体系。

5. 利用国内市场和产业基础优势，形成较为完整、具有全球竞争力的产业链

全球新能源产业重心进一步向我国转移，我国建立了完备的水电、核电、风电、太阳能发电等清洁能源装备制造产业链，生产的光伏组件、风力发电机、齿轮箱等关键零部件占全球市场份额的70%，多晶硅、硅片、电池片和组件分别占全球产量的76%、96%、83%和76%。

6. 在发展中补短板、调结构，增强新能源供给的稳定性、韧性和可持续性

煤、油、气、电、核、新能源和可再生能源多轮驱动的能源生产体系基本形成，能源输送能力显著提高，能源储备体系不断健全，经济社会发展和民生用能需求得到有效保障。

7. 协同推动绿色制度和政策创新，营造低碳绿色产业发展的有利环境

深入推进电力体制改革、油气体制改革，油气“全国一张网”基本形成，全国统一电力市场体系加快构建，市场化交易电量占比超过60%，“获得电

力”指标上升至世界第12位。以《中华人民共和国可再生能源法》为基础，《可再生能源发电全额保障性收购管理办法》出台，可再生能源电力消纳保障机制稳步实施，市场化竞争性配置有序推进，监测预警机制逐步完善，事中事后监管进一步加强，稳定了市场预期，调动了各类市场主体的积极性。

二、新能源和其他低碳绿色技术替代的优势与潜力

我国实现“双碳”目标需要转向创新型减碳战略，而新能源和低碳绿色新技术具有更大的技术进步和成本下降空间，有利于协同推动增长和降碳，是创新型减碳的关键。

（一）三种不同的减碳类型，立足点转向创新型减碳

目前，减碳类型可以分为衰退型、增效型和创新型三类。衰退型减碳通过减少生产来减少碳排放，是最简单的减碳类型。但由于生产活动不能停止，衰退型减碳通常并不具有可操作性，只在某些特定情景下才会出现。增效型减碳通过提高碳生产率，用同样多的碳排放实现更多产出，或以同样的产出带来较少的碳排放。节能减排、节约优先等属于增效型减碳范畴。创新型减碳是通过创新形成新的技术、工艺、方法等，在达到相同产出的情况下，实现低碳、零碳甚至负碳排放，如采用风能、太阳能及与之匹配的储氢、氢能等可再生能源发电与利用技术。采用这类技术替代原有高碳技术，可在实现相同产出前提下减少或抵消碳排放。

衰退型减碳、增效型减碳大体上是在已有技术和产业体系中做文章。与衰退型减碳相比，增效型减碳体现积极导向，特别是在技术落后、管理粗放情况下，提升能源和碳生产率有较大空间。近年来我国在减排增效上

已取得令人印象深刻的成绩。但随着增效型减碳技术和管理的进步，碳生产率的提升幅度会出现递减，持续提高的空间会收缩。更重要的是，增效型减碳主要局限于已有的技术和产业框架内，即便有技术创新，也属于所谓的改进型创新，而不是颠覆型创新。

创新型低碳绿色技术可实现对传统高碳技术或产业的长期替代。绿色转型从根本上说就是用低碳、零碳或负碳技术替代原有的高碳技术。创新型减碳技术具有更大技术进步和成本下降空间，一旦形成产品后，往往产生更多附加效用或福利，创造更多消费者剩余，降低人类社会应对气候变化的成本。随着近年来创新竞争的加剧，风电、光伏发电的绿色溢价已经为负。创新型减碳带来的成本下降，可极大地增强人类应对气候变化的信心和能力。

综上所述，衰退型减碳和增效型减碳主要体现的是一种防御型战略，而创新型减碳则是一种进取型战略，有机会启动和引领远超减碳预期的经济社会绿色发展。

（二）创新型低碳绿色技术的优势

1. 技术进步速度快、潜力大

近年来以风电、光伏、储能、氢能为代表的创新型低碳绿色技术快速进步。目前，我国陆上风电单机容量 6 兆瓦级风电机组成为主流，8 兆瓦级风电机组陆续下线，海上 11 兆瓦级风电机组批量化应用，16 ~ 18 兆瓦级风电机组相继下线；光伏技术正在从发射极背面钝化（PERC）电池技术向效率更高的隧穿氧化层钝化接触（TOPCon）电池和异质结等 N 型电池技术转型，预期 N 型电池将在 1 ~ 2 年内成为主流技术；百兆瓦级项目已成为新型储能市场主流，我国锂离子电池、压缩空气、液流电池等储能技术达到世界领先水平；碱性电解水制氢与质子交换膜燃料电池技术日趋成熟，可再生能源制氢产能与燃料电池汽车数量位居全球前列。截至2023年底，我国可再生能源装机达到14.5亿千瓦，发电量超过3万亿千瓦时，其中光伏装机6.1亿千瓦，风电装机4.4亿千瓦；新型储能累计装机规模达到31.4吉瓦/66.9吉瓦时；可再生能源制氢产能约10万吨。未来，低碳绿色技术还将保持快速增长势头。预计到2060年，我国风电、光伏发电合计装机规模将超过60亿千瓦，新型储能装机规模将超过10亿千瓦，可再生能源制氢能力将超过1亿吨/年（图1-5）。

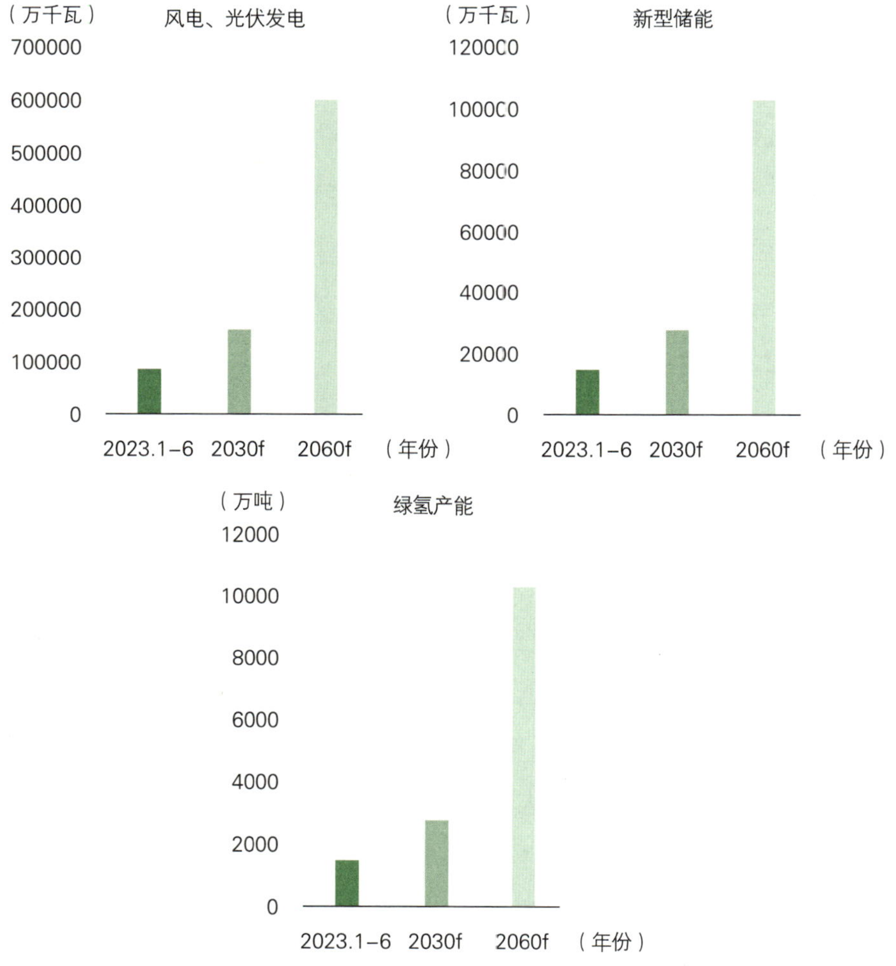

图1-5　碳达峰及碳中和阶段“风、光、储、氢”需求规模

资料来源：作者整理测算。

2. 规模效应带动成本降幅明显

低碳绿色技术不仅有显著的环境效益，其经济效益也将逐步显现。过去十年，风机、光伏组件成本不断下降，叠加化石能源价格飙升，全球风电、光伏及储能技术市场竞争力已有显著提升。根据国际可再生能源署（IRENA）统计，2010 年以来，全球光伏发电度电成本降幅超过 85%，风电度电成本降幅约 50%（图 1–6）。我国新建风电、光伏项目已基本实现平价上网，资源较好地区风光发电成本已明显低于当地火电基准价格。规模效应影响下，近年锂离子电池、电解槽成本也进入下行通道。到 2023 年 6 月底，锂离子电池电芯和碱性电解槽成本分别降至 0.5 元 / 瓦时和 1500 元 / 千瓦，对应锂电池储能度电成本和绿氢生产成本分别降至 0.5 元 / 千瓦时和 18 元 / 千克。

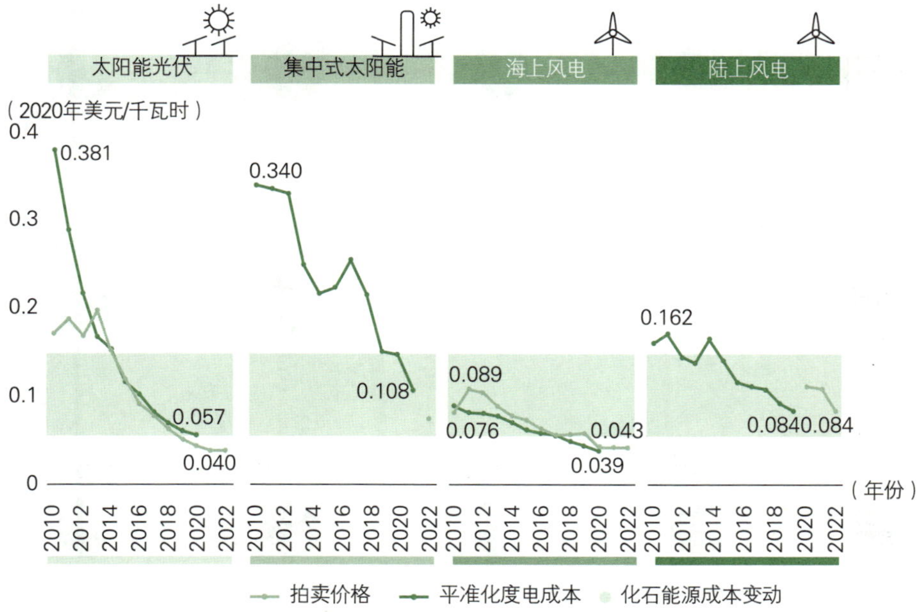

图 1–6　2010—2022 年全球风电、光伏发电成本降速

资料来源：国际可再生能源署。

3. 产业链和其他配套条件较好，有较强的韧性和抗冲击性

经过十余年发展，目前我国已成为全球风、光、储、氢产业中心，产业配套完备、上下游形成联动效应，产能产量优势明显（图 1–7）。风电产业方面，我国风电机组整机产量居世界首位，全球前十大风电整机制造商中，我国企业占据六席，风电机组出口呈逐年上升的态势。光伏产业方面，我国拥有全球最完整的光伏产业供应链优势，其中硅片产能占全球硅片总产能的比重高达 98%，电池片产能占比超过 85%，组件产能占比约为 77%，全球光伏综合 20 强企业中，我国企业占比达到四分之三。储能产业方面，2022 年我国超过美国成为全球最大新型储能应用市场，上游锂电池材料加工、正负极生产及系统集成产能全球占比均超过 50%。氢能产业方面，近年来我国氢能制备储运、燃料电池系统集成、加氢设施等主要

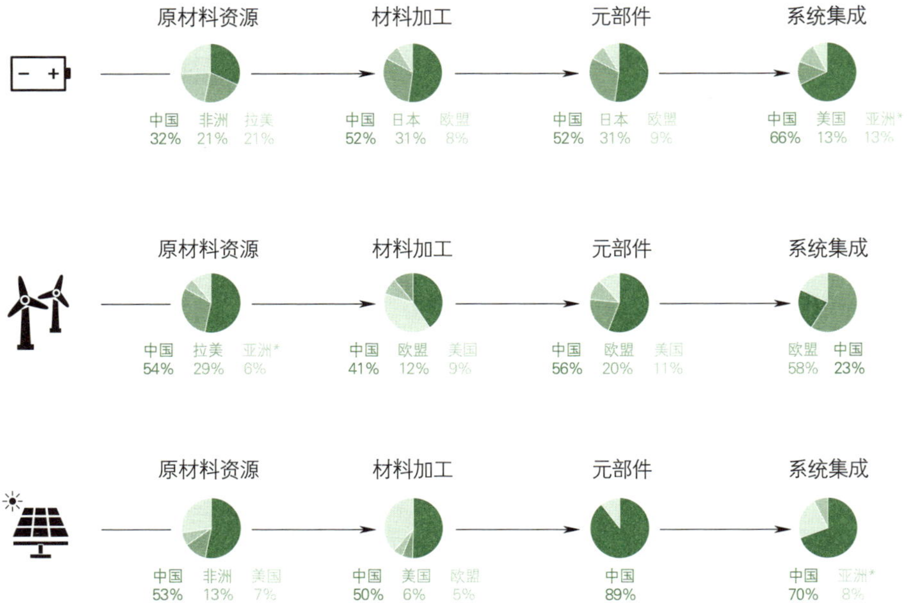

图 1–7　全球风电、光伏、储能电池产业链格局

注：* 指不包含中国。未注明部分代表其他国家。

资料来源：美国战略与国际问题研究中心（CSIS）。

技术创新和生产工艺不断进步，多项关键技术及装备实现自主化，燃料电池、压缩机等多项技术达到国际先进水平，加氢基础设施建设规模领跑全球，管网基础设施建设有序推进，基本构建了较为完善的氢能产业链。

4. 企业尤其是民营企业为创新主体，创新活力强，反应速度快

相比体量大、资金雄厚、承担核心能源供应工作的国企，能源民企资本规模较小、融资能力较弱，但其运行机制更加灵活，激励措施更加到位，具有成本优势以及对市场的迅速反应能力。尤其在新能源装备制造领域，近年来能源民企紧抓政策和市场红利，不断发展壮大，已成为行业发展的主力（表 1–2）。以光伏行业为例，国内龙头企业已拥有垂直一体化产能，业务涵盖优质的硅锭、硅片、电池片生产以及高效单多晶光伏组件制造，为全球多国的地面电站、商业以及民用客户提供太阳能产品、解决方

表 1–2　中国新能源产业各板块出货量前十名

排名	风电（风机 4/10）	光伏（综合 8/10）	储能（锂电池 9/10）	氢能（燃料电池 9/10）
1	**远景能源**	**隆基绿能**	**宁德时代**	**上海重塑**
2	运达股份	**天合光能**	**比亚迪**	**北京亿华通**
3	金风科技	**晶澳太阳能**	**瑞普兰钧**	**大洋电机**
4	**三一重能**	晶科能源	**亿纬锂能**	**广东国鸿重塑**
5	**明阳智能**	天津中环	**鹏辉能源**	**南通百应能源**
6	中国中车	**通威股份**	**海辰储能**	**新源动力**
7	中国海装	**阿特斯阳光电力**	**赣锋锂业**	**爱德曼**
8	东方风电	**协鑫集团**	**国轩高科**	**江苏清能**
9	电气风电	**特变电工**	**派能科技**	潍柴动力
10	**华锐风电**	**阳光电源**	中创新航	**雄韬电源**

注：粗体字为民营企业。括号中为民营企业数量占比。

资料来源：根据公开资料整理。

案和技术服务。与此同时，越来越多的民营企业通过收购、合并、投资等方式切入储能、氢能等赛道，带动新能源产业链快速发展壮大。此外，近年来能源民企积极通过海外建设生产基地、研发机构、销售机构等方式深度嵌入全球新能源产业链，成为“走出去”的重要力量。

（三）加快新能源和其他领域绿色新技术替代的必要性、可行性和紧迫性

1. 我国能源与经济绿色转型的基本特征：增量优先，以新代旧，滚动式转型发展

放眼碳中和，我国非化石能源消费占比将从目前的不足 20% 增长到 80% 以上。作为存量的传统高碳化石能源，尽管仍有一定的减碳空间，但潜力具有累退性，越往后空间越小，难度逐步加大。而作为增量的低碳或零碳新能源具有更大技术进步空间，虽然在一段时间内比传统化石能源价格要高，但随着产量不断扩大，新能源绿色溢价会逐步由正变负，新能源代替旧能源的减碳优势增大，进而加快新旧能源比例的转换进程。当前我国新能源发展已开始从增量优先过渡至存量替代阶段，截至 2023 年底，我国可再生能源装机规模达到 14.5 亿千瓦，其中风光发电装机规模占比超过 1/3，能源结构已呈现以新能源滚动发展、以新代旧的态势。

2. 加快替代可以缩短“双碳”目标实现的时间

低碳绿色技术成熟度决定了“双碳”进程的快慢，加快推进新能源对传统化石能源替代可明显缩短“双碳”目标实现周期。国际能源署（IEA）研究显示，加速转型情景下，2025—2030 年全球风电、光伏投资达到每年 1250 亿美元（约合 8000 亿元人民币），较承诺目标情景提高约 15%；年

均新增总装机将达160吉瓦，比承诺目标情景高出约40吉瓦。在承诺目标情景下，预计2030年全球二氧化碳排放将达到115亿吨；而在加速转型情景下，到2030年全球二氧化碳排放总量约92亿吨（图1-8），其中发电领域风电、光伏等新能源对减碳的贡献最为突出。预计在加速转型情景下，到2050年我国碳排放降至20亿吨以下，2020—2050年碳强度年均下降率为8.5%，可稳步实现2060年碳中和目标。

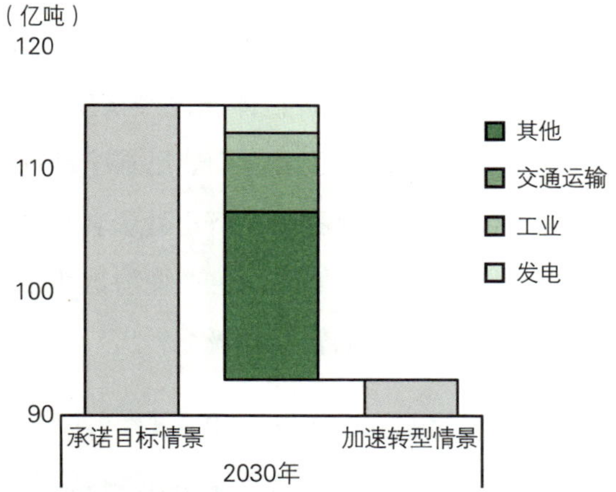

图1-8 不同情景下中国2030年二氧化碳排放总量与结构

资料来源：国际能源署。

3. 加快替代可以显著降低整体绿色转型成本

目前我国风电、光伏发电度电成本约为0.2～0.3元，普遍低于各地煤电基准价。预计到2030年，风电、光伏发电度电成本将降至0.2元以下；到2060年，有望进一步降至0.1元。风电、光伏发电占比提升将增加系统消纳成本。当前储能等电力系统灵活性资源成本仍然较高，但由于加速转型对新型储能和新型电力系统发展支持力度加大，储能、智能电网等支撑技术将进一步突破，预计2030年和2050年新型储能充放电度电成本将分别降至0.3元和0.1元，相比于常规转型情景成本下降得更为迅速，使得加速转型情景更具经济性。预计加速转型情景下，2030—

2035年我国综合供电成本将降至常规转型情景的97%，2050年将降至93%。

4. 有利于新能源等低碳绿色产业提升研发能力、扩大规模、降低成本，增强技术优势、成本优势、市场规模优势

新能源产业涉及新一代信息技术、高端装备制造、新材料、电动汽车等上下游众多战略性新兴产业（表1–3）。低碳绿色产业发展的带动作用是全方位的，发展新能源等低碳绿色产业不仅有利于扩大我国在能源技术、产业及市场方面的优势，也将在我国整体国民经济发展中起到“火车头”带动作用。我国风电、光伏、储能、氢能产能已居全球前列，低碳绿色产业已经具备加快发展的条件。当前我国经济正处于转型期，需要切换新的动能，而覆盖了数字化和绿色化的低碳绿色产业将成为下一轮经济增长的“主引擎”，驱动我国新一轮经济的转型升级。

表1–3 低碳绿色转型催生的战略性新兴产业

<table>
<tr><th>产业门类</th><th>战略性新兴产业</th></tr>
<tr><td rowspan="2">新一代信息技术产业</td><td>能源互联网产业</td></tr>
<tr><td>智能电网产业</td></tr>
<tr><td>高端装备制造产业</td><td>新能源装备制造产业</td></tr>
<tr><td rowspan="3">新材料产业</td><td>新能源材料产业（如光伏材料、风电叶片材料等）</td></tr>
<tr><td>电池材料产业</td></tr>
<tr><td>氢制储运材料产业</td></tr>
<tr><td rowspan="2">新能源汽车产业</td><td>新能源汽车整车、装置制造产业</td></tr>
<tr><td>新能源汽车相关设施制造产业（如加氢站、充电站）</td></tr>
</table>

资料来源：根据国家统计局发布的《战略性新兴产业分类（2018）》整理。

三、以低碳绿色新能源新技术替代加快“双碳”进程的企业和地方实践

近年来，宝丰能源等企业以及宁夏、甘肃、内蒙古等地在推动新能源发展上开展了丰富的实践探索，取得了显著的成效和经验，也为下一步加快推动低碳绿色新能源新技术替代提供了有益参考。

（一）宝丰能源的实践经验

1. 采用全产业链脱碳的方式推动绿色能源替代

宝丰能源立足源头替代，大力发展新能源全产业链，率先布局集风光电站、光伏材料、光伏设备制造、储能电站于一体的新能源全产业链，用“绿电”为生产多晶硅“绿色材料”提供动能，用“绿色材料”制造光伏组件“绿色设备”，再用“绿色设备”生产“绿电”，从源头减碳，全过程零碳生产，实现了生产全周期的能源替代，开创了一条“低耗能、低排放、低成本”的绿色高质量发展路径。目前通过“风光融合”每年可发绿电 110 亿千瓦时，每年替代标准煤 339 万吨、减少二氧化碳排放 1025 万吨。

2. 坚持以技术创新为引领实现资源清洁高效利用

宝丰能源坚持以科技创新为引领，打造“科技创新、技术领先、行业领军、世界一流”的科技型绿色智造企业，应用全球领先的工艺、技术和装备，以煤替代石油，以新能源替代化石能源，建设全球单厂规模最大的“绿氢 +”煤制烯烃产业基地。总体产能涵盖年产 910 万吨煤炭、

700万吨焦炭、1460万吨洗煤、2000万吨甲醇、846万吨烯烃、423万吨聚丙烯、423万吨聚乙烯、135万吨精细化工、25万吨EVA、10万吨醋酸乙烯、20万吨苯乙烯、10万吨针状焦等。产业链上下游紧密衔接、相互联动，可生产100多种化工产品，实现了资源节约集约、清洁高效利用。

3. 充分利用数字化驱动加速脱碳进程

宝丰能源正大力打造现代化智慧工厂，引入5G、大数据、人工智能、工业互联网等现代信息技术，全面启动建设以经营、生产、物流、硬件网络为核心的完整的信息管理平台，以及烯烃自动化立体仓库、焦化“5G”大车等自动化信息化改造升级项目，并基于供应链协同和智慧物流系统提高物流管控水平，以智能制造驱动制造能力升级，将科技势能转化为发展动能。

4. 重点拓展应用场景助力行业深度脱碳

通过建设全球单厂规模最大的绿氢生产厂，利用“风光融合”生产绿电，通过电解水制取绿氢（纯度99.999%），替代化石能源生产绿色燃料和绿色材料。绿氢生产厂规划设计产能达31亿立方米，年产145万吨绿色甲醇、10万吨绿氨、50万吨绿色烯烃，助推交通运输、生活、建材、医疗、军工等多行业深度脱碳。与此同时，宝丰能源通过建设首个规模最大、产业链最完善的储能制造工厂，生产电网侧储能、发电侧储能、工商业储能、大动力储能、家庭储能五大产品，广泛应用于工业园区、商场楼宇、酒店、医院、新能源重卡汽车、船舶、家庭、新能源大基地等场景，助推多行业领域深度脱碳。

（二）宁夏、甘肃、内蒙古等地的实践经验

1. 发挥能源资源禀赋，打造新能源产业体系

宁夏、甘肃、内蒙古等地立足当地能源禀赋，大力探索能源转型发展新路。宁夏以建设国家大型风电光伏基地为引领、以构建新能源高效消纳体系为目标、以新能源产业提质升级为方向，多措并举加快建设清洁能源“大基地”、构建清洁电力“大系统”、发展新能源“大产业”。甘肃围绕打造全国重要的清洁能源基地这一目标，加快发展以新能源装备、新材料为代表的现代化产业体系，加快推进清洁能源、调峰电源、外送通道等重点项目建设，积极构建清洁低碳安全高效的能源体系。内蒙古作为重要能源基地，在做好传统化石能源供应基础上，立足自身优势不断加强新能源产业建设，大力发展以风电、光伏、储能、装备制造为代表的新能源产业，逐渐向清洁能源大区转变。

2. 推动新型储能创新发展，提升新能源利用率

宁夏主要通过创新储能应用技术提升新能源利用率，2023 年在国内首创“风光火储协同控制系统”，有效提升新能源利用率 1.16 个百分点。甘肃重点加快推动火电机组灵活性改造、抽水蓄能电站建设和新型储能研发应用，增强系统灵活调节能力，加速新能源电量消纳和电化学储能建设，提升新能源利用率和储能充放电能力。截至 2023 年底，甘肃新能源利用率依然保持在 95% 以上的较高水平。内蒙古重点聚焦储能回收领域开展前瞻性、系统性、战略性储能技术研发，增强技术、材料话语权，提升新型储能领域创新能力。截至 2023 年底，蒙东地区新能源利用率稳定在 96% 以上。

3. 数字赋能新能源，提升能源管理效能

宁夏近年来在推动数字赋能新能源进程中，重点聚焦新型电力系统建设，通过开展专业间工作协同及信息共享，创新资产管理模式，利用数字化手段提升资产管理质效，进一步推动资源最优配置。甘肃在实现“双碳”目标的过程中，始终坚持推动数字化、智能化技术与能源产业、工业生产不断融合，积极打造基于新一代物联网、云计算和大数据分析技术的综合能源管理系统，为社会生产绿色低碳转型提供了新路径、新手段。内蒙古坚持以数字赋能为方向，加快“云大物移智链”等信息技术与能源管理深度融合，提升能源行业治理现代化水平。

4. 完善市场交易机制，促进绿电交易

宁夏在推动绿电交易方面重点在建立有利于促进绿色能源生产消费的市场体系和长效机制，尤其是持续深化电力中长期市场连续运营，发挥中长期市场“压舱石”作用，全力推进分时段交易，以时段交易价格引导用户主动削峰填谷，促进电力安全稳定供应，实现中长期市场与现货市场的高效衔接。甘肃主要是创新开发现货交易平台和电力交易管理平台，构建中长期市场、现货市场、辅助服务电力交易机制，持续缩短交易周期，在年度交易、月度交易的基础上，以周交易为常态，逐渐向 D+3 日分时段交易过渡，交易组织实现全年日滚动，为市场主体中长期合约灵活调整提供保障。

四、促进新能源新技术替代的战略与政策

新能源新技术替代是加快“双碳”进程的必然途径，对此需要以降低新能源新技术替代成本为导向，从政府和市场两端发力，更加积极地推动新能源新技术发展和替代。

（一）适当加快低碳绿色技术替代进程

新能源、新技术发展超过预期，众多低碳绿色技术已经进入试点示范和规模化发展阶段，建议在国家和地区层面适当提高新能源、新技术发展目标，如可再生能源在能源中的比重。在提高总体发展目标的基础上，进一步提出更具挑战性同时也切合实际的新能源、新技术替代进程方案，并在能源和其他相关产业绿色转型上作出适应性的调整，对于提前完成低碳绿色技术替代的地方和行业给予一定支持。同时，在碳排放权市场建设、碳排放权分配、财政货币政策、低碳绿色技术标准体系建设、金融信贷、监管机制等方面推出配套的政策措施，以降低减碳成本和绿色溢价为核心，构建全方位支持低碳绿色技术替代的政策环境，形成从新技术研发到成果转化应用的全流程支持政策，推动大规模、系统性的新旧技术替代。

（二）建设绿色微观基础制度和创新型碳替减市场

进一步完善有关碳替减的方法论研究，建立包括存量碳减排、增量碳替减在内的全口径碳减排核算体系，探索碳替减与传统碳减排体系的衔接与过渡机制。基于区块链等数字技术搭建碳足迹、碳账户等绿色微观基础设施，从重点行业和地区开始，逐步对全国碳替减的历史和现实总量进行系统摸排并建立全国碳排放数据库和资产负债表，同时将碳核算、碳交易、碳金融、碳普惠等减碳场景纳入统一的数字平台。结合地方碳排放权市场和碳普惠平台的建设经验，推动绿证、碳票等碳排放权量化凭证在碳排放权交易中的应用，建立能够贯通增量与存量、传统碳减排与新型碳替减的边际交易市场，逐步推动传统减碳模式和碳排放权市场向以碳替减为核心的创新型减碳战略转变。

（三）提高新能源供给体系的稳定性和竞争力

在空间和时间两个维度上合理规划布局风光氢等多能协同发展，科学规划建设一批规模化风电和光伏新能源电力基地，大力发展分布式新能源，统筹布局新能源与传统能源的建设规模和时序，逐步提高新能源电力占比，建立稳定可靠、多能互补的新型能源体系。利用新型储能、氢电并举等多种方式提高新能源供求适配能力，加快推动源网荷储一体化发展，通过加大新技术研发力度、拉大峰谷价差、完善分时电价政策等提高储能经济性，充分发挥多元化储能技术在新能源电力发电端、输电端和用户端的综合应用。推动新能源规模化制氢，利用绿氢解决脱碳“最后一公里”问题。大力推进智能电网建设，在“隔墙售电”、电力现期货市场等方面突破现有政策壁垒，通过完善新型电力系统等基础设施和电力体制改革等制度环境，推动建立灵活高效的新能源消纳和交易机制，逐步建立全国统一的电力市场，给予新能源发展更大的政策和市场空间。

（四）增强绿色转型的平稳性和公正性

与从能耗双控转向碳排放双控转变相适应，协同推进新能源发展与控煤、退煤进程，推动传统能源与新能源的融合发展，统筹能源安全和绿色低碳转型。结合各地人均历史累计排放状况，尽快制定各地的碳排放双控目标和新能源新技术替代的时间表、路线图。综合考虑各个行业的碳排放强度、低碳绿色技术成熟度和技术替代难度等多方面因素，制定差异化的低碳绿色技术替代方案和进度安排，逐步有序淘汰落后产能和高碳技术。将降碳、绿色转型与共同富裕协同推进，深度挖掘、盘活低收入地区和人群的绿色资产价值，并建立贯通城乡的碳排放权交易市场，通过碳票等方式实现对农村、农民的绿色资源和资产的确权、流转、交易等，将降碳转化为乡村振兴和城乡融合发展的新动能。

（五）建立低碳绿色技术需求侧激励体系

建立绿色金融、征信、公共服务等支持降碳的政策体系，加大对绿色能源、绿电等消费需求的激励力度，形成需求侧减排激励体系。推动能源、交通、建筑等重点领域清洁化低碳化发展，不断提高终端用能电气化水平。大力宣传推广绿色低碳生活方式和绿色消费理念，建立个人消费的碳核算和碳账户，明确个人碳排放权的分配和交易机制，对个人碳排放权利和责任进行确权，增强个人低碳绿色发展意识和主动性。通过碳交易、碳汇资产收益、生态资源开发等提高碳资产收益，吸引更多社会资本进入低碳绿色技术研发和应用领域，调动全社会对低碳绿色投资的主动性和积极性。完善有关ESG的评估标准、信息披露、监管机制、配套政策等，逐步增强ESG评估在企业发展和价值投资中的导向性，推动企业用ESG理念进行管理优化和业务再造。

（六）深化绿色转型的国际合作

把握国际绿色规则尚未成形的机遇，抓紧开展低碳绿色的国际规则、制度和标准创新与推广应用，系统性、高标准地制定和完善国内相关标准，增强全球绿色治理的话语权。结合“一带一路”、《区域全面经济伙伴关系协定》等开放战略与区域贸易协定，开展低碳绿色技术创新、基础设施建设、制度规则衔接等方面的国际合作，建立全球绿色产业链、供应链和价值链的数据库和核算体系，推动全球碳排放的统一溯源、标识、定价和交易，通过更加开放和公平的全球碳交易体系打破碳关税等新型贸易壁垒。综合考虑发达国家与发展中国家的现实与历史碳排放，建立发达国家向发展中国家的碳排放补贴机制，推动全球人均碳排放权在全口径意义上的平等。密切跟踪欧盟碳边境调节机制等国外碳政策变化，加强国内外就碳排放、新能源等相关政策的协商沟通，及时评估分析国际政策演变趋势和对华影响。对于国际上有关"中国新能源产业产能过剩论"等话题，增加产能情况的透明度，积极消除国内落后产能，加强国际产能对话和合作，展示开放合作的决心和行动。

第二章
我国光伏产业高质量发展的路径与对策研究

一、光伏的特点及其产业发展的内在逻辑

本节介绍光伏发电的概念、分类及特点，梳理中国光伏产业的发展过程，厘清光伏发展的内在逻辑，从政治、经济、社会、技术等角度分析我国光伏发展的宏观环境。

（一）光伏的概念、分类

1. 光伏与光伏产业的概念

光伏，即光伏发电系统，是利用半导体材料的光伏效应，将太阳辐射能转化为电能的一种发电系统。光伏产业，主要指以硅材料的应用开发形成的光电转换产业链条，包括高纯多晶硅原材料生产、太阳能电池生产、组件生产以及光伏应用等多个环节。

2. 光伏的分类

依据供电方式不同，光伏发电可以分为独立光伏发电和并网光伏发电，其中并网光伏发电依据建设规模及方式的不同，可进一步划分为集中

式光伏电站和分布式光伏电站（图 2–1）。

（1）独立光伏发电也叫离网光伏发电，主要部件有太阳能电池组件、控制器、蓄电池等，若要为交流负载供电，还需要配置交流逆变器。独立光伏电站包括无电网地区的户用和村庄电源系统，通信信号电源、阴极保护、太阳能路灯等各种带有蓄电池的可以独立运行的光伏发电系统。

（2）并网光伏发电是太阳能组件产生的直流电经过并网逆变器，转换成符合电网要求的交流电后接入公共电网，一般分为集中式光伏电站和分布式光伏电站。

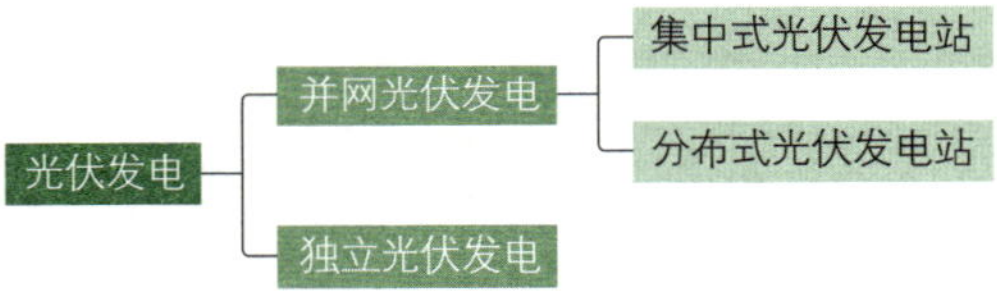

图 2–1 光伏发电的分类

资料来源：蒋懿（2010）。

集中式光伏电站将光伏列阵产生的直流电经并网逆变器转化为交流电，通过升压站升压后，接入高压输电系统供给远距离负荷，将所发电能直接输送到电网，由电网公司以光伏发电标杆上网电价收购全部电量并统一调配供用户使用。集中式光伏电站具有投资规模大、建设周期长、占地面积大等特点。

分布式光伏电站是位于用户所在地附近的供电系统，通常由光伏组件、汇流箱和逆变器等分布式光伏发电设备组成，主要建设在厂房、办公楼及居民住宅的屋顶上，所生产的电力以用户侧“自发自用、余电上网”或“全额上网”的方式消纳。分布式光伏发电形式多样，可根据资源条件和能源需求灵活调整。

（二）光伏的特点以及与其他新能源的对比

1. 光伏的特点

太阳能是唯一能够保证人类未来需求的能量来源。光伏发电是利用太阳能将光子转化为电子的一个纯物理过程，转化过程不排放任何有害物质，其特点如下。

（1）充足性：据美国能源部报告，世界上潜在水能资源 4.6 太瓦 [1]，经济可开采资源只有 0.9 太瓦；风能实际可开发资源 2 ~ 4 太瓦；生物质能 3 太瓦；海洋能不到 2 太瓦；地热能大约 12 太瓦；太阳能潜在资源 120000 太瓦，实际可开采资源高达 600 太瓦。

（2）安全性：运行可靠、使用安全，发电规律性强、可预测。相较于水电站，建设光伏发电站所需的时间更少、成本更低，建设周期短且方便灵活，可以根据负荷的增减，任意添加或减少太阳能电池方阵容量，避免浪费。

（3）广泛性：生产资料丰富、建设地域广、规模大小皆宜。太阳能采集地理位置较易选择，相较而言，水电站或风电站对地理位置要求则比较高。光伏发电适用范围广，即使一般家庭也可以利用光伏发电满足日常所需 [2]。

（4）清洁性：除了前期重要部件晶体硅电池的制造过程中会产生一定的污染，太阳能在发电利用的过程中不会产生废气、废料等废弃物，没有

1　1 太瓦 $=10^{12}$ 瓦 =1000 吉瓦。

2　《太阳能光伏系统的特点及应用领域》，三美瑞电子微信公众号，2021 年 10 月 29 日。

污染、噪声等公害，环境污染很小，是理想的绿色能源。

2. 与其他新能源的对比

可再生能源主要包括太阳能、风能、水能、生物质能及地热能，光伏发电具有成本低、建设周期短、开发难度低等优势（表 2–1）。

表 2–1 可再生能源发电量与特点对比

能源	2022 年占全球发电量比例	2022 年平均能源成本（美元 / 兆瓦时）	开发难度	环保情况	发电效率
太阳能	4.5%	49	建设周期短、开发难度低、占地面积大、投资成本高	环保清洁，但晶体硅电池制造过程高污染、高能耗	发电效率较低，受季节、气候、昼夜等因素影响
风能	7.2%	综合 46 海风 33 陆风 81	建设周期短，装机规模灵活，运行和维护成本低	环保清洁，环境效益好，有一定噪声	发电效率较高，受风速、环境等因素影响
水能	14.9%	61	建设周期长、建设费用高	环保清洁，但对动植物及周边居民影响较大	发电效率高，受季节、气候等因素影响
生物质能	2.3%	61	能量密度较低，需要大规模土地栽种、收集有机燃料	相对环保，可以提供低硫燃料	发电效率一般，直接燃烧会加剧温室效应
地热能	<1%	56	分布分散，受地质条件限定，目前开发难度大	环保清洁	发电效率低，更多运用于直接供暖

资料来源：国际能源署。

（1）从发电量方面看，根据《世界能源统计年鉴 2023》的数据，2022 年光伏发电占全球发电量比例为 4.5%，仅次于水力发电、风力发电，位列第三。

（2）从发电成本看，根据国际可再生能源署的数据，2022 年光伏发电平均成本为 49 美元 / 兆瓦时，在新能源中成本较低。

（3）从开发难度看，相较于水能、地热能，光伏发电开发难度低、建设周期短。发电站相对使用寿命较长，且具备免维护和无须专人值守的优势。

（4）从环保情况看，光伏在能量转换环节环保清洁，环境效益好，不同于水能会产生污染物质或对动植物及周边居民产生较大影响。但在其重要组件晶体硅电池的制造过程中，会产生高污染和高能耗。

（5）从发电效率看，光伏发电效率低于风能、水能，受季节、气候、昼夜等因素影响较大。

3. 光伏在我国新型能源体系中的地位

光伏发电成本最低，是替换传统煤电的重要能源，当前光伏发电在我国新能源中总装机量和新增装机量均为第一。

我国新能源的发展正在逐步实现平价。2020 年光伏发电平价上网项目名单中，光伏平价上网项目规模达 33.1 吉瓦，首次超过 26 吉瓦的补贴竞价项目，分布在 20 个省份，全国大部分区域基本实现平价上网。中国光伏发电在多数地区已经具备了与新建燃煤发电竞争的能力。随着技术不断提升，成本还有进一步下降空间。

2023 年，我国可再生能源新增装机约 3.05 亿千瓦，其中太阳能发电新增装机约 2.16 亿千瓦，占可再生能源新增总装机的比重近七成，占比达到第一名（图 2-2）。截至 2023 年底，可再生能源累计装机达到 15.29 亿千瓦，其中太阳能发电 6.1 亿千瓦、风电 4.4 亿千瓦、常规水电 4.2 亿千瓦。无论是新增装机量还是总装机量，光伏发电装机量均为第一。

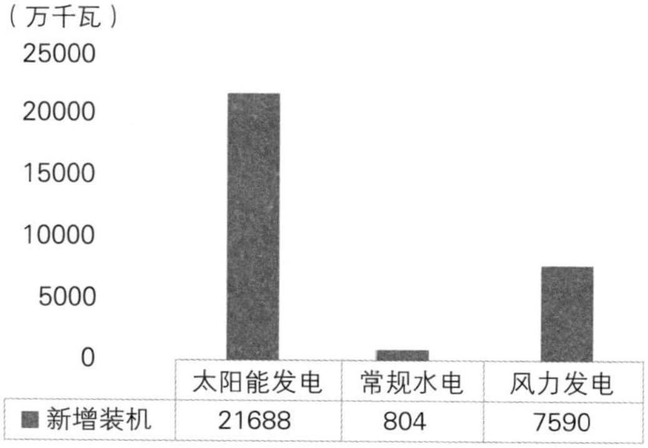

图 2-2　2023 年我国太阳能发电、常规水电、风力发电新增装机

资料来源：国家能源局。

（三）光伏的发展历程

我国光伏产业至今已发展二十余年，纵观整个历程，可以划分为五个发展阶段，从初步探索到逐步实现全面领先。

1. 初步探索期（2004 年以前）

我国光伏产业起步较晚，初期主要靠引进国外的技术、设备以及生产线，进行太阳能电池、组件的生产。为打造本土光伏产业，我国加大力度支持光伏的技术攻关，并制定了对西部农村地区的光伏开发计划，开始实施“光明工程”，在西部建立起独立发电系统，主要用于解决西部乡村用电问题。

2. 快速发展期（2004—2008 年）

2004 年，欧美大力推动能源转型。鉴于我国当时良好的劳动力和资源优势，国内开始了光伏设备生产，并且成为光伏生产强国，组成了声势浩大的“中国太阳能军团”。我国光伏产业快速发展，但因资金不足、人才技术短缺等现实问题，产业链供应链的完整性不足，上游缺乏制造工艺，下游缺乏电站技术，产业集中在光伏组件。“三头在外”的现象凸显，存在 90% 的原料依赖进口、90% 的产品出口到欧美、90% 的核心技术不在手里的情况。

3. 危机调整期（2008—2011 年）

2008 年，欧美推动晶硅原料价格不断上涨，我国被迫承担高成本。随后同年发生国际金融危机，欧美光伏产业发展受到重创，我国作为以加工出口为主的组件制造国，也受到影响，2008 年有超过 300 家光伏企业倒闭。为应对危机，我国政府出台了各类支持政策，2009 年三部门联合启动“金太阳工程”，用财政补助的方式帮助光伏产业渡过难关，走出了危机。2011 年，我国仅光伏组件产量就达到了 24.3 吉瓦，占全球总产量的 66%。

4. 发展转型期（2011—2018 年）

2011 年，欧美光伏产业迅速收缩，出现产能过剩。并且美国和欧盟均对我国启动反倾销调查，我国光伏产业受到重大打击。2013 年，国务院提出集合产业上下游在西部大规模建设光伏电站，拉动市场结构转型，以缓解来自国际市场的压力，从依赖出口转为出口和内销并行，出口国家也更加多元化。

5. 全面领先期（2018 年至今）

2018 年，我国光伏发电项目首次实现平价上网，补贴政策逐渐退坡，各类光伏补贴电价开始下调。同年，欧盟对我国的双反措施也宣布终止。我国光伏产业发展迎来了爆发期，截至2020年，我国光伏装机规模达到254吉瓦，超过欧盟和美国的总和，全球光伏产业20强企业中，有15个来自中国，实现国际领先。

（四）光伏产业发展的内在逻辑

光伏产业是全球气候变暖背景下我国进行新能源革命的不二之选，对实现“双碳”目标具有关键作用。在未来，光伏发电有望提升我国在动力系统角逐中的国际地位，为新能源行业提供更为广阔的发展空间，使我国在未来的金融秩序构建中掌握更多的话语权，并为我国产业科技实力的提升贡献巨大力量。

1. 光伏自身特质支撑其成为第一大新能源

（1）光伏具备低排放性，200吉瓦光伏系统每年可比原油减碳约3.5亿吨。为实现“双碳”目标，非化石能源需在消费能源中占比达到1/4，而2020年这个比重仅为15%，预计到2025年实现非化石能源消费占比达到20%左右，将大幅带动光伏产业的发展。消费1亿吨原油所产生的碳排放约为3.5亿吨，而光伏系统发电是零排放的，在能量等效情况下，我国已形成的200吉瓦光伏系统仅用1年便可以抵消掉消费1亿吨原油的碳排放。

（2）光伏综合优势明显，应用范围广。光伏发电的过程没有机械转动部件，也不消耗燃料，具有无噪声、无污染的特点；没有地域限制，分布广泛，可就地取用，且取之不尽、用之不竭。光伏发电可以一次投资而长期使用、无须开采和运输，有利于小规模分散利用，既可以直接为小型电器提供电能，又可进行并网发电，应用范围较广。

（3）光伏相关技术优化，价格及成本不断降低。光伏成本下降是推进光伏行业高速增长的重要动力，硅料等原材料的国产化和成本优化，以及光伏技术的持续提升和产品更新换代，共同推进了光伏成本的持续下降[1]。

2. 宏观利好环境加速光伏产业发展

（1）全球能源改革宏观趋势。随着全球性能源短缺、气候异常和环境污染等问题突出，绿色发展理念逐渐深入人心，全球经济发展方向已转向低碳经济。2016 年《巴黎协定》正式生效，开启了全球气候治理新时代，可再生能源尤其是光伏成为各国重要的能源改革方向，光伏发电成为新能源革命的重要战略支撑点。

（2）我国光伏政策支持力度大，促进光伏产业发展，应对国际贸易壁垒和弃光限电问题。我国出台了《国家发展改革委 国家能源局关于积极推进风电、光伏发电无补贴平价上网有关工作的通知》《国家发展改革委关于完善光伏发电上网电价机制有关问题的通知》等一系列政策法规，积极规范、引导和支持光伏产业的发展，对于光伏产业发展的支持力度较大，从政策层面为光伏产业发展提供了便利条件[2]。

应对国际贸易壁垒的不利影响：面对海外市场的贸易壁垒，我国积极实施“走出去”战略，积极开拓拉美、中东、东南亚等海外新兴市场。

缓解消纳不足导致弃光限电的问题：我国光伏发电过快的装机增速及差异较大的区域布局，引发了一定的弃光限电问题，但受益于国家多项消纳政策，弃光率持续下降。根据国家能源局统计，2021 年全国光伏发电平

1 《光伏产业链深度研究及 2022 年投资策略》，中信证券，2021 年。

2 《2022 年光伏行业国家政策汇总》，搜狐网，2023 年 1 月 13 日。

均利用率为98%，与上年同期基本持平[1]。

3. 光伏产业发展需求将推动其成为第一大能源

光伏发电有望使得我国在新的动力系统角逐中获取先行优势。在清洁能源利用逐步普及的过程中，加快布局新的产业链，有助于我国在国际竞争中掌握主动权。鉴于欧美国家在传统的汽车工业发展中地位牢固，发展新能源汽车产业链也有望推动我国汽车产业实现弯道超车，而且汽车行业上下游相关产业链条较长、经济体量庞大，新能源汽车行业的茁壮成长能够提供广阔的就业机会。由于美元世界货币地位的确立及其作为石油定价结算货币的特性，通过发展光伏产业实现石油能源的逐步替代，能够打破美元世界货币的垄断地位，进一步提升人民币国际化进程的发展速度，使我国在未来的金融秩序构建中掌握更多话语权。

二、国内外光伏产业发展现状

本节首先从供给端和需求端分析了光伏产业的发展现状。供给方面，全球新增装机量市场份额主要来源于亚洲，中国企业在全球光伏企业排行榜中占据前列；需求方面，可再生能源逐渐成为全球电力供应的主引擎，亚太、欧洲、美洲等地区对光伏需求量较高。其次从产业链和价值链角度分析了光伏产业上中下游构成及光伏产品的价值增值体现。最后从光伏前沿技术和光伏产业投融资情况勾勒出光伏产业的整体现状。

1　《影响光伏行业发展的有利和不利因素》，恩瀚产业研究院，2022年。

（一）光伏的供给分析

1. 全球太阳能资源分布、太阳能机组建设情况

全球太阳能资源十分丰富，主要集中在赤道两侧，但是目前利用率较低，还没有发挥出太阳能作为第一大能源的优势。目前全球每年能源消费总和只相当于太阳在 40 分钟内照射到地球表面的能量。根据国际太阳能热利用区域分类，全世界太阳能辐射强度和日照时间最佳的区域包括中国西部地区、北非、中东地区、美国西南部和墨西哥、南欧、澳大利亚、南非以及南美洲东、西海岸等[1]。

其中，中国、美国、澳大利亚等国家国土面积辽阔，跨越纬度大，国土内太阳能资源呈现较大差异。中国的国土总面积达 960 万平方千米，全国各地太阳年辐照量为 3340 ~ 8400 兆焦耳 / 平方米，中值为 5852 兆焦耳 / 平方米（表 2–2）。20 世纪 80 年代中国的科研人员根据各地接受太阳辐射总量的多少，将全国划分为五类地区（表 2–3）。

表 2–2　世界主要国家太阳能资源

国家	太阳年辐照量（兆焦耳 / 平方米）
中国	3340 ~ 8400
埃及	10080
阿尔及利亚	12960 ~ 15660
西班牙	8100
意大利	7200
希腊	6840

1　《一文读懂世界太阳能资源分布》，全国能源信息平台，2020 年 6 月 29 日。

续表

国家	太阳年辐照量（兆焦耳 / 平方米）
葡萄牙	7560
以色列	6840
约旦	6840
沙特阿拉伯	6840
美国	3940 ~ 10512
澳大利亚	6570 ~ 8672

资料来源：《一文读懂世界太阳能资源分布》，全国能源信息平台，2020 年 6 月 29 日。

表 2-3 中国太阳能资源分布

分类	太阳年辐照量（兆焦耳 / 平方米）	主要地区	国外同等水平地区
一类	6680 ~ 8400	西藏	略次于撒哈拉沙漠
二类	5852 ~ 6680	河北西北部、山西北部、内蒙古南部、宁夏南部、甘肃中部、青海东部、西藏东南部和新疆南部等地	印度尼西亚的雅加达一带
三类	5016 ~ 5852	山东、河南东南部、河北东南部、山西南部、新疆北部、吉林、辽宁、云南、陕西北部、甘肃东南部、广东南部、福建南部、江苏北部、安徽北部、天津、北京和台湾西南部等地	美国的华盛顿地区
四类	4190 ~ 5016	湖南、湖北、广西、江西、浙江、福建北部、广东北部、陕西南部、江苏南部、安徽南部以及黑龙江、台湾东北部等地	意大利米兰地区
五类	3344 ~ 4190	四川、贵州、重庆等地	欧洲大部分地区

资料来源：《一文读懂世界太阳能资源分布》，全国能源信息平台，2020 年 6 月 29 日。

青藏高原是高值中心，四川盆地是低值中心，其他地区的太阳年辐照总量居中。青藏高原地区平均海拔在 4000 米以上，大气层薄而清洁，透明度好，纬度低，日照时间长。例如有“日光城”之称的拉萨市，太阳年辐照量为 8160 兆焦耳 / 平方米，有“雾都”之称的重庆，年辐照量仅 3500 兆焦耳 / 平方米左右。

美国、澳大利亚同样根据太阳年辐照量划分地区。美国将全国划分为五类，面积占比分别为 9.36%、35.67%、41.81%、9.94%、3.22%，其中二、三类地区占主要比例。澳大利亚将全国划分为四类地区，占比分别为 54.18%、35.44%、7.9%、2.48%，其中一、二类地区占比较高。

2. 全球光伏装机容量和主要布局

（1）全球光伏装机容量稳定增长，亚洲占比超过一半。光伏发电是新能源、清洁能源的重要组成部分，已经成为最具竞争力的电力产品。近年来全球光伏累计装机量稳定上升，据《世界能源统计年鉴 2023》数据，2022 年全球光伏装机总容量超过 1053 吉瓦，较上年增长 22.2%（图 2–3）。

根据《世界能源统计年鉴 2023》数据，2011—2022 年全球光伏新增装机容量整体呈上升趋势，2022 年新增装机容量约为 191.58 吉瓦，较 2021 年增长 35.77%（图 2–4），未来预计将持续增长。

从地区发展来看，亚洲地区凭借技术水平发展快、劳动力成本相对较低的特点，已经成为全球光伏装机容量的核心增长极。根据《世界能源统计年鉴 2023》数据，2022 年全球光伏累计装机容量市场份额主要来自亚洲，亚洲累计装机容量为 624.72 吉瓦，在全球市场中占比超过一半。欧洲累计装机容量为 236.96 吉瓦，北美累计装机容量为 126.44 吉瓦（图 2–5）。中国内地、美国、日本在全球光伏累计装机容量的占比排名前三，合计占比达到 55.50%，其中中国内地占全球比重约为 37.30%。

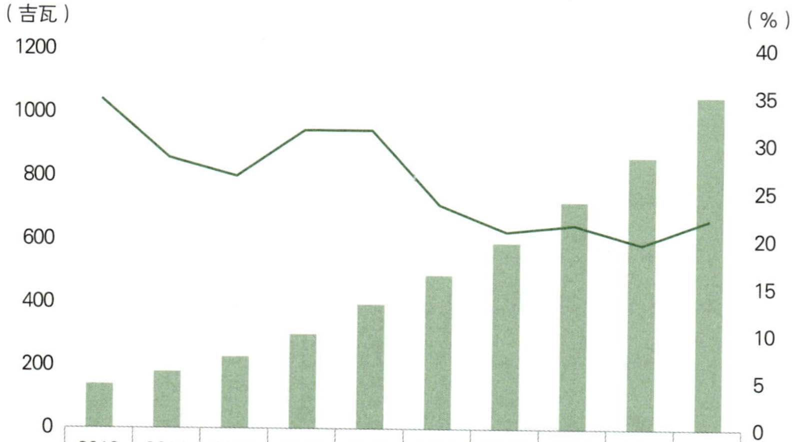

	2013	2014	2015	2016	2017	2018	2019	2020	2021	2022
累计装机容量	140.52	180.71	228.92	301.08	395.95	489.91	592.25	720.43	861.54	1053.10
同比增长（右轴）	34.80%	28.60%	26.68%	31.52%	31.51%	23.73%	20.89%	21.64%	19.59%	22.23%

图 2-3　2013—2022 年全球光伏累计装机容量及增速

资料来源：前瞻产业研究院。

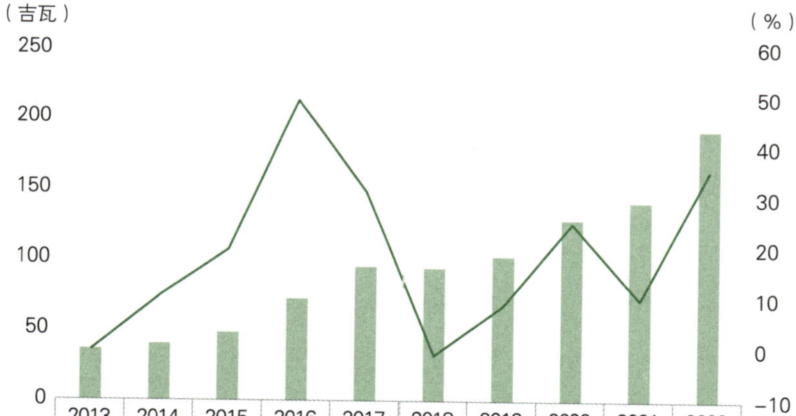

	2013	2014	2015	2016	2017	2018	2019	2020	2021	2022
新增装机容量	36.30	40.19	48.21	72.16	94.87	93.96	102.34	128.18	141.11	191.58
同比增长（右轴）	0.00%	10.72%	19.96%	49.68%	31.47%	-0.96%	8.92%	25.25%	10.09%	35.77%

图 2-4　2013—2022 年全球光伏新增装机容量及增速

注：全球累计装机容量和全球新增装机容量由于参考数据来源不同，略有出入，但总体趋势一致。

资料来源：前瞻产业研究院。

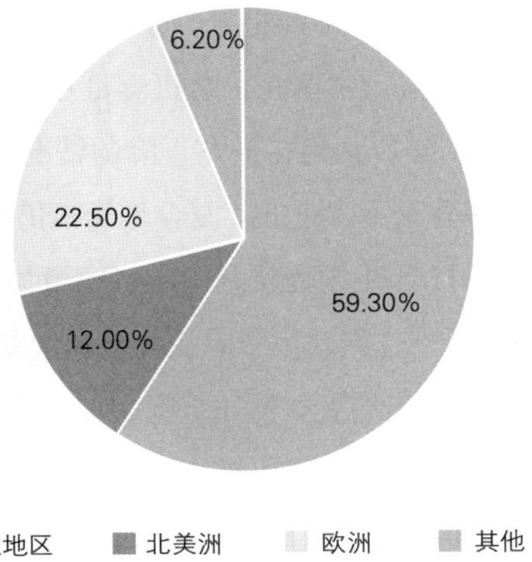

图 2-5　2022 年全球光伏累计装机容量市场份额

资料来源：《世界能源统计年鉴 2023》。

2022 年全球光伏新增装机容量市场份额同样主要来自亚洲，亚洲新增装机容量为 116.07 吉瓦，占比为 60.59%。欧洲新增装机容量为 39.15 吉瓦，占比为 20.44%；北美洲新增装机容量为 19.25 吉瓦，占比为 10.05%（图 2-6）。2022 年新增装机容量国家中前三位为中国、美国和越南，合计占比达到 55.07%，其中中国占全球比重为 44.92%。

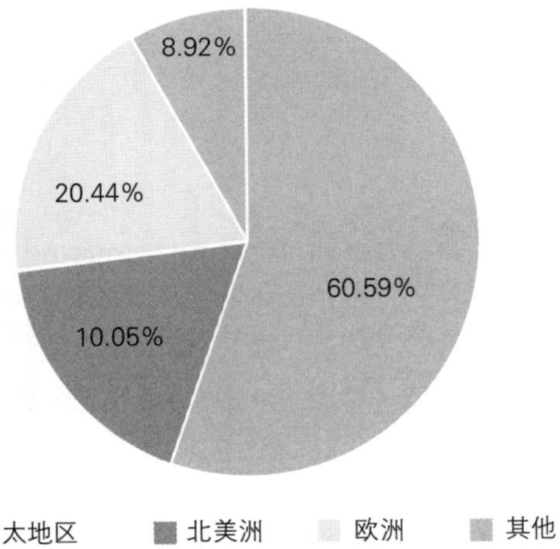

图 2-6　2022 年全球光伏新增装机容量市场份额

资料来源：《世界能源统计年鉴 2023》。

（2）中国光伏装机容量不断提升，全球占比不断提高，2022 年达到全球总装机容量的 37.5%。中国光伏装机容量在 2010—2013 年增长迅猛，增速一度超过 200%，随后几年在补贴下降的情况下增速略有下降，但在技术带来的成本下降背景下，近五年复合增长率仍然达到 34%。国家能源局统计数据显示，2017 年中国光伏新增装机容量为 52.78 吉瓦，创历史新高。2018 年，受光伏“531 新政”影响，各地光伏发电新增项目有所下滑，全年新增装机容量为 44.26 吉瓦，同比下降 17%。受国家光伏行业补贴、金融扶持等政策影响，2020 年及 2021 年光伏装机容量大幅回升。2020 年，中国光伏新增装机 48.20 吉瓦，同比增长 59%。2021 年，中国光伏新增装机再创新高，达到 54.88 吉瓦，同比增长 14%。2022 年光伏累计装机量达到 392.61 吉瓦，新增装机规模达 87.41 吉瓦，增长率为 59.27%（图 2-7），行业需求持续旺盛，光伏行业正在进行新一轮大规模产能投放。

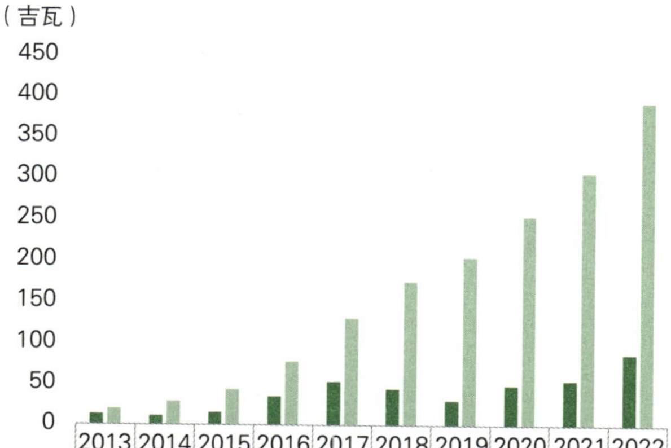

	2013	2014	2015	2016	2017	2018	2019	2020	2021	2022
新增装机容量	12.92	10.6	15.13	34.54	52.78	44.26	30.11	48.2	54.88	87.41
累计装机容量	19.42	28.05	43.18	77.42	130.2	174.46	204.3	253.43	305.99	392.61

图 2-7　2013—2022 年中国光伏累计及新增装机容量

资料来源：作者整理。

在亚洲核心增长极内，中国已经成为全球光伏产业的中心。从装机容量来看，中国太阳能光伏装机容量的全球占比不断攀升，2022 年中国光伏装机总容量约 392.61 吉瓦，约占全球装机容量的 37.5%，占比达到历年最高水平（图 2–8）。

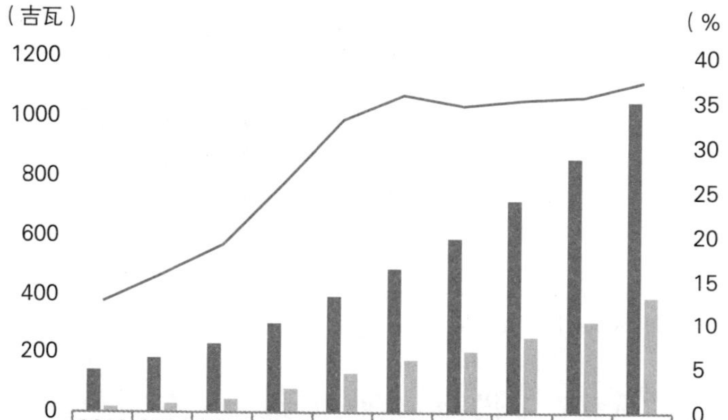

	2013	2014	2015	2016	2017	2018	2019	2020	2021	2022
全球光伏累计装机容量	140.52	180.71	228.92	301.08	395.95	489.91	592.25	720.43	861.54	1053.1
中国光伏累计装机容量	17.76	28.40	43.55	77.82	130.83	175.26	205.06	254.06	307.07	392.61
中国光伏装机容量占比（右轴）	12.64%	15.72%	19.02%	25.85%	33.04%	35.77%	34.62%	35.27%	35.64%	37.50%

图 2–8　2013—2022 年全球和中国光伏装机容量及中国占比

资料来源：作者整理。

（3）中国光伏产业结构：集中式光伏电站占比较高。截至 2022 年，我国光伏累计装机量达到 392.61 吉瓦，其中并网式装机容量达到了 392.04 吉瓦，占比为 99.85%。并网光伏发电中，集中式光伏电站装机容量 234.42 吉瓦，占比为 59.79%，分布式光伏电站装机容量 157.62 吉瓦，占比为 40.21%[1]（图 2–9）。2023 年，在国内新增光伏装机容量中，集中式光伏电站占比为 55.5%，分布式光伏电站占比为 44.5%。总体来说，在中国光伏产业结构中，集中式光伏电站占比较高，但分布式光伏电站逐渐有与其持平趋势。

1　《2022 年光伏发电建设运行情况》，国家能源局，2023 年 2 月 17 日。

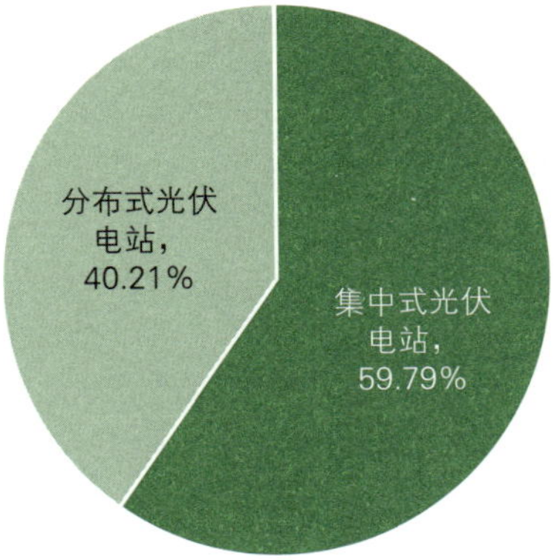

图 2-9　截至 2022 年底我国集中式光伏电站和分布式光伏电站占比

资料来源：国家能源局。

3. 光伏产业代表性企业布局

在全球光伏综合 20 强企业中，中国企业占据多席，占比达到 85%。例如在由 365 光伏、365 储能及智慧能源公布的“2022 全球光伏 20 强排行榜”中，隆基绿能科技股份有限公司以 126.94 亿美元的营业收入位居榜首。隆基绿能、天合光能、晶澳太阳能科技、晶科能源、天津中环半导体稳居前五（表 2-4）。

表 2-4　全球光伏企业 20 强（综合类）

公司名称	所属国家	营业收入（亿美元）
隆基绿能科技股份有限公司	中国	126.94
天合光能股份有限公司	中国	69.77
晶澳太阳能科技股份有限公司	中国	64.78
晶科能源股份有限公司	中国	64.10
天津中环半导体股份有限公司	中国	60.30
通威股份有限公司	中国	59.89
阿特斯阳光电力有限公司	中国	53.00

续表

公司名称	所属国家	营业收入（亿美元）
协鑫（集团）控股有限公司	中国	42.74
特变电工股份有限公司	中国	31.32
阳光电源股份有限公司	中国	29.69
东方日升新能源股份有限公司	中国	29.54
First Solar，INC.	美国	29.24
浙江正泰新能源开发有限公司	中国	28.54
Hanwha Q CELLS	韩国	26.34
信息产业电子第十一设计研究院科技工程股份有限公司	中国	21.33
杭州福斯特应用材料股份有限公司	中国	19.31
尚德集团	中国	18.19
上海爱旭新能源股份有限公司	中国	17.56
新疆大全新能源股份有限公司	中国	16.99
SunPower Corp.	美国	13.23

注：榜单内企业数据涉及的汇率换算均以 2021 年 12 月 31 日汇率为换算标准。

资料来源：《2022 全球光伏 TOP20 排行榜正式发布！》，中国电力网，2022 年 6 月 10 日。

4. 我国光伏产业细分供给

（1）我国光伏产业细分生产能力。根据中国光伏行业协会数据，2015—2023 年我国多晶硅产量不断增加，2023 年我国多晶硅产量实现 143 万吨，同比增长 72.9%。

我国太阳能电池片产量快速提高，2011 年以来，我国太阳能电池片产量稳步提升。中国光伏行业协会统计数据显示，2022 年我国电池片产量为 318 吉瓦，较 2020 年的 198 吉瓦增长 60.6%。

我国光伏组件产量规模持续扩大，2022 年实现产量约 288 吉瓦。得益于全球光伏需求增长的推动，国内企业近年来持续加大组件环节的投资和技术革新，生产成本持续下降，自动化、数字化程度不断提升。据中国光伏行业协会统计数据，2022 年我国光伏组件产量达到 288 吉瓦，同比增长 58.8%，以晶硅组件为主[1]。

（2）中国光伏产业各环节市场集中度。近年来，光伏产业的市场集中度不断加大，且有进一步提高的趋势。根据中国光伏行业协会统计数据[2]，2022 年光伏产业链各环节业务规模前五名公司所占市场份额（CR5）均达到 50% 以上，业务规模较 2021 年数据均有大幅上升（图 2-10）。未来，

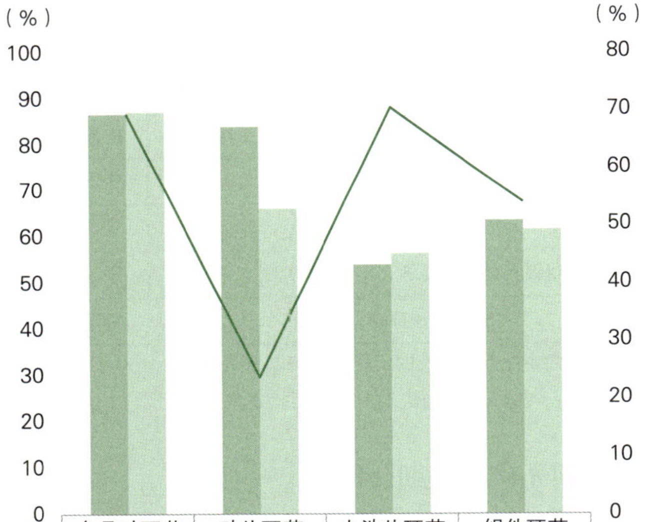

	多晶硅环节	硅片环节	电池片环节	组件环节
2021年	86.7%	84.0%	53.9%	63.4%
2022年	87.1%	66.0%	56.3%	61.4%
2022年同比增长（右轴）	69.4%	23.7%	70.4%	53.9%

图 2-10　2021 年与 2022 年中国光伏产业链各环节 CR5 及增幅

资料来源：中国光伏行业协会。

1　《2022 年中国光伏市场供给现状与全球竞争力分析　中国强势占据全球 80% 的产能》，前瞻产业研究院，2023 年 1 月 10 日。

2　《36 氪研究院 | 2022 年中国光伏产业洞察报告》，36 氪研究院，2022 年 4 月 28 日。该数据未直接公开，此处参考研报。

出于避免产业链上中下游波动而产生经济损失，以及扩大规模经济效益的追求，具有先发优势的企业将会着力提高自身产品的竞争能力，持续深耕全产业链规模化布局，光伏产业的市场集中度有望进一步上升。

硅料：多晶硅生产工艺点繁多，历年来呈现稳定的龙头格局。2021年硅料行业中，协鑫、通威、大全能源三大龙头并驾齐驱，市占率超过一半。东方希望、新特能源和亚洲硅业紧跟其后，新特能源甚至超过了大全能源（图2-11）。

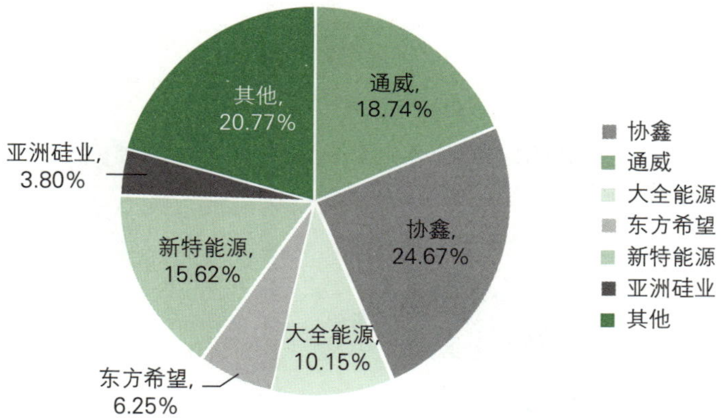

图2-11　2021年中国光伏硅料市场竞争格局

资料来源：作者整理。

单晶硅硅片：根据各公司公告，截至2022年底，光伏行业两大巨头隆基、中环的单晶硅片产能分别达到120吉瓦、135吉瓦，合计市占率约50%（图2-12）。光伏行业成长性显著，京运通、上机、高景、双良等新玩家进入硅片领域，头部供应商市占率有所稀释，预计未来硅片行业将进入新一轮竞争。

电池片：晶硅电池产量占全部太阳能电池的95%以上，薄膜电池仍处于持续研发阶段。晶硅电池片方面，据中国光伏行业协会数据，2021年，全国电池片产量约为198吉瓦，其中，排名前五位的企业产量约占国内电池片总产量的50%（图2-13）。

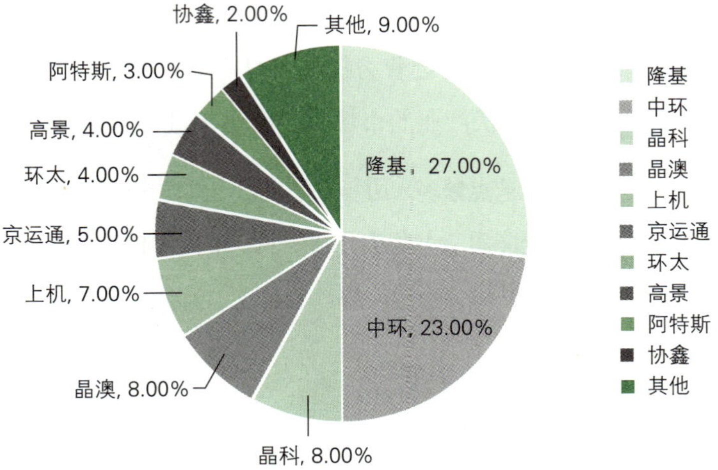

图 2-12　2022 年中国光伏硅片市场竞争格局

资料来源：作者整理。

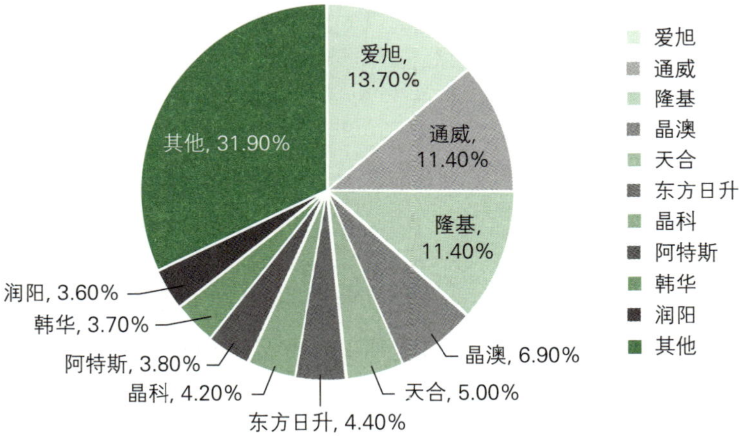

图 2-13　2021 年中国光伏电池片市场竞争格局

资料来源：作者整理。

组件：2021 年我国光伏组件产量总计 182 吉瓦，其中，产量排名前五位企业是隆基、晶科、天合、晶澳、阿特斯，占我国总产量的比例依次为 19.0%、14.8%、13.6%、13.6%、7.3%（图 2-14），组件环节第一梯队格局稳固。

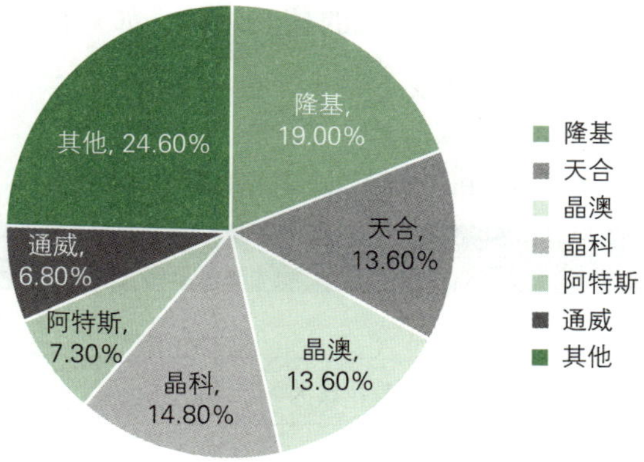

图 2-14　2021 年中国光伏组件市场竞争格局

注：因四舍五入加总不等于 100%。

资料来源：作者整理。

逆变器：根据 IHS Markit 数据，2021 年全球逆变器市场中，阳光电源和华为合计份额占据接近半数，分别为 25.6% 和 23.8%。国内企业古瑞瓦特、锦浪科技、固德威、上能电气、特变电工位居前十。CR10 合计占据份额接近 88.3%（图 2-15）。

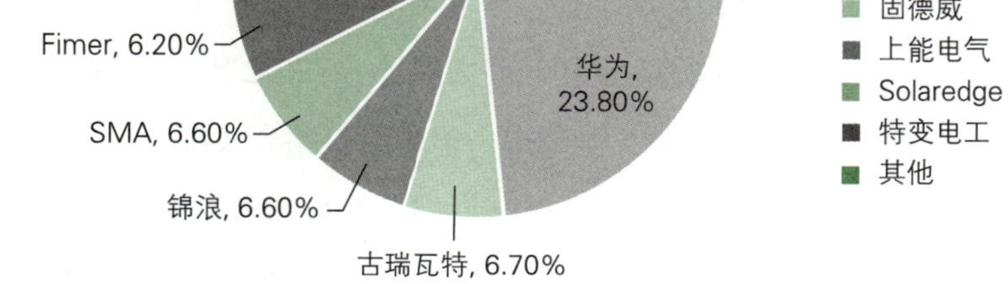

图 2-15　2021 年中国光伏逆变器市场竞争格局

注：因四舍五入加总不等于 100%。

资料来源：作者整理。

除以上产业外，光伏产业相关的核心组件，如背板、胶膜、玻璃等，也形成了各自的竞争格局（表 2–5）。

表 2–5 中国光伏产业相关核心组件企业布局

组件	龙头企业	市场集中度
背板	赛伍技术、中来股份等	CR4=56.5%
胶膜	福斯特、斯威克、海优新材、赛伍技术	CR4=86%
玻璃	信义光能与福莱特双寡头格局	CR4>50%
支架	意华股份与中信博处于第一梯队，百花齐放的竞争格局	CR2=45%
边框	永臻科技、营口昌泰、中信渤海、鑫铂	CR4=55.56%
银浆	聚合材料、帝科股份、苏州固锝是目前国内正面银浆的领先厂商	CR3=65.4%
接线盒	通灵股份、快可电子	CR2=20%
靶材	江丰电子、隆华科技、阿石	规模较小，相对分散
金刚线	一超多强：美畅股份（背靠隆基）	43%

资料来源：作者整理。

（二）光伏的需求分析

1. 可再生能源逐渐成为全球电力供应主引擎

根据国际能源署的《2023 年电力市场报告》，2022 年受全球能源危机及某些地区的特殊天气条件影响，全球电力需求增长略有放缓至 2%，但预计未来几年将加速增长。报告显示，全球电力需求增长率将从 2023 年的 2.6% 上升到 2024 年、2025 年的平均 3.2%（图 2–16），亚洲新兴国家及发展中经济体是重要的推动力量。可再生能源将在未来三年内主导世界电力供应的增长，可再生能源与核电可共同满足到 2025 年全球用电需求的绝大部分增长。

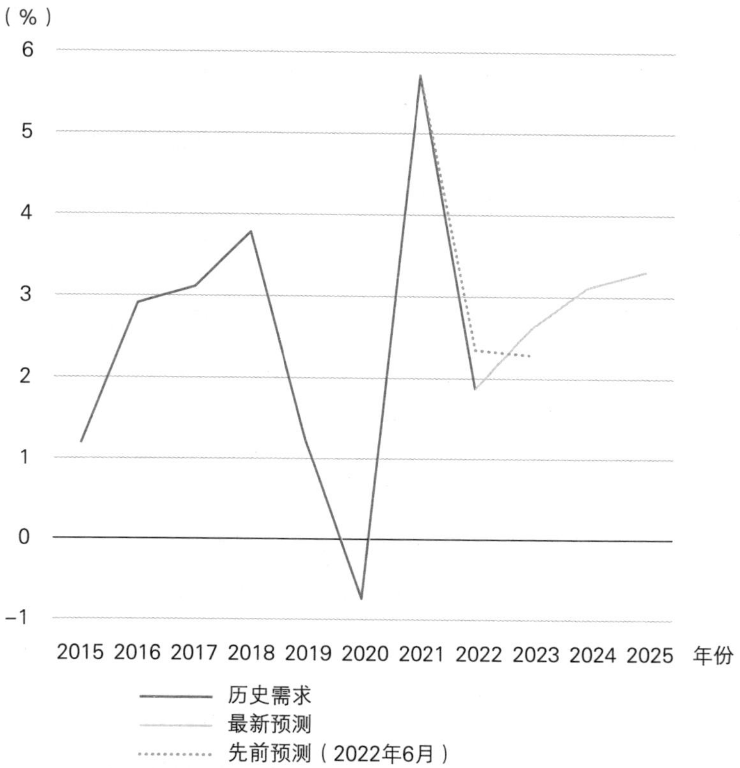

图 2-16　2015—2025 年全球电力需求增长率变化

资料来源：国际能源署《2023 年电力市场报告》。

2. 全球光伏需求情况分析

据中研院研报，2023 年全球光伏装机需求量由高至低的地区依序为亚太、欧洲、美洲及中东非[1]（表 2-6）。近年来海外光伏利好政策频出，海外光伏需求将持续增长。美国相关限制逐步放松，清关速度加快，2023 年 1 月光伏组件进口 4.25 吉瓦，同比增长 65%，需求持续向好；欧盟委员会拟加快项目审批流程、改善融资渠道，将 2030 年可再生能源下限目标由 32%

1　《2023 年全球光伏新增需求超 300GW 2023 中国光伏能源行业竞争格局》，中研网，2023 年 2 月 18 日。

提升至42.5%；德国电气工程师协会（VDE）拟简化阳台光伏系统规则；印度太阳能光伏组件型号及制造商认证清单（ALMM）放宽两年。

亚太地区2023年新增装机需求预计达202.5吉瓦。其中，中国、马来西亚、菲律宾等市场受政策推动增速较快，上述地区装机量年增速均可达40%以上；日本、澳大利亚、韩国等成熟市场新增需求则趋于平稳。

欧洲地区2023年新增光伏装机需求预计约68.6吉瓦，同比增长39.7%，主要装机需求来自德国、荷兰、西班牙。鉴于欧盟放宽对光伏装机的许可及审批时间以及光伏组件价格下降等情况，预计2023—2024年欧洲地面电站项目的建置需求数量将继续增长。

美洲地区2023年新增光伏装机需求预计约64.6吉瓦，同比增长65.2%。装机需求高度集中在美国、巴西、智利等地；哥伦比亚、加拿大2023年亦迎来并网高峰期。

中东非地区光伏市场呈现稳步增长态势，预计新增光伏装机需求达14.9吉瓦，同比增长约49.5%。中东非地区的装机增量高度依赖招标项目，大型光伏地面电站项目主导市场需求，阿联酋、沙特阿拉伯、南非和以色列为主要增量地区。

表2-6 各区域光伏市场需求

地区	预计新增光伏装机量（吉瓦）	同比增速
亚太	202.5	55.4%
欧洲	68.6	39.7%
美洲	64.6	65.2%
中东非	14.9	49.5%

资料来源：TrendForce全球太阳能光伏市场研究。

3. 中国光伏需求情况分析

（1）中国光伏新增装机需求整体呈增长态势。中国光伏新增装机量受政策影响，近几年波动较大，但总体呈现稳定增长。国内光伏项目建设需求明显增长，2023 年 1—2 月，全国太阳能发电完成投资 283 亿元，同比增长 199.9%，带动装机需求量大幅增长。

在硅料价格下降和疫情防控平稳转段的大环境下，国内之前受疫情和产业链价格影响导致进度延期的项目建设提速。2023 年，国内大基地项目加快推进，有望成为光伏主要增长动能。

（2）光伏发电占全社会用电量比重逐年上升，户用光伏装机需求提升。光伏作为重要的可再生清洁能源，随着中国用电量的不断提升，发电需求也将不断增长，光伏发电需求量将逐渐扩大。中国光伏发电量占全社会用电量比例逐年增长，2021 年占比达到 3.9%。未来，光伏发电有望成为推动中国能源变革的重要引擎之一。

随着城镇化率和城乡居民电气化水平的持续提高，以及新一轮农网改造升级、居民取暖“煤改电”的大力推进，城乡居民生活用电量快速增长。在光伏补贴退坡后，户用光伏以其可观的经济效益，吸引着越来越多用户进行安装。“十四五”期间，户用光伏增长空间巨大。2021 年以来，国家发展改革委、国家能源局陆续出台多项鼓励政策支持户用分布式光伏项目的发展，户用光伏市场发展进一步提速。2023 年，国家能源局等四部门组织开展农村能源革命试点县建设，将推动分布式光伏及“光伏 +”应用建设提速。

（三）光伏产业链和价值链分析

1. 光伏产业链

在光伏产业链中，上游主要包括单、多晶硅的冶炼、铸锭、拉棒、切片等环节，其中原材料涉及硅料、石英砂、乙烯及醋酸等；中游主要为构建光伏电站所需的组件和部件，包括太阳能电池生产、光伏发电组件封装等环节；下游为光伏的应用领域，主要是光伏发电系统的搭建、集成与运营（图 2-17）。

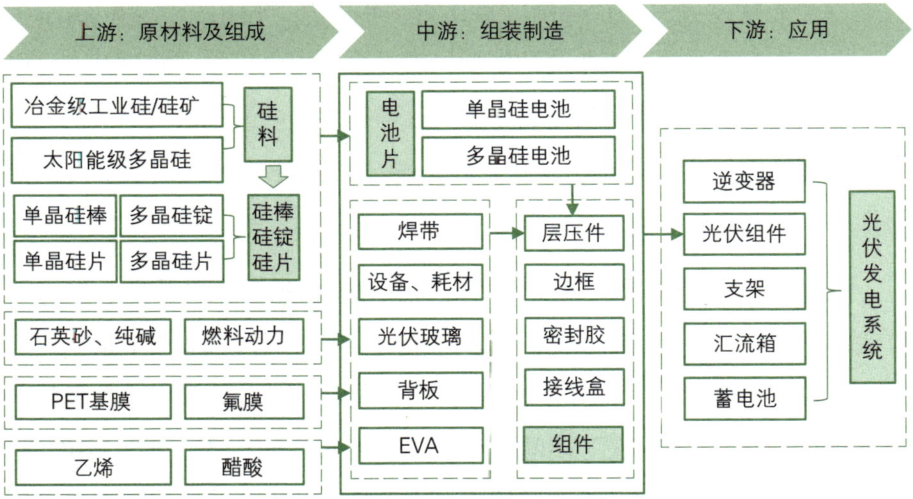

图 2-17 光伏产业链示意

资料来源：作者整理。

2. 光伏价值链

光伏产业价值链是以产业链各个环节的增值活动为基础，上游主要是提炼硅材料和生产硅片，作为产业价值链的起始环节[1]；中游主要为太阳能

1 《国内外的光伏发电市场发展现状、补贴对比》，中国清洁发展机制基金，2018 年 6 月 20 日。

电池制造和光伏组件生产；下游主要为光伏产品生产和光伏发电系统，终端产品的最终价值在这里体现，各环节之间相互联系、相互影响。

从附加值利润来看，2021 年至 2023 年上半年上游环节盈利情况最好，毛利率持续向上，承接产业链主要利润，但 2023 年上半年出现硅料价格持续波动，影响毛利率；中下游由于成本传导效应导致盈利空间受挤压（图 2–18）。

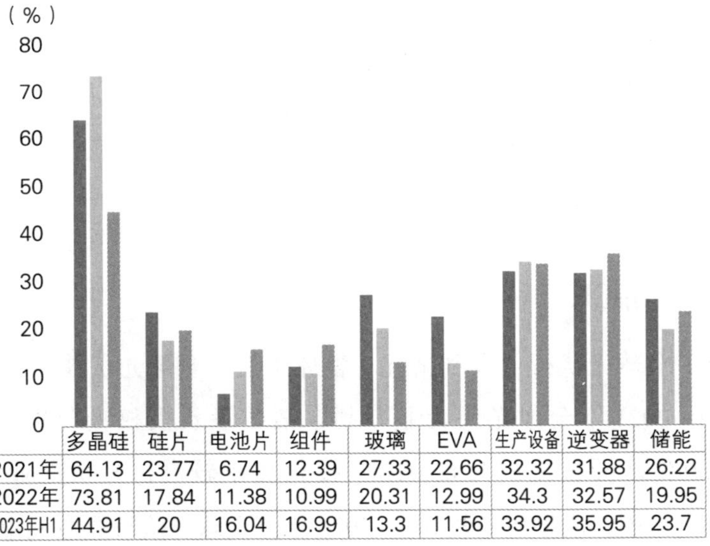

	多晶硅	硅片	电池片	组件	玻璃	EVA	生产设备	逆变器	储能
2021年	64.13	23.77	6.74	12.39	27.33	22.66	32.32	31.88	26.22
2022年	73.81	17.84	11.38	10.99	20.31	12.99	34.3	32.57	19.95
2023年H1	44.91	20	16.04	16.99	13.3	11.56	33.92	35.95	23.7

图 2–18　2021 年至 2023 上半年产业链各环节龙头公司毛利率水平

资料来源：作者整理。

其中，上游企业集中度高，在 2021 年硅料紧缺、价格暴涨情况下，市场供不应求，硅料企业毛利率大幅提升，但 2023 年开始，硅料价格持续走弱，市场出现产能积累，硅料企业毛利率出现小幅下跌。硅片、硅棒、硅锭等的价格受硅料价格影响较小，2023 年上半年毛利率出现小幅上涨。

电池作为中间环节，处在产业链中游，竞争格局相对分散，2023 年受硅料价格影响，众多企业采购低价位硅片带来2023年上半年盈利出现小幅上涨；光伏玻璃行业CR2超过60%，产能释放快，认证周期短，利润空间的提升主要来自规模效应带来的成本下降。随着对透光性要求的提升，背板逐渐向玻璃转换，市场空间逐渐萎缩，毛利率逐年下滑。设备受益于下游扩产、新技术带来的更新需求，订单充裕，盈利能力整体向好。

逆变器属于产业链下游，对价格较为敏感、厂商竞争激烈，毛利率有所上升；储能业务多以招投标形式开展，竞争激烈，2023年项目盈利能力出现小幅上涨。

（四）光伏前沿技术

1. 专利概况

（1）全球光伏行业专利情况。整体来看，全球光伏技术已经处于成熟初期。2021年全球光伏行业专利申请数量及授权量分别为25532件和15839件，授权比重为62.04%，授权比重较高，光伏产业整体研发水平较高，创新成果质量较高[1]。2023年，全球光伏行业专利申请数量为11216件。

从全球区域格局来看，全球光伏发电第一大技术来源国为中国。据外交部数据，截至2023年，中国太阳能电池全球专利申请量达12.64万件，排名世界第一。前瞻产业研究院研究报告显示，中国光伏行业专利申请量占全球总申请量的75.88%；其次是美国，占比7.82%；日本和韩国排名第三和第四，占比分别为4.53%和4.24%[2]（图2–19）。

1 《2022年全球光伏行业技术全景图谱》，前瞻产业研究院，2022年6月29日。

2 《2021年全球光伏发电行业技术竞争格局》，前瞻产业研究院，2021年11月10日。

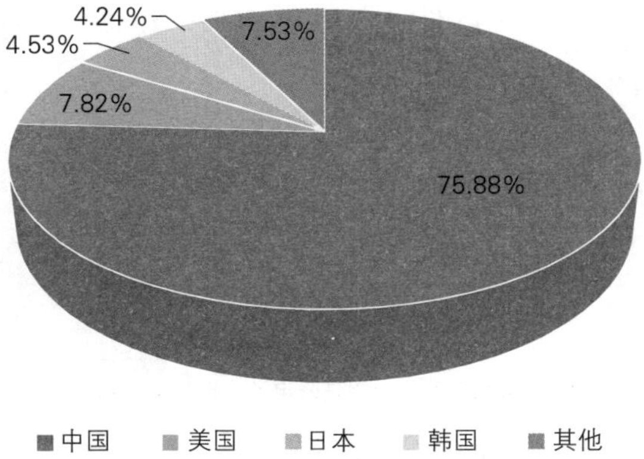

图 2-19　全球光伏行业专利技术主要来源国家分布

注：截至 2021 年 10 月。

资料来源：前瞻产业研究院。

从专利类型来看，发明专利与实用新型专利占比相当。其中，全球有 7.72 万件光伏专利为发明专利，占全球光伏专利申请数量的 50.49%；实用新型光伏专利数量为 7.57 万件，占全球光伏专利申请数量的 49.51%。

从技术构成来看，目前“H02S20 光伏模块的支撑结构”（2014.01）的专利申请数量最多，为 26821 件，占总申请量的 17.54%。其次是“H02S40 不包括在 H02S 10/00—H02S 30/00 中的与光伏模块结合的组件或配附件”（2014.01），专利申请量为 19954 件，占总申请量的 13.05%[1]。光伏产业专利申请集中在产业链中游的光伏组件部分，组件是融合优化上下游技术的重要环节，因此也成为产业链中技术创新的聚焦点（图 2-20）。

（2）中国光伏行业专利总体趋势分析。依据专利之星检索系统，截至 2023 年底，中国光伏专利共计 214035 件，其中有效专利 105193 件，在审专利 32030 件。在全部专利中，实用新型专利 117785 件，占比最大，达

1　《2022 年全球光伏行业技术全景图谱》，前瞻产业研究院，2022 年 6 月 29 日。

到 55.03%；发明专利 88945 件，占比 41.56%；外观专利较少，仅有 7305 件，占比为 3.41%[1]（图 2-21）。

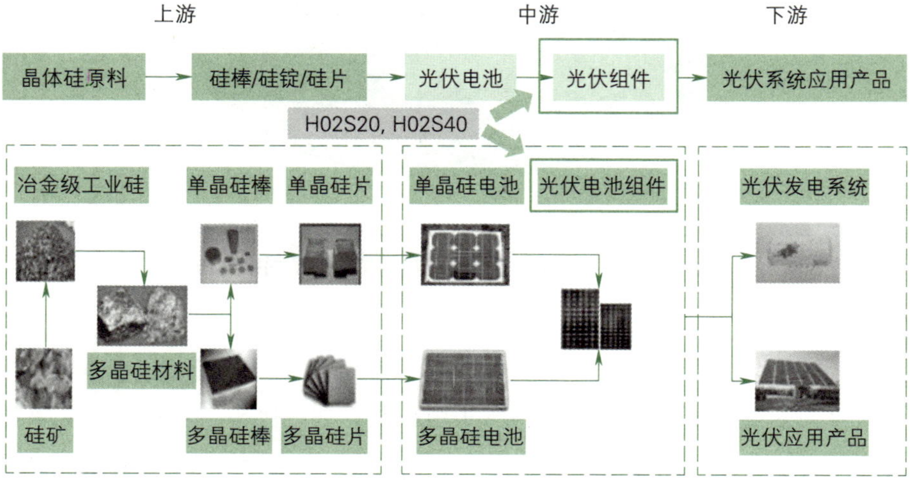

图 2-20　光伏产业链中技术创新聚焦点

资料来源：作者整理。

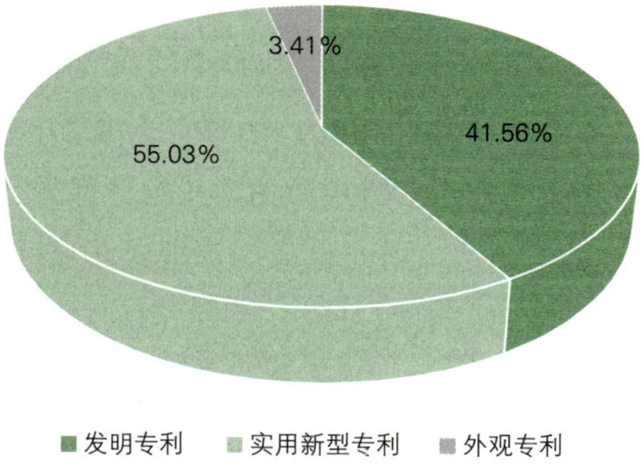

图 2-21　我国光伏专利类型占比

资料来源：专利之星检索系统。

1　专利之星检索系统。

国际市场中，中国目前是全球光伏第一大技术来源国，在国际光伏市场的地位不断提高。2023 年我国光伏专利申请量约为 1.04 万件，占全球光伏专利总申请量的约 90%。

（3）有效专利具体分析。有效专利中，申请授权数量排名前十的省份依次为江苏省、广东省、浙江省、北京市、安徽省、山东省、上海市、河北省、陕西省和福建省。其中，2023 年江苏省有效专利申请授权数量达到 4080 件，远高于第二名广东省的 1771 件。

江苏省是我国光伏制造大省，也是全国乃至全球光伏产业的重要研发制造基地，制造实力强劲。2022 年，江苏省光伏电池产量达到 124.91 吉瓦，约占全国产量的 40%，占全球产量约 35%；光伏组件产量达到 127.58 吉瓦，约占全国产量的 44%，占全球产量约 34%。江苏不仅聚集了天合光能、晶澳、上能电气等众多光伏名企，更形成了常州、无锡、常熟、镇江等多个光伏产业园，其光伏硅片、电池、组件产能和产量连续十多年保持全国第一[1]。

2012 年，在欧美国家“双反”政策剧烈冲击下，中国光伏产业岌岌可危；到 2015 年，在国家政策的大力支持之下，江苏占据了绝对的人才和企业集群优势。中国“硅业在线”网及多家主流媒体评选的“2010—2011 年中国光伏年度十大最具影响力人物”榜单中，共有六人在江苏省创办相关企业，包括无锡尚德、常州天合光能、扬州晶澳太阳能、南京中电光伏等多家知名企业[2]。此外，江苏省在经济发展、交通运输和用电需求等方面同样处于优势地位，从而从 2014 年开始进入飞速发展时期，也奠定了江苏省在国内光伏产业的领先地位。

1　《“狂飙”的光伏重镇——江苏》，北极星太阳能光伏网，2023 年 4 月 17 日。

2　《2011 中国光伏企业年度十大最具影响力 CEO》，北极星太阳能光伏网，2011 年 12 月 9 日。

我国光伏有效专利分布的地域性差异较为明显。其中，江苏省专利数量突出，达到 23421 件，占据绝对优势地位；地域专利数量断层明显，第二名广东省专利数量少于 10000 件；地域差距明显，东南及沿海地区（山东、浙江、江苏、安徽等）专利数量较多，西南（贵州、云南、西藏等）及西北（新疆、陕西等）专利数量较少（图 2–22）。

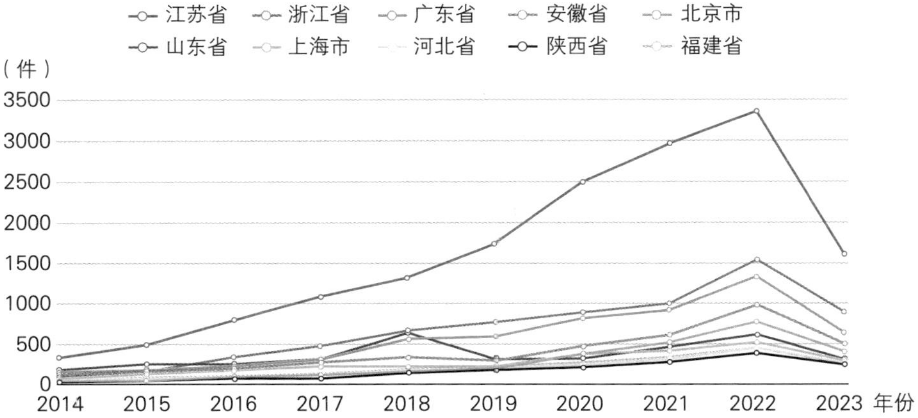

图 2–22　2014—2023 年我国有效光伏专利省市申请授权趋势

资料来源：专利之星检索系统。

技术构成方面，我国有效光伏专利按《国际专利分类表》（IPC）小类分类的前十大类型依次为 H02S（由红外线辐射、可见光或紫外光转换产生电能）、H02J（供电或配电的电路装置或系统；电能存储系统）、H01L（半导体器件等）、F24S（太阳能热收集器）、B08B（清洁）、E04D（屋面覆盖层）、F21V（照明装置）、F21S（非便携式照明装置或其系统）、H02M（电流转换）和 F21W（散热）（图 2–23）。其中，H02S 类型的有效光伏专利数占比达到 42.04%，是我国光伏专利中最主要的技术类型，同样聚集在光伏产业链的中游领域。

（4）申请人分析。截至 2022 年 5 月，全球光伏行业专利申请数量前十大申请人均为中国的企业或机构，其中，国家电网公司光伏专利申请数量最多，为3188件，申请数量远超排名第二位的中国电力科学研究院有限公司。企业层面，2022年全球光伏行业专利申请数前十位分别是国家电网公司、中国电力科学研究院有限公司、阳光电源股份有限公司、珠海格力电器股份有限公司、华北电力大学（保定）、中国华能集团清洁能源技术研究院有限公司、浙江大学、阿特斯阳光电力集团股份有限公司、江苏省电力公司和东南大学。截至2021年底，87家光伏上市企业合计拥有授权专利3.66万件，同比增长约24.76%。其中，72家光伏企业拥有的授权专利数量在100件以上，前九家企业授权专利数量在1000件以上，企业研创氛围浓厚[1]。

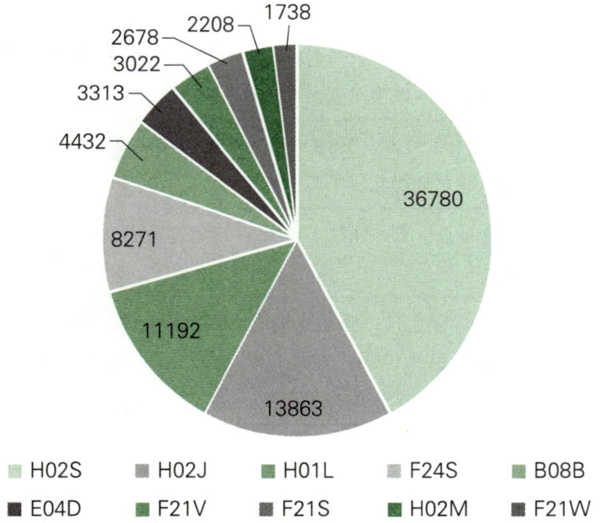

图2-23　我国有效光伏专利申请技术构成

资料来源：专利之星检索系统。

1 《光伏创新与专利数量排行榜》，界面新闻，2022年5月18日。

2. 前沿技术分析

光伏的发展依靠技术不断迭代升级，推动太阳能更多、更高效地转化为电能供终端使用。光伏的技术升级是不断优化且减少损耗实现高效化使用的过程，各个环节涉及不同程度技术的发展，但核心的技术升级聚焦在电池片环节（表 2–7）。电池片是体现光伏提升转换效率的主要环节。

表 2–7 光伏产业链各个环节的技术和工艺进步情况

产业链环节	技术和工艺进步情况
多晶硅	综合电耗降至 70kWh/kg–Si；生产全成本降至 50 元 /kg 以下；设备投资成本降至 1.1 亿元 /kt
硅片	大硅片化（158.75mm、161.75mm、166mm、210mm）；单晶炉单炉投料量提升至 1300kg；铸锭单晶开始产业化应用；单晶薄片化（175μm）
晶硅电池	P 型 PERC 电池转换效率达到 22.2% ~ 22.4%，领先企业达到 22.6% 以上；天合、晶科、东方日升等逐步扩大对 N 型电池的研发、生产；IBC 开始引起关注，5BB 成为主流，9BB 涌入市场
晶硅组件	单晶 PERC 60 片（MBB、半片）320 ~ 330W，72 片（166mm）>400W；双面、半片规模化应用
薄膜电池组件	汉能 Mia Sole 有效面积（1.086m^2）CIGS 薄膜组件效率达到 18.64%，刷新纪录
前沿电池技术	钙铁矿薄膜组件：纤纳光电，20MW 量产线，效率 14.3%，2019 年先后两次刷新世界纪录；协鑫纳米，1300cm^2，效率 13.48%，建设 10MW 大面积中试线

资料来源：中国光伏行业协会。

（1）晶体硅材料和硅片。中国光伏产业链上游的晶体硅材料和硅片技术不断迭代，在多晶硅制备、单晶硅提拉和硅片切割等方面取得重大突破，有关指标达到国际先进水平。

多晶硅材料制备技术方面，2022 年中国主流工艺三氯氢硅法和硅烷法产能进一步提升，分别达到单线 5 万吨 / 年和 2 万吨 / 年，技术和能耗指标达到国际先进水平；单晶硅提拉技术方面，主流光伏用单晶硅棒长度突破 5000 毫米，硅片向大尺寸、N 型化、薄片化发展；硅片切割技术方面，金刚线呈细线化趋向，碳钢母线线径下降至 36 微米，接近切割极限，国内厦门钨业、中钨高新等企业开始尝试以钨钢丝代替高碳钢丝[1]。

（2）晶体硅太阳电池。中国晶体硅太阳电池技术取得多项重要进展，多次刷新晶体硅实验室效率世界纪录，相关技术已接近或达到国际先进水平[2]。

在 PERC 电池方面，隆基公司保有 24.03% 的实验室最高效率；在 TOPCon 电池方面，中国自主研发出新型的 POPAID 工艺，开发了用于沉积 TOPCon 电池钝化膜的 LPCVD 设备、ALD 设备等；在 HJT 电池方面，隆基公司创造了 26.81% 的实验室效率的世界纪录，此外国产化的低温银浆也已经接近国际先进水平。

（3）其他太阳电池。中国持续推进光伏产业技术发展，重点关注太阳电池研发，在除晶体硅太阳电池外的其他太阳电池方面同样多次刷新世界纪录，领跑全球太阳电池研制领域。

中国科学院物理研究所获得 CZTS 薄膜电池 13.6% 的电池认证效率，创造世界新纪录；中国科学院半导体研究所在钙钛矿电池方面领先国际，获得 25.6% 的 NREL 认证效率；有机薄膜电池方面，我国领跑世界，多次刷新 NREL 效率纪录；在量子点电池与叠层太阳电池方面，我国的科学研究居于世界领先地位。

（4）光伏系统集成与应用技术。近年来，我国在光伏系统集成与应用技术方面取得多个“世界首次”和“全球最大”，充分彰显我国光伏应用技术日趋成熟。

1　《2023 年中国光伏技术发展报告（简版）》，中国可再生能源学会光伏专业委员会，2023 年。
2　《2022 年中国光伏技术发展报告（简版）》，中国可再生能源学会光伏专业委员会，2022 年。

地面光伏电站技术方面，我国在云南大理建成世界首座 ±30 千伏 / 500 千瓦的光伏全直流并网示范工程，并首次提出中压交流并网的光伏系统拓扑结构；分布式光伏系统技术方面，我国在河北张北建成世界首个 MW 级分布式光伏直流并网工程实证平台，在山东济宁华勤工业园屋顶建成全球单体最大分布式光伏电站；在光伏复合利用系统技术方面，中国在山东德州建成世界上最大的 320 兆瓦水上漂浮光伏电站，形成多样化复合应用体系。

（5）未来趋势：TOPCon（隧穿氧化层钝化接触）、HJT（本征薄膜异质结）、IBC（指叉型背接触）电池技术“三线”追逐。随着中国晶体硅太阳电池技术不断更新迭代，效率更高、衰减率更低、弱光性更好的 N 型电池被认为将取代 P 型电池，成为下一代核心光伏电池技术。就具体技术路线而言，TOPCon、HJT、IBC 三大电池技术成为未来发展方向。

中国光伏产业前十大组件企业晶澳、天合、晶科、正泰纷纷开启 GW 级 TOPCon 量产，随着大规模量产，TOPCon 电池组件成本预计将以较快速度与 PERC 趋于持平；而在设备国产化、银浆国产化、银包铜技术、微晶技术以及硅片薄片化等多种技术加持下，HJT 组件的全成本也将迅速接近 PERC；此外，国家电投旗下的黄河水电建设了国内首条量产规模的 IBC 电池示范线，量产转换效率达 24%，研发转换效率达到 25.08%。在 N 型电池不可避免地成为未来主流晶体硅太阳电池的背景下，TOPCon、HJT、IBC 将呈现“三线”追逐态势。

（五）光伏产业投融资情况

1. 全球光伏产业投融资情况

（1）全球光伏投融资数额快速提升。根据 Mercom Capital Group 发布的《2023 年第四季度太阳能融资和并购报告》，2023 年，全球包括风险投资（VC）融资、公开市场和太阳能行业债务融资在内的企业融资，160 笔交易筹集了 343 亿美元，而 2022 年的 175 笔交易筹集了 241 亿美元，总额同比增长 42%。这是 10 多年来筹集的最大金额。

全球对光伏开发商的风险投资在 2023 年保持稳定，2023 年太阳能行业的全球风险投资和私募股权融资强劲，达到 69 亿美元，仅比 2022 年的 70 亿美元低 1 亿美元。2023 年有 26 笔 1 亿美元或以上的风险投资交易。

从全球光伏产业开发商来看，头部开发商主要位于美国。例如，2023 年第一季度，SILICON RANCH 公司以 3.75 亿美元的最高风险投资金额位居榜首。其他融资较多的光伏开发商依次为 AMARENCO 公司（融资 3.25 亿美元）、ENPAL 公司（2.34 亿美元）、PALMETTO 公司（1.5 亿美元）以及 SILFAB SOLAR 公司（1.25 亿美元）（表 2–8）。

表 2–8　2023 年第一季度全球光伏产业投融资情况

公司名称	总金额（亿美元）	投资商
SILICON RANCH	3.75	Manulife Investment Management，TD Asset Management，Mountain Group Partners
AMARENCO	3.25	Arjun Infrastructure Partners，Credit Agricole Group，Tikehau Capital
ENPAL	2.34	TPG Rise Climate，Westly Group，Activate Capital，HV Capital，SoftBank Vision Fund 2，Priceville Climate Tech
PALMETTO	1.50	TPG Rise Climate
SILFAB SOLAR	1.25	ARC Financial Corp，Manulife Financial Corporation，Ontario Power Generation Inc，Pension Plan，CF Private Equity，BDC Capital's Cleantech Practice

资料来源：作者整理。

（2）中国光伏投融资处于中上水平。从全球来看，根据 Mercom Capital Group 发布的《2022 年全球光伏开发商融资和并购报告》可知，2022 年全球光伏产业总计投融资约 241 亿美元，投融资交易共计 175 笔。其中，融资数额位于前列的国家或地区有美国、巴西、中国、欧盟等。美国 2022 年户用光伏融资约 78 亿美元，巴西 2022 年光伏项目融资约 477 亿元人民币，约合 70 亿美元。中国 2022 年光伏产业总计融资约 233.52 亿元人民币，约合 33.36 亿美元，领先全球大部分国家或地区，但相较于美国、巴西等国仍有显著差距。因此在未来应进一步重视光伏产业投融资情况，加强政策扶持与市场投融资机制的优化与完善，提升我国光伏产业投融资水平与效能。

2. 我国光伏产业投融资情况

（1）投融资事件持续增加。2022 年 4 月到 2023 年 3 月，全国光伏产业共发生 276 笔投融资事件（图 2–24）。其中，2022 年 4 月至 2022 年 7

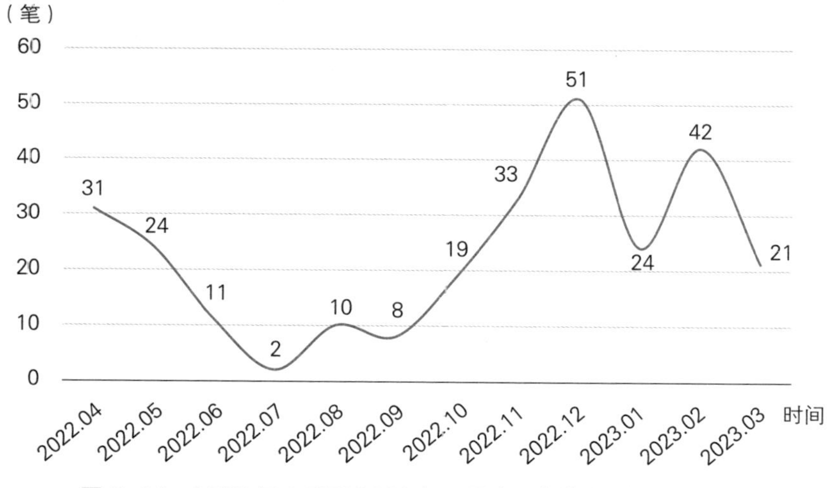

图 2–24　2022 年 4 月至 2023 年 3 月中国光伏产业投融资事件

资料来源：上奇产业通。

月呈显著下降态势，自 2022 年 7 月之后，我国光伏产业投融资事件发生频率陡然提升，并于 2022 年 12 月达到 51 笔的峰值水平，2023 年间，我国光伏产业投融资事件上下波动频率有所上升，其中 2023 年 3 月发生 21 笔，同比下降 50%。

（2）光伏投融资多集中于江苏省、浙江省、广东省。分省份看，根据上奇产业研究院数据，2017 年初至 2022 年 8 月底，全国光伏产业融资事件共发生 823 笔，融资总金额达 3423 亿元。融资事件呈现出明显的分层，整体由东部向西部递减，和中国经济整体发展布局类似。融资事件发生数前三名的省份是江苏省、浙江省和广东省（图 2–25），随后是上海市、河北省和北京市。总融资金额前三名的省份为江苏省、浙江省和陕西省。

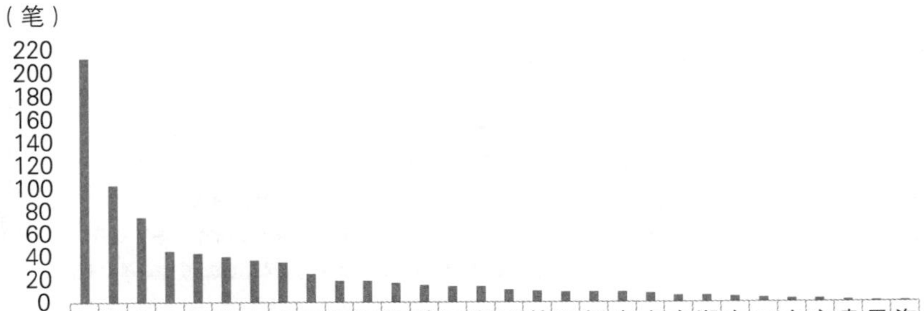

	江苏	浙江	广东	上海	河北	北京	山东	安徽	四川	江西	河南	福建	陕西	辽宁	湖北
■投融资数量	213	103	75	45	43	40	37	35	25	19	19	17	15	14	14

	重庆	甘肃	天津	新疆	青海	吉林	内蒙古	湖南	宁夏	云南	山西	广西	贵州	黑龙江	海南
■投融资数量	11	10	9	9	9	8	6	6	5	4	3	3	2	1	1

图 2–25　2017 年初至 2022 年 8 月中国光伏投融资地区分布

注：西藏暂无数据。

资料来源：上奇产业通。

光伏投融资事件呈现区域差异的原因主要有三个。一是东部地区有较多的光伏企业，截至 2022 年 8 月，江苏省有光伏相关企业 4094 家，浙江省 2422 家，广东省 1657 家，具有良好的产业基础。二是东部地区是光伏专利的集中分布区，为光伏产业创新和迭代发展提供了研发基础。三是东部地区经济发展较为成熟，为投融资提供良好的经济环境。

分城市看，截至 2023 年 3 月底，全国光伏产业投融资事件多发生在江苏省苏州市、无锡市、常州市等城市，以及上海市、北京市、深圳市等一线城市。苏州市 216 家光伏企业获投，融资活跃度位居全国第一，其后分别为上海市的 209 笔、北京市的 199 笔和深圳市的 196 笔等。特别是江苏省有 4 个城市位于全国前列，合计 516 笔，除此之外，上海市、北京市、深圳市作为一线城市，其光伏产业投融资事件位居前列，其余城市则被浙江省包揽（图 2–26）。

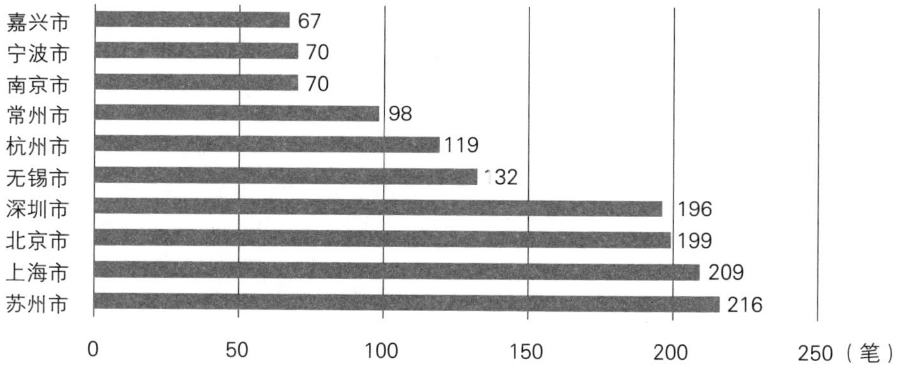

图 2–26 截至 2023 年 3 月末中国光伏投融资数量前十大城市

注：仅统计对外披露金额。

资料来源：上奇产业通。

主要城市投融资集中在研发、运营服务、中游制造环节。例如位居光伏产业投融资数量榜首的苏州市，融资主要集中于产业链中下游环节，侧重研发制造和下游运营服务环节（表 2–9）。

表 2-9　苏州市光伏产业部分投融资事件

城市	公司名称	主营业务	地区流动	融资时间	融资轮次	融资金额（元）	位于产业链位置
苏州市	中来股份	光伏集成产品	苏州市到常熟市	2022 年 11 月 10 日	被收购	18.17 亿	中游
	爱康能源	光伏发电工程服务	苏州市到张家港市	2017 年 8 月 24 日	并购	8.06 亿	下游
	宇邦新材	光伏焊带产品	苏州市到吴中区	2022 年 6 月 8 日	IPO	6.98 亿	中游
	中利	光伏产品与光伏电缆	苏州市到常熟市	2021 年 1 月 14 日	股权转让	1.87 亿	中游
	同享科技	光伏焊带	苏州市到吴江区	2022 年 9 月 8 日	定向增发	7848 万	中游
	特亿智能	光伏组件	苏州市到相城区	2022 年 9 月 29 日	A 轮	数千万	中游
	博芮恩	电站设备和服务	苏州市到苏州工业园区	2017 年 3 月 22 日	天使轮	未披露	下游
	全光光伏	光伏设备及元器件制造	苏州市	未披露	未披露	未披露	中游
	长风科技	汇流箱	苏州市到苏州工业园区	2017 年 9 月 11 日	天使轮	未披露	中游

资料来源：前瞻产业研究院。

三、国内外光伏相关政策比较

本节详细梳理了美国、德国、意大利、日本和韩国光伏相关政策的发展模式，总结了国外光伏政策发展模式的特点，并分析中国光伏相关政策、标准建设，对比国内外光伏政策发展模式。

（一）国外政策

自20世纪七八十年代至今，全球光伏产业已有近50年发展历史，主要发达国家和地区通过立法与政策引导，形成具有自身特色的发展模式。

1. 美国：规范市场化管理与投资生产端长效激励模式

美国支持光伏产业发展的政策，主要包括法律法规、强制性标准、约束性指标等管理类政策和联邦财政激励计划两大类，其侧重光伏产业市场化运营的同时，给予投资生产端一揽子财政金融扶持，助力长效发展。

（1）制定约束性指标和营造市场竞争条件，推进光伏产业市场化运营。制定约束性指标方面，为推进太阳能热能利用系统的发展，2007年美国颁布《能源独立与安全法案》，要求联邦政府所属的新建筑以及进行大修的建筑至少30%的生活热水必须来自太阳能。2009年《美国复苏与再投资法案》要求，所有的电力公司到2020年其电力供应中要有20%来自可再生能源和能效改进，其中15%来自风能、太阳能等可再生能源，5%来自能效提高。对于可再生能源发电电力占比无法达到15%的州，可将这一目标降为12%，但能效目标要提高到8%。美国联邦能源管理委员会对容量小于20兆瓦的小型发电机组专门制定了并网标准，明确界定小机组联网发生的电网改造费用出资方。

优化市场竞争方面，美国政策注重营造公平的竞争环境。美国联邦政府注重光伏产业公平竞争，并依托多类财税手段助力光伏产业“弯道超车”。1978年颁布的《公用事业管制政策法案》对促进美国可再生能源产业发展具有里程碑意义，该法案首次提出电力公司必须按“可避免成本”购买合格发电设施生产的清洁电力，从而为可再生能源发电技术和化石燃料发电技术的公平竞争创造了条件。

（2）制定投资生产端的财政金融扶持措施。税收抵扣方面，1978年颁布的《能源税法案》首次对光伏的投资者给予投资税抵扣，并允许可再生能源项目实行加速折旧。1992年《能源政策法案》和2005年《能源政策法－2005》分别提出对光伏的生产予以生产税抵扣，并利用金融工具促进光伏产业发展。美国联邦政府会根据可再生能源的实际发展情况对税收抵免的覆盖范围、抵免额度不断予以调整，并非常重视运用折旧政策。关于投资税抵免，美国对享受投资税抵免的可再生能源范围不断扩大，额度不断增加，但对申请者的资质要求越来越严。同时，税收抵免的灵活性有所增强，2009年《美国复苏与再投资法案》对符合条件的用于太阳能设备的制造、研发设备的安装、设备重置和产能扩大项目，都可按照设备费用的30%予以投资税抵免。关于加速折旧，1978年《能源税法案》提出可再生能源利用项目可以根据联邦加速折旧成本回收制度享受加速折旧优惠，并陆续出台《能源安全法案》《能源改进延长法案》《美国复苏与再投资法案》等法案进行调整。

金融扶持方面，美国光伏产业受益于基金支持与贷款担保。首先，美国联邦政府专设基金用于扶持光伏产业发展和推进能效改进，主要基金有美国能源部部落能源基金（Tribal Energy Program Grant）、财政部可再生能源基金（Renewable Energy Grants）以及农业部美国农村能源基金（Rural Energy for America Program Grants）。其次，贷款担保项目主要有能效抵押贷款担保、能源部贷款担保、农业部美国农村能源贷款担保。

2. 德国：以优化市场消费端电价为核心

德国作为一个全年有2/3的日照时间为云所覆盖的国家，其拥有全球最大的光伏市场和尖端的光伏技术，是最早大规模应用光伏的国家之一。德国在立法与组合优惠政策上侧重于优化市场消费端电价，为用电住户、居民提供大量扶持举措，其成功经验值得学习和借鉴（表2–10）。

表2–10 德国光伏产业政策演进

政策模式	生效年份	法规 / 政策 / 方案	内容
以优化电价为核心的政策立法	1991	《电力输送法》	对太阳能和风能电力的偿付，为电力公司从终端用户所获得的平均收益的90%
	2000	《可再生能源优先法2000》	规定电网运营商有义务将可再生能源发电站接入电网，优先购买其提供的全部电量
	2004	《可再生能源优先法2004》	细化了对光伏上网电价进行补贴的方式，启动了大规模的“强制光伏上网电价”
	2009	《可再生能源优先法2009》	将上网电价降低约15%，并提高了上网电价递减率
	2012	《可再生能源优先法2012》	提出了灵活的上网电价下调率机制和鼓励光伏发电自发自用的“双价制”
	2023	《可再生能源优先法2023》	从2022年7月30日起，部分并网电价上调至8.6欧分 / 千瓦时；如果用户选择全部并网，则在8.6欧分 / 千瓦时的基础上，还会有4.8欧分 / 千瓦时的额外补贴，总计余量上网电价为13.4欧分 / 千瓦时
		《2022年年度税法》	对发电收入免除所得税（2022年德国个人所得税在14%～45%）、购置户用光储系统免除增值税（约19%）

续表

政策模式	生效年份	法规 / 政策 / 方案	内容
住户端补贴计划实施	1991	“1000 光伏屋顶计划”	政府为每位安装太阳能屋顶的住户提供补贴
	1998	“10 万光伏屋顶计划”	计划 6 年安装总容量在 300 ~ 500 兆瓦的光伏系统，通过贷款贴息鼓励居民购买安装太阳能光伏设备与强制命令电网公司高价收购居民太阳能电力汇入总电网
以光伏补贴上网电价（FIT）为主导的组合支持政策建立	—	光伏补贴上网电价政策	上调了补贴力度，还细分了各种类型发电装置的上网电价
		税收减免政策	企业端：商用光伏系统的固定成本（包括计划和安装）可折旧 20 年，其他成本可看作运营费用；企业商用光伏系统增值税可享受 17% 的减免；从事光伏系统生产或设备制造的企业，投资额的 12.5% ~ 27.5% 可作为税收抵免
			个人端：参照《2022 年年度税法》内容
		税收贷款优惠政策	光伏发电设备投资贷款计划
			居住现代化改造计划
			ERP 系统环境和节能项目

资料来源：刘卓、何金凤、周攀（2012）。

（1）以优化电价为核心的政策立法。光伏补贴上网电价方面，2000—2004 年，德国从立法层面确立了“光伏补贴上网电价”政策。2000 年颁布的《可再生能源优先法 2000》中规定电网运营商有义务将可再生能源发电站接入电网，优先购买其提供的全部电量；2004 年颁布的《可再生能源优先法 2004》修正案细化了对光伏上网电价进行补贴的方式，不仅上调了补贴力度，还细分了各种类型发电装置的上网电价，即 Feed-in Tariff（以下简称 FIT）政策，并开始大规模实施，并且以全网平摊法解决 FIT 政策实施中的资金问题，无须政府拨款。

2008—2022 年，为鼓励光伏产业降低成本以及避免光伏装机扩张过快，德国政府基于其光伏产业发展情况对 FIT 政策进行调整。2008 年修订《可再生能源优先法 2009》法案，将上网电价降低约 15%，并提高上网电价递减率；2011 年 8 月在《可再生能源优先法 2012》中提出灵活的上网电价下调机制和鼓励光伏发电自发自用的“双价制”；2022 年新修订的《可再生能源优先法 2023》针对 2022 年 7 月之后的并网电价，由 6.24 欧分 / 千瓦时提升至 8.6 欧分 / 千瓦时。

（2）住户端补贴计划实施。德国政府于 1991 年推出“1000 光伏屋顶计划”，政府为每位安装太阳能屋顶的住户提供补贴，此举为德国政府之后制定光伏相关政策法案及拓展光伏市场奠定了基础。1998 年德国政府进一步提出“10 万光伏屋顶计划”，计划在 6 年内安装总量在 300 ~ 500 兆瓦的光伏系统，并采用两种鼓励方式：一是通过贷款优先鼓励居民购买安装光伏发电设备并对其贷款贴息；二是强制命令电网公司用高价收购居民的太阳能电力汇入总电网。

（3）组合支持政策。信贷优惠政策方面，具体包括光伏发电设备投资贷款计划、居住现代化改造计划、ERP 系统环境和节能项目。其中，光伏发电设备投资贷款计划针对小型光伏发电设备的新建和扩建，由复兴信贷银行提供设备投资全额的优惠贷款，利率优惠程度一般为商业贷款利率的 50% 左右，优惠后利率为 2.5% ~ 5.1%，最高限额为每户 5 万欧元，还贷期可延到 20 年；居住现代化改造计划针对现有住房的改造，如果在改造计划中增添太阳能光伏发电系统和供热设备，则可获得 5 万欧元 10 年期的优惠贷款；ERP 系统环境和节能项目明确中小型企业贷款额度最高为投资总额的 50%，其他企业最高为投资总额的 35%，原联邦州最高投资额为 50 万欧元，新联邦州最高投资额为 100 万欧元，贷款利率为

4%～7%[1]。

税收减免政策方面，一方面针对企业端，商用光伏系统的固定成本（包括计划和安装）可折旧 20 年，其他成本可看作运营费用；企业商用光伏系统增值税可享受 17% 的减免；从事光伏系统生产或设备制造的企业，投资额的 12.5%～27.5% 可作为税收抵免。另一方面，针对个人住户端，可对发电收入免除所得税，包括对单户住宅和商业物业屋顶运行的容量不超过 30 千瓦以及多户连体建筑每个建筑单元不超过 15 千瓦的光伏系统产生的发电收入免征所得税；对小型屋顶光伏、储能系统的进口、购买、安装均免征增值税。

3. 意大利：以高额补贴上网电价为核心

近年来意大利可再生能源发电企业快速增长，尤其以太阳能发电行业发展最为迅速，光伏电站累计新增装机持续增多，这得益于意大利政府采取的以优化上网电价补贴为核心的发展模式（表 2–11）。

表 2–11　意大利光伏产业政策演进

发展阶段	年份	法规 / 政策 / 方案	内容	绩效评价
高额补贴上网电价推动光伏产业迅速发展时期	2005	“光伏资助计划”	确立补贴上网电价（FIT），光伏发电上网电价约为平均电价的 6 倍，每年递减 5%，当年补贴规模不超过 100 兆瓦	计划发布后 2 个月，申报规模超过 300 兆瓦，意大利光伏产业高速发展
	2007	《第二能源法案》	取消单个电站 1 兆瓦的规模上限、每年 85 兆瓦新增容量上限等限制条件，光伏增值税率由 20% 下调至 10%，简化了资助申报程序	2008 年光伏装机同比增长 5 倍，2009 年光伏装机再增长 3 倍

1　刘卓、何金凤、周攀：《德国光伏产业扶持政策借鉴及启示》，《知识经济》，2012 年第 17 期。

续表

发展阶段	年份	法规 / 政策 / 方案	内容	绩效评价
补贴上网电价下调缓解政府压力阶段	2010	《第三能源法案》	核心为下调上网电价补贴，同时将2020年光伏产业发展目标从1.35吉瓦上调至8吉瓦	整体而言，前三次FIT下调并未对意大利光伏产业发展产生显著负面影响，2012年装机总容量为18.2吉瓦
	2011	《第四能源法案》	规定逐年下调补贴标准，并恢复2007年取消的每年补贴规模上限	
	2012	《第五能源法案》	进一步降低补贴标准，将资助上限设定为每年67亿欧元	
	2014	《光伏电厂补贴削减法令》	降低补贴比例，补贴期限从20年延长至24年；不延长补贴期，近期削减补贴比例、后期再提高补贴比例；针对不同规模电站，按照不同比例削减补贴	意大利光伏产业界认为该法令影响了资本市场投入
光伏产业稳定发展阶段	2017	《意大利2030年气候与能源综合计划》	到2030年可再生能源的消费要占能源总消费的30%，而2017年这一比例仅为18.3%。根据规划，在电力行业，意大利的目标是在2030年将可再生能源装机提高55.4%。光伏电站是推动其实现目标的主要途径	

资料来源：韩苍穹、曹建业（2017）。

（1）高额补贴上网电价推动光伏产业迅速发展时期。2005年，意大利发布“光伏资助计划”，开始为大型电站提供补贴上网电价，以20年为限，对大型光伏专案FIT最高能达到49欧分 / 千瓦时，并规定当年补贴规模不超过100兆瓦。2007年，意大利政府设立新规，取消补贴上限，将光伏产品增值税从20%下调至10%，并简化申报流程，次年光伏装机同比增5倍，2009年光伏装机再增3倍。

（2）补贴上网电价下调，缓解政府压力阶段。意大利政府2010—2014

年四次调整补贴上网电价[1]，其中第四次下调单独发布了《光伏电厂补贴削减法令》，通过三种途径减小对光伏电厂的补贴力度：一是降低补贴比例，补贴期限从 20 年延长至 24 年；二是不延长补贴期，调整补贴比例，近期削减补贴比例，后期再提高补贴比例；三是针对不同规模电站，按照不同比例削减补贴。

为响应欧洲委员会“所有欧洲人的清洁能源”立法提案，意大利经济发展部于 2017 年发布《意大利 2030 年气候与能源综合计划》，旨在到 2030 年可再生能源的消费要占能源总消费的 30%。在电力行业，意大利计划在 2030 年将可再生能源装机提高 55.4%。此外，意大利《国家能源战略》预计到 2030 年光伏装机容量将达到 50 吉瓦，即 2018—2030 年实现年均装机 2.5 吉瓦[2]。根据《国家能源战略》，未来上网电价补贴仍然是支持实现战略目标的主要方式，并且意大利政府表示未来将加强与金融机构合作以保证光伏产业的稳定发展。

（3）加大财政税收补贴，促进光伏稳定发展。2020 年，意大利政府启动了 550 亿欧元财政刺激计划，提出光伏翻新项目的税收减免从 65% 提高到 110%，改造相关的光伏和储能系统的税收减免从 50% 提高到 110%。通过此类措施，实现未来光伏装机量目标。

4. 日本：以光伏企业带动产业复苏

日本是最早制定光伏产业发展政策的国家，在 2005 年以前日本光伏装机总量位于世界第一，后因政策问题一度被美国、德国赶超，但近年来持续发力，大力扶持光伏企业发展（表 2-12）。2016 年日本以 42.75 吉瓦的装机总量位居世界第二。

1　尽管经过四次下调，但意大利政府提供的补贴仍能够覆盖 90% 的购置成本。

2　2017 年意大利光伏累计装机为 19.68 吉瓦，2018 年累计装机达到了 20.08 吉瓦。

表 2-12　日本光伏产业政策演进

政策模式	生效年份	法规 / 政策 / 方案	内容
由居民向非居民用电站过渡	1990	《电力公司法》	支持光伏并网发电
	1993	“新阳光计划”	自 1994 年起居民安装太阳能光伏发电系统由政府提供补贴，补贴额度接近 50%
	2003	“先进光伏发电计划”	提出到 2030 年将太阳能发电量提高 20 倍
	2003	《可再生能源配额制法》	制定可再生能源所产生的电力价格上限以及风能和生物质能的发电价格
	2011	《可再生能源特别措施法案》	为分布式居民用光伏电站上网电价提供一次性 35000 日元 / 千瓦的安装补贴
	2012	可再生能源固定价格收购制度（FIT）	规定期限内以固定价格全额收购可再生能源电力，而收购费（附加费）则由所有电力消费者所缴纳电费平摊
	2013	《电气事业法》修正案	到 2015 年建成在全国范围调整电力供需的“广域系统运行协调机构”，降低电价
	2019	《可再生能源固定价格收购制度（FIT）》修正法案	当太阳能销售价格低于日本政府规定的价格标准时，价格的缺口由政府进行补贴
税收优惠政策助力光伏企业规模迅速扩增	2009	节能改造投资减税	对年所得收入低于 3000 万日元且当年能实施节能改修的家庭住户给予其从当年需缴纳的所得税额中扣除当年标准改修工程费用 10% 的减税优惠
	2017	绿色投资减税	对 2017 年度购入新能源利用设备并投入生产的企业，自设备购入日起实施一年的税收优惠
	2018	节能、新能源高度化投资促进税制	对在 2018 年与 2019 年两个财年内购入新能源设备（含附带设备）并开展新能源利用事业的企业与个人，实施以其新能源设备基准购入价格 20% 为限的特别折扣的税制优惠
	—	新能源发电设备相关的课税标准特别措施	从企业缴纳其所拥有的新能源发电设备的固定资产税后三年内实施减税优惠

资料来源：作者整理。

（1）规范政策。配额制度方面，日本的可再生能源配额制可以追溯到2001年，日本新能源部门公布了一份报告，决定引入可再生能源配额制度，加速发展光伏、风能等可再生能源。2003年，《可再生能源配额制法》正式生效，规定电力供应商每年至少要提供1.35%的可再生能源电力，政府每隔四年重新评估并调整比例。由于由可再生能源所产生的电力污染较小，日本规定这种绿电必须售予电网，并实施绿色电力证书机制，制定了绿电5.2美元/千瓦时的价格上限，以及风能和生物质能大约3.6美元/千瓦时的发电价格。

固定价格购买制度方面，2012年日本政府规定期限内以固定价格全额收购可再生能源电力，而收购费（附加费）则由所有电力消费者所缴纳电费平摊。

（2）优惠性政策。一是由居民向非居民用电站过渡。自20世纪90年代初开始，日本将光伏屋顶并网发电纳入“新阳光计划”，开始实施政府补贴政策。1994年开始提供接近成本50%的补贴以鼓励居民安装光伏发电系统，直至2011年日本光伏电站以分布式居民用电站为主。2003年，日本还陆续通过了“先进光伏发电计划”以及《可再生能源配额制法》等法案，促进光伏等可再生能源发展。

自2011年通过《可再生能源特别措施法案》，日本将光伏补贴与上网电价的适用面拓展至工商业非居民用电站，规定规模小于2兆瓦时不需要竞价上网，助力非居民用电站迅猛发展。短短几年时间内，日本光伏电站规模结构从居民用电站为主转变为非居民用电站为主。

二是税收优惠政策助力光伏企业规模迅速扩增。首先，2009年4月日本实施《税制改正纲要》，导入太阳能发电设备的住宅用户可以享受相当于太阳能设备安装费用10%的所得税减免（以30万日元为上限）。对企业来说，2017年度购入新能源利用设备并投入生产的企业自购入日起实施一年的税收优惠。具体来看，设备对象分为新能源利用设备及碳排放抑制设备两大类，普通法人可通过提交减税优惠申请享受设备基准购买价格 30% 的特别折旧额度，中小企业还可在 30% 的特别折旧与设备基准购买价格 7% 的税收扣除优惠间进行选择。

其次，2018 年 4 月 1 日日本所得税法修正法案中在能源税制领域新设“节能、新能源高度化投资促进税制”，其中在新能源设备投资促进部分，规定对在 2018 年与 2019 年两个财年内购入新能源设备（含附带设备）并开展新能源利用事业的企业与个人，实施以其新能源设备基准购入价格 20% 为限的特别折旧的税制优惠。实施超过普通折旧限度的特别折旧，可以使投资企业新能源设备购入与企业所得税支出降低形成联动，从而激励其新能源设备投资的扩大。

最后，日本出台新能源发电设备相关的课税标准特别措施（固定资产税减税优惠），通过对新能源发电设备实施固定资产税减税优惠，降低新能源发电设备购入相关税费支出。具体为从企业缴纳其所拥有的新能源发电设备的固定资产税后三年内实行减税优惠，且不同电源与装机容量的减税优惠额度不同，并赋予各地方自治体在减税额度制定上的相对自主权，充分促进以光伏产业为主的新能源发电技术市场化发展。

5. 韩国：强制性标准与光伏多元补贴

韩国是新兴经济体中光伏产业发展较快的国家，据统计，2022 年韩国光伏累计装机容量为 24.813 吉瓦，2022 年新增装机 3.614 吉瓦。韩国光伏产业的快速发展，得益于强制标准政策的推动与一系列实施计划和补贴政策的出台（表 2–13）。

（1）强制性标准。首先，韩国设立可再生能源配额制度或可再生能源组合标准（RPS），即强制发电公司在总的发电量中提供一定比例的新

表 2-13 韩国光伏产业政策演进

模式	生效年份	法规 / 政策 / 方案	内容
强制标准政策	2008	“第一次能源基本计划（2008—2030 年）”	在可再生能源领域，通过对普及扩大及技术开发等方面的持续支援，到 2030 年达到发达国家水平的供给规模，太阳光伏的供给规模由目前的 80 兆瓦增加到 3504 兆瓦
	2012	可再生能源组合标准（RPS）	强制发电公司在总发电量中提供一定比例的新能源和可再生能源发电
	2017	“可再生能源 3020 实施计划”	到 2030 年，可再生能源占总能源消耗比例达到 20%，需在 2030 年前新增 4870 万千瓦可再生能源装机容量，最终达到 6380 万千瓦的总装机规模
	2019	“第三个国家能源基本计划（2019—2040 年）”	2040 年可再生能源在韩国电力组合中所占比例达到 35%
	2020	“第五期新能源和可再生能源基本计划”	政府大力支持新能源发展，建设总装机容量将达到 65.1 吉瓦
	2020	“第 9 次电力供需基本规划（2020—2034 年）”	计划将可再生能源装机比重从目前的 15% 提高到 40%，计划到 2034 年将累计太阳能装机量扩大到 45.6 吉瓦
	2020	“绿色新政”	提出 12.9 万亿韩元的投资支持计划，提高可再生能源比率
	2020	“绿色新政”追加预算案	对推进新能源普及支持项目追加财政资金支持并借此加快户用光伏应用的普及，光伏领域将追加 325.9 亿韩元的预算规模
光伏补贴方案	2004	家庭补贴方案	对于独栋住宅或多户合住的私人公寓楼，政府提供光伏初始安装费用的 60%；对于公共的多户租赁房屋，政府提供 100% 光伏安装费用。该方案要求最大的光伏装机量不能超过 3 千瓦

续表

模式	生效年份	法规 / 政策 / 方案	内容
光伏补贴方案	2004	建筑物补贴方案	除住宅屋顶外，政府对建筑物的屋顶安装光伏（小于 50 千瓦）也提供一定比例的补贴（取决于建筑物的类型）
	—	地区部署补贴方案	
	—	融合与集成补贴方案	
	—	公共建筑义务方案	
	—	光伏租赁方案	

资料来源：作者整理。

能源和可再生能源电力，这些电力可以来自风能、太阳能、生物质能或者地热能等。RPS 方案于 2012 年在韩国正式实施。2017 年，18 家发电公司（装机量超过 500 兆瓦）被要求到 2023 年提供占其发电量 10% 的新能源与可再生能源电力。RPS 方案的实施有效促进了韩国光伏产业的发展。

其次，除实施 RPS 方案外，韩国政府还大力推行一系列其他强制标准政策。如“可再生能源 3020 实施计划”的推行代表着韩国政府将通过确保大片太阳能场地及改善相关许可证，从而支持推广大规模光伏太阳能项目。

（2）光伏多元补贴方案。在实施可再生能源配额制度的同时，韩国政府还积极推进可再生能源义务配额制度，要求在公共建筑中安装和使用可再生能源技术，通过实施“百万绿色家园计划”等为利用太阳光伏、小型风电等可再生能源设备发电的住宅提供补助。

一是家庭补贴方案。2004 年韩国开始实施家庭补贴方案，安装屋顶光伏都可以从中受益。对于独栋住宅或多户合住的私人公寓楼，政府提供光伏初始安装费用的 60%，而对于公共的多户租赁房屋，政府提供 100% 光伏安装费用。该方案要求最大的光伏装机量不能超过 3 千瓦。2017 年，基于该方案屋顶光伏装机量达到了 23.3 兆瓦。截至 2023 年，传统屋顶光伏系统的补贴率降低到 47%。根据韩国贸易、工业和能源部数据，目前已经拨款 2447 亿韩元（合 1.855 亿美元）用于屋顶光伏系统和其他小型可再生能源系统的补贴计划。在 2447 亿韩元的补贴中，489 亿韩元将用于在独立住宅和多单元住宅安装的屋顶光伏系统，611 亿韩元将用于在商用住宅安装的屋顶光伏系统[1]。

二是建筑物补贴方案。除住宅屋顶外，政府对建筑物的屋顶安装光伏（小于 50 千瓦）也提供一定比例的补贴（取决于建筑物的类型）。大量的学校、公共设施、福利设施以及大学都在此方案的补贴下安装了并网光伏电站，2017 年共新增了 6.5 兆瓦的光伏项目。

此外，韩国还有地区部署补贴方案、融合与集成补贴方案、公共建筑义务方案以及光伏租赁方案等，都在不同程度上促进了光伏行业的发展[2]。

（二）国内政策

1. 政策历程：从积极、重点发展到大力提升

光伏产业是推动我国能源变革的重要引擎，也是新能源的重要组成部分。根据国民经济和社会发展“九五”计划至“十四五”规划，国家对光伏行业的支持政策经历了从“积极发展”到“重点发展”再到“大力提升”的变化。

1　《韩国 2023 年拨款 1.85 亿美元用于可再生能源补贴》，国际新能源网，2023 年 4 月 12 日。
2　《韩国光伏储能市场剖析》，新能源网，2018 年 12 月 19 日。

“九五”计划（1996—2000年）至“十五”计划（2001—2005年）时期，国家层面仅从宏观角度提出积极发展新能源，但未具体提及光伏等新能源；从“十一五”规划开始，明确提及太阳能光伏发电建设；“十二五”至“十三五”期间，将光伏产业列入战略性新兴产业，并重点规划推动能源结构优化升级路径；“十四五”时期，根据《中华人民共和国国民经济和社会发展第十四个五年规划和2035年远景目标纲要》，构建现代能源体系、大力提升光伏发电规模成为重要任务（图2-27）。

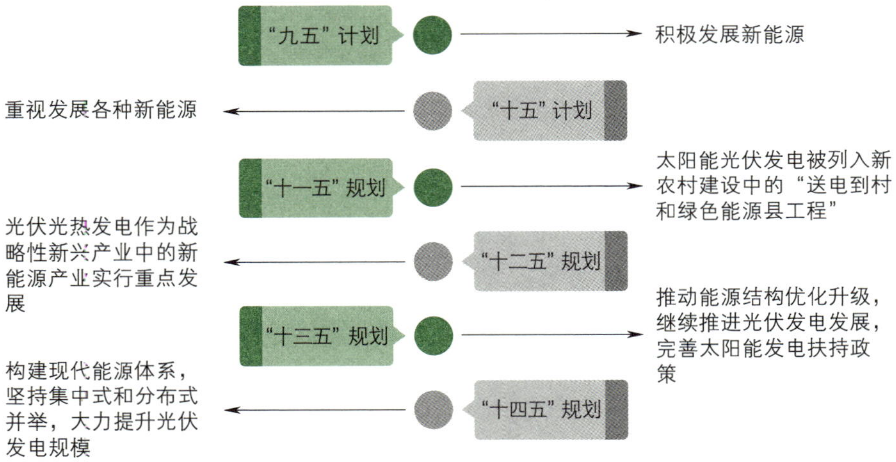

图2-27 我国光伏产业政策演进

资料来源：作者整理。

2. 政策设计：分Ⅰ～Ⅲ类地区实施“减税补贴＋特色扶贫”

我国于2006年1月1日起实施《中华人民共和国可再生能源法》，将可再生能源的开发利用列为能源发展的优先领域，并推动增加能源供应，改善能源结构，保障能源安全，保护环境，实现经济社会的可持续发展，并且推动可再生能源市场的建立和发展。2006年以来，为鼓励和规范光伏产业的发展，国家发展改革委、财政部、工业和信息化部、国家能源局、住房城乡建设部等多部门密集出台支持和规范光伏产业发展的政策文件，其范围包括了生产、销售、财税、补贴、土地政策等产业发展的各个相关方面[1]。

（1）规范类和支持类政策并重。自2013年以来，我国光伏产业鼓励与规范类政策陆续出台，集中于提升企业质量、加强行业监管运营办法、提高装机容量和发电量、规范产品技术标准、提高电网消纳能力等方面。2013年7月，国务院发布《关于促进光伏产业健康发展的若干意见》，旨在培育一批具有较强技术研发能力和市场竞争力的龙头企业[2]；2014年12月，工业和信息化部出台《关于进一步优化光伏企业兼并重组市场环境的意见》，加强我国光伏市场企业规范与企业行为；2016年12月，国家发展改革委发布《关于调整光伏发电陆上风电标杆上网电价的通知》，进一步降低2017年1月1日后新建光伏发电上网电价；2021年4月，国家能源局发布《2021年能源工作指导意见》，提出2021年风电、光伏发电量占全社会用电量的比重达到11%左右，风电和光伏发电量的占比提升还将进一步加速；2022年3月，国家发展改革委与国家能源局联合发布《"十四五"现代能源体系规划》，强调风、光、水等清洁能源供应体系建设的重要性，加快实施可再生能源替代行动（表2-14）。

表2-14　我国光伏产业支持与规范类重点政策

发布时间	发布部门	政策名称	政策内容	政策性质
2013年7月	国务院	《关于促进光伏产业健康发展的若干意见》	2013—2015年年均新增光伏发电装机容量1000万千瓦左右，到2015年总装机容量达到5500万千瓦以上。加快企业兼并重组，淘汰产品质量差、技术落后的生产企业，培育一批具有较强技术研发能力和市场竞争力的龙头企业	支持类

1　前瞻产业研究院：《2024年中国光伏产业全景图谱》，2024年。

2　《遭遇政策急刹车　光伏产业再现震荡　订单减少价格下滑》，《经济参考报》2018年9月17日。

续表

发布时间	发布部门	政策名称	政策内容	政策性质
2013年10月	工业和信息化部	《光伏制造行业规范公告管理暂行办法》	进一步加强和完善光伏制造行业管理，促进光伏产业结构调整和转型升级	规范类
2014年12月	工业和信息化部	《关于进一步优化光伏企业兼并重组市场环境的意见》	到2017年底，形成一批具有较强国际竞争力的骨干光伏企业。前5家多晶硅企业产量占全国80%以上，前10家电池组件企业产量占全国70%以上	规范类
2015年6月	国家能源局、工业和信息化部、国家认监委	《关于促进先进光伏技术产品应用和产业升级的意见》	充分发挥市场配置资源的决定性作用，提高光伏产品市场准入标准，引导光伏技术进步和产业升级，发挥财政资金和政府采购支持光伏发电技术进步的作用，加强光伏产品检测认证	规范类
2016年12月	国家发展改革委	《关于调整光伏发电陆上风电标杆上网电价的通知》	降低2017年1月1日之后新建光伏发电上网电价	规范类
2017年7月	国家能源局	《关于可再生能源发展“十三五”规划实施的指导意见》	公布2017—2020年风电、光伏电站新增建设规模方案，以及生物质发电“十三五”规划布局方案	支持类
2018年9月	国家能源局	《关于加快推进风电、光伏发电平价上网有关工作的通知》	对符合各省（区、市）可再生能源建设规划、落实接网消纳条件、符合有关监测预警管理要求的项目不再实施年度建设规模管理	支持类
2019年5月	国家能源局	《国家能源局关于2019年风电、光伏发电项目建设有关事项的通知》	按照国家可再生能源发展“十三五”相关规划和本区域电力消纳能力，分别按风电和光伏发电项目竞争配置工作方案确定需纳入国家补贴范围的项目	支持类
2020年8月	国家发展改革委、国家能源局	《“风光水火储一体化”“源网荷储一体化”的指导意见（征求意见稿）》	“风光水火储一体化”符合合作共享互利共赢理念，有利于促进区域协调发展	支持类

续表

发布时间	发布部门	政策名称	政策内容	政策性质
2021 年 3 月	工业和信息化部	《光伏制造行业规范公告管理暂行办法（2021 年本）》	明确申请公告的光伏制造企业条件，加强监督管理，进一步推动光伏产业结构调整和转型升级，持续加强行业管理，提高行业发展水平	规范类
2021 年 4 月	国家能源局	《2021 年能源工作指导意见》	风电、光伏发电量占全社会用电量的比重达到 11% 左右，风电和光伏发电量的占比提升还将进一步加速	规范类
2021 年 10 月	国务院	《2030 年前碳达峰行动方案》	全面推进风电、太阳能发电大规模开发和高质量发展，目标到 2030 年，风电、太阳能发电总装机容量达到 12 亿千瓦以上	支持类
2022 年 3 月	国家发展改革委、国家能源局	《“十四五”现代能源体系规划》	着力增强能源供应能力。做好增量，把风、光、水、核等清洁能源供应体系建设好，加快实施可再生能源替代行动	支持类

资料来源：作者整理。

（2）分地区减税与补贴助力分布式光伏建设。自 2009 年，我国光伏产业有关投资类的补贴措施逐步推出，带动全国光伏屋顶计划的大范围推广，伴随光电产业发展潜力不断被发掘，我国政府相继推出财政补助资金、税收减免、平价上网等政策助力光伏产业快速发展。2009 年 3 月，财政部与住房城乡建设部联合发布《关于加快推进太阳能光电建筑应用的实施意见》，明确强调财政部可将运用于可再生能源产业发展资金中的部分资金运用在太阳能光电技术在城乡建筑领域的示范与推广之中，对加速光伏屋顶计划推广、打开中国光伏市场具有重大意义；2010 年 4 月，国家发展改革委发布《当前国家鼓励发展的环保产业设备（产品）目录》，将光伏企业视为高新技术企业，不仅对其前期的投资、研发给予一定的补贴，同时给予光伏企业 15% 的所得税优惠；2013 年 7 月，国务院发布了《关于促进光伏产业健康发展的若干意见》，明确了光伏发电的补贴原则和时间，电价补贴标准为每千瓦时 0.42 元（含税），光伏发电项目自投入运营起执行标杆上网电价或电价补贴标准，期限原则上为20年；2013年9月，财政部、税务总局发布的《关于光伏发电增值税政策的通知》中规定，自2013年10月1日至2015年12月31日对纳税人销售自产地利用太阳能生产的电力产品，实行增值税即征即退50%的政策，即明确了光伏增值税50%的优惠；2020年4月，国家发展改革委发布《关于2020年光伏发电上网电价政策有关事项的通知》，将纳入国家财政补贴范围的Ⅰ～Ⅲ类资源区新增集中式光伏电站指导价，分别确定为每千瓦时0.35元（含税，下同）、0.4元、0.49元[1]（表2–15）。

表2–15 我国光伏产业补贴与优惠类重点政策

发布时间	发布部门	政策名称	政策内容
2009年3月	财政部、住房城乡建设部	《关于加快推进太阳能光电建筑应用的实施意见》	明确财政部可将运用于可再生能源产业发展资金中的部分资金运用在太阳能光电技术在城乡建筑领域的示范与推广之中
2010年4月	国家发展改革委	《当前国家鼓励发展的环保产业设备（产品）目录》（2010年版）	将光伏企业视为高新技术企业，不仅对其前期的投资、研发给予一定的补贴，同时给予光伏企业15%的所得税优惠
2013年7月	国务院	《关于促进光伏产业健康发展的若干意见》	根据资源条件和建设成本，制定光伏电站分区域上网标杆电价，通过招标等竞争方式发现价格和补贴标准。根据光伏发电成本变化等因素，合理调减光伏电站上网电价和分布式光伏发电补贴标准。上网电价及补贴的执行期限原则上为20年
2013年9月	财政部、税务总局	《关于光伏发电增值税政策的通知》	规定自2013年10月1日至2015年12月31日对纳税人销售自产地利用太阳能生产的电力产品，实行增值税即征即退50%的政策，即明确了光伏增值税50%的优惠
2017年12月	国家发展改革委	《关于2018年光伏发电项目价格政策的通知》	2018年1月1日以后投运的、用“自发自用、余量上网”模式的分布式光伏发电项目全电量度电补贴标准每千瓦时降低0.05元，即补贴标准调整为每千瓦时0.37元（含税）

1 国家发展改革委《关于2020年光伏发电上网电价政策有关事项的通知》。

续表

发布时间	发布部门	政策名称	政策内容
2019 年 1 月	国家发展改革委、国家能源局	《关于积极推进风电、光伏发电无补贴平价上网有关工作的通知》	推进风电、光伏发电平价上网项目和低价上网试点项目建设，并提出具体支持政策措施
2019 年 4 月	国家发展改革委	《关于完善光伏发电上网电价机制有关问题的通知》	完善集中式光伏发电上网电价形成机制、适当降低新增分布式光伏发电补贴标准
2020 年 4 月	国家发展改革委	《关于 2020 年光伏发电上网电价政策有关事项的通知》	将纳入国家财政补贴范围的 I ~ Ⅲ类资源区新增集中式光伏电站指导价，分别确定为每千瓦时 0.35 元（含税，下同）、0.4 元、0.49 元。若指导价低于项目所在地燃煤发电基准价（含脱硫、脱硝、除尘电价），则指导价按当地燃煤发电基准价执行。新增集中式光伏电站上网电价原则上通过市场竞争方式确定，不得超过所在资源区指导价
2021 年 6 月	国家发展改革委	《关于 2021 年新能源上网电价政策有关事项的通知》	不再补贴，平价上网

资料来源：作者整理。

（3）光伏扶贫助力乡村振兴。扶贫工作是党中央、国务院的一项重要战略部署，通过光伏扶贫，是我国新阶段扶贫开发的一项重大举措。2014 年 10 月，国家能源局与国务院扶贫办发布《关于实施光伏扶贫工程工作方案》，一是实施分布式光伏扶贫，支持片区重点县内已建档立卡贫困户安装分布式光伏发电系统，二是片区县和贫困县因地制宜开展光伏农业扶贫；2017 年 9 月，国土资源部、国务院扶贫办与国家能源局发布《关于支持光伏扶贫和规范光伏发电产业用地的意见》，强调进一步加强光伏扶贫用地保障，切实加强光伏发电项目用地监督；2019 年 4 月，国家发展改革委发布《关于完善光伏发电上网电价机制有关问题的通知》，将纳入国家可再生能源电价附加资金补助目录的村级光伏扶贫电站（含联村电站），对应的Ⅰ～Ⅲ类资源区上网电价保持不变，仍分别按照每千瓦时0.65元、0.75元、0.85元执行（表2–16）。

表2–16 我国光伏产业补贴与优惠类重点政策

发布时间	发布部门	政策名称	政策内容
2014年10月	国家能源局、国务院扶贫办	《关于实施光伏扶贫工程工作方案》	利用6年时间，到2020年，开展光伏发电产业扶贫工程。一是实施分布式光伏扶贫，支持片区重点县内已建档立卡贫困户安装分布式光伏发电系统。二是片区县和贫困县因地制宜开展光伏农业扶贫。在宁夏、安徽、山西、河北、甘肃、青海6省份30个县开展首批光伏试点
2015年11月	中共中央、国务院	《关于打赢脱贫攻坚战的决定》	加快推进光伏扶贫工程
2017年1月	国家发展改革委、财政部、国家能源局	《关于试行可再生能源绿色电力证书核发及自愿认购交易制度的通知》	进一步优化光伏扶贫工程布局，优先支持村级扶贫电站建设
2017年9月	国土资源部、国务院扶贫办、国家能源局	《关于支持光伏扶贫和规范光伏发电产业用地的意见》	加强光伏扶贫用地保障，切实加强光伏发电项目用地监督
2018年5月	国家发展改革委、财政部、国家能源局	《关于2018年光伏发电有关事项的通知》	对2018年光伏发电发展的有关事项进行安排部署：一是合理把握普通电站发展节奏；二是支持分布式有序发展；三是继续支持光伏扶贫；四是有序推进领跑基地建设；五是积极鼓励不需国家补贴项目
2018年8月	中共中央、国务院	《关于打赢脱贫攻坚战三年行动的指导意见》	在条件适宜地区，以贫困村村级光伏扶贫电站建设为重点，有序推进光伏扶贫
2019年4月	国家发展改革委	《关于完善光伏发电上网电价机制有关问题的通知》	纳入国家可再生能源电价附加资金补助目录的村级光伏扶贫电站（含联村电站），对应的Ⅰ～Ⅲ类资源区上网电价保持不变，仍分别按照每千瓦时0.65元、0.75元、0.85元执行

资料来源：作者整理。

3. 标准体系：新增标准聚焦分布式光伏、光伏和其他产业一体化发展等

早在 1990 年，我国光伏产业国家标准便对“太阳光伏能源系统术语”进行了明确规定。为进一步规范光伏产业标准化建设与发展，我国陆续出台了关于太阳能电站、光伏系统控制器、蓄电池、电源、夹层玻璃等国家标准，并成立中国光伏行业协会，进一步加强光伏行业标准建设与发展，对晶体硅电池、光伏涂锡、光伏直驱电器控制器、光伏背板等产品与操作要领进行明确规范与监管，显著提升了我国光伏产业规范化水平，明确未来光伏产业标准体系向互补供暖、光伏逆变器、漂浮式海上光伏电站等方向发展，推进产业规范化、现代化、国际化发展。

（1）技术、产品与通用型国家标准持续完善。近年来，我国光伏国家标准条目不断增多，为推进光伏产业整体发展发挥显著作用。我国光伏国家标准不仅包括各类系统术语，还包括太阳能电池规范、环境与技术试验方法、原料与产品技术条件要求、产品设计通用要求等（表 2–17）。

表 2–17　我国光伏产业国家标准

序号	标准号	中文名称
1	GB/T 2297–1989	太阳能光伏能源系统术语
2	GB/T 2296–2001	太阳能电池型号命名方法
3	GB/T 12632–1990	单晶硅太阳电池总规范
4	GB/T 6497–1986	地面用太阳电池标定的一般规定
5	GB/T 6485–1986	地面用太阳电池电性能测试方法
6	GB/T 14007–1992	陆地用太阳电池组件总规范
7	GB/T 14009–1992	太阳电池组件参数测量方法
8	GB/T 14008–1992	海上用太阳电池组件总规范（已废止）
9	GB/T 11011–1989	非晶硅太阳电池性能测试的一般规定（已废止）
10	GB/T 6495.1–1996	光伏器件 第 1 部分：光伏电流 – 电压特性的测量

续表

序号	标准号	中文名称
11	GB/T 6495.2–1996	光伏器件 第 2 部分：标准太阳电池的要求
12	GB/T 6495.3–1996	光伏器件 第 3 部分：地面用光伏器件的测量原理及标准光谱辐照度数据
13	GB/T 6495.4–1996	晶体硅光伏器件的 I–V 实测特性的温度和辐照度修正方法
14	GB/T 6495.5–1997	光伏器件 第 5 部分：用开路电压法确定光伏（PV）器件的等效电池温度（ECT）
15	GB/T 25966–2010	带电辅助能源的家用太阳能热水系统技术条件
16	GB/T 29759–2013	建筑用太阳能光伏中空玻璃
17	GB/T 26849–2011	太阳能光伏照明用电子控制装置 性能要求
18	GB/T 37410–2019	地面用太阳能光伏组件接线盒技术条件
19	GB/T 33766–2017	独立太阳能光伏电源系统技术要求
20	GB/Z 41237–2022	能源互联网系统术语
21	GB/T 31163–2014	太阳能资源术语
22	GB/T 29158–2012	带辅助能源的太阳能热水系统（储水箱容积大于 $0.6m^3$）技术规范
23	GB/T 40104–2021	太阳能光热发电站术语
24	GB/T 39120–2020	综合能源 泛能网术语
25	GB/T 37663.3–2019	湿热带分布式光伏户外实证试验要求 第 3 部分：并网光伏系统
26	GB/T 35264–2017	太阳能草坪灯系统技术规范
27	GB/T 29196–2012	独立光伏系统技术规范
28	GB/T 33765–2017	地面光伏系统用直流连接器
29	GB/T 29320–2012	光伏电站太阳跟踪系统技术要求
30	GB/T 33757.1–2017	分布式冷热电能源系统的节能率 第 1 部分：化石能源驱动系统

资料来源：国家标准化管理委员会、《光伏工业国家标准和行业标准》。

（2）11 项行业标准获批升级，聚焦光伏建筑一体化。在光伏行业关注的细分领域，中国光伏行业协会标准化技术委员会先后成立了水上光伏标准工作组、户用光伏标准工作组、光伏组件回收与再利用标准工作组、光伏建筑一体化（BIPV）标准工作组等专题工作组，在各专题下研究制定了《户用光伏并网发电系统》《水上光伏发电系统设计规范》等一系列对行业具有影响力的标准。其中,《户用光伏并网发电系统》等11项协会标准凭借其优秀的内容和质量，在2020年入选工业和信息化部“百项团体标准应用示范”。鉴于标准实施效果良好，11项协会标准于2021年成功“升级”为行业标准，成为行业统一的要求。此外，2023年和2024年陆续有新增行业标准，其中2023年新增7项目，截至2024年5月新增16项（表2–18）。

表2–18　我国光伏产业行业标准

序号	标准号	中文名称
1	T/CPIA 0003–2022	地面用晶体硅光伏组件外形尺寸及安装孔技术要求
2	T/CPIA 0005–2022	光伏涂锡焊带
3	T/CPIA 0041–2022	晶体硅光伏电池热辅助光致衰减测试方法
4	T/CPIA 0042.1–2022	光伏直驱电器控制器 第1部分 通用要求
5	T/CPIA 0042.2–2022	光伏直驱电器控制器 第2部分 工作模式和对应的显示示例
6	T/CPIA 0043–2022	晶体硅光伏组件报废指南
7	T/CPIA 0044—2022	绿色设计产品评价技术规范 光伏背板
8	T/CPIA 0045–2022	晶体硅太阳电池电流 – 电压特性产线测量操作指南
9	T/CPIA 0046–2022	晶体硅光伏组件用定位胶带
10	T/CPIA 0047–2022	光伏柔性支架设计与安装技术导则
11	T/CPIA 0048.1–2022	产线用晶体硅标准光伏电池制作指南 第1部分：同质结晶体硅光伏电池
12	T/CPIA 0048.2–2023	产线用晶体硅标准光伏电池制作指南 第2部分：异质结晶体硅光伏电池
13	T/CPIA 0049–2023 T/CSTE 0216–2023	质量分级及“领跑者”评价要求 晶体硅光伏组件
14	T/CPIA 0050–2023 T/CSTE 0215–2023	质量分级及“领跑者”评价要求 光伏并网逆变器
15	T/CPIA 0051–2023	晶体硅光伏电池金属电极接触电阻率测试方法 传输线模型法（TLM）

续表

序号	标准号	中文名称
16	T/CPIA 0052–2023	光伏组件接线盒用模块二极管
17	T/CPIA 0053–2023	晶体硅光伏组件低温雪载测试方法
18	T/CPIA 0054–2023	光伏发电系统用柔性铝合金电缆
19	T/CPIA 0030.4–2024	晶体硅光伏电池用浆料 第 4 部分：正面和背面银浆 固化型银浆
20	T/CPIA 0055.1–2024	晶体硅光伏电池 第 1 部分：n 型隧穿氧化钝化接触光伏电池
21	T/CPIA 0055.2–2024	晶体硅光伏电池 第 2 部分：异质结光伏电池
22	T/CPIA 0056–2024	漂浮式水上光伏发电锚固系统设计规范
23	T/CPIA 0057–2024	光伏硅片多线切割机技术要求
24	T/CPIA 0058–2024	多线切割机张力性能测量方法
25	T/CPIA 0059–2024	晶体硅光伏电池用低压化学气相淀积设备
26	T/CPIA 0060–2024	铸造单晶硅材料性能评价技术规范
27	T/CPIA 0061–2024 T/CSTE 0535–2024	质量分级及“领跑者”评价要求 光伏硅片
28	T/CPIA 0062–2024 T/CSTE 0534–2024	质量分级及“领跑者”评价要求 光伏硅棒
29	T/CPIA 0063–2024 T/CSTE 0533–2024	质量分级及“领跑者”评价要求 晶体硅光伏电池
30	T/CPIA 0064–2024	光伏封装胶膜表面粗糙度测试方法
31	T/CPIA 0065–2024	异质结电池用等离子体增强化学气相淀积（PECVD）设备
32	T/CPIA 0066–2024	退役光伏组件彩色涂层利用技术规程
33	T/CPIA 0067–2024	钙钛矿太阳电池用碘化铅
34	T/CPIA 0068–2024	适用于钙钛矿光伏器件的太阳模拟器性能要求

资料来源：中国光伏行业协会。

（3）未来聚焦“分布式光伏、海上光伏发电、光伏和其他产业一体化发展”等方向。根据国家能源局综合司 2022 年 10 月 8 日发布的《关于下达 2022 年能源领域行业标准制修订计划及外文版翻译计划的通知》，未来两年约有 21 项太阳能光伏行业标准项目计划制定并投入使用（表 2–19）。

2023年发布的《关于下达2023年能源领域行业标准制修订计划及外文版翻译计划的通知》计划新增能源领域行业标准制定共665条，其中光伏行业标准约19条，主要集中在海上光伏发电工程和复合型光伏方面。未来光伏产业标准体系发展方向主要聚焦于分布式光伏建设、漂浮式海上光伏、光伏和其他产业一体化发展等。

表2-19　2022—2023年我国光伏行业标准制定计划项目

序号	项目编号	标准项目名称	适用范围
1	能源20220185	户用太阳能和生物质互补供暖系统技术规范	适用于农村住宅太阳能热利用和生物质互补供暖系统的设计施工、测试验收和运行维护
2	能源20220187	家用光伏光热组件和空气源热泵联合系统通用技术条件	适用于家用光伏光热组件和空气源热泵联合系统的生产和检测
3	能源20220188	光伏直驱空气源热泵机组	适用于直流电动机驱动，采用蒸汽压缩制冷循环，以空气为热源，并能在低于-25℃的环境温度里正常运行的光伏直驱空气源热泵机组
4	能源20220214	光伏逆变器高加速寿命试验技术规范	适用于光伏逆变器产品及其功率部件、印制电路板组件等。本标准还适用于光伏逆变器产品的研发、设计和（或）试产阶段，也可适用于批量生产阶段
5	能源20220252	海上光伏发电系统设计规范	适用于海上光伏发电系统设计
6	能源20220253	漂浮式光伏支撑系统技术规程	适用于新建、改建和扩建的漂浮式光伏工程
7	能源20220254	索结构光伏支架技术规程	适用于新建、改建和扩建的索结构光伏支架结构
8	能源20220255	光伏与熔盐储能一体化发电工程设计导则	适用于并网型光伏与熔盐储能一体化发电项目，包含光伏发电、熔盐储能、汽轮机组发电等一体化发电方式的工程设计
9	能源20220256	光伏发电工程质量管理规程	适用于新建、扩建、改建30兆瓦以上集中式光伏发电工程建设全过程质量管理

续表

序号	项目编号	标准项目名称	适用范围
10	能源 20220260	可再生能源电力制氢规划报告编制规程	适用于大中型风电、光伏、水电等可再生能源基地电力制氢项目的规划报告编制
11	能源 20220268	发电工程三维地质建模标准	适用于火力发电、风力发电、光伏发电等场区工程的三维地质建模工作
12	能源 20220360	电力建设工程绿色建造评价规范	适用于火力发电（含核电常规岛）、水电水利（含抽水蓄能）、输变电、风力发电、光伏发电、储能等电力建设工程项目绿色施工
13	能源 20220389	电力建设工程安全生产标准化实施规范	规定了电力建设工程安全生产标准化实施规范的建立、保持与评定的原则和一般要求，以及目标职责、制度化管理、教育培训、现场管理、安全风险管控及隐患排查治理、应急管理、事故管理、持续改进八个体系的核心技术要求
14	能源 20220398	光伏组件用机器人技术规范 第 1 部分：干式清扫机器人	适用于系统电压不大于 60 伏，独立太阳能电源系统供电、沿固定导轨行进的光伏电站组件用干式清扫机器人
15	能源 20220442	分布式调相机涉网保护技术要求	适用于配置在总容量 20 兆瓦及以上的风电、光伏新能源厂站或汇集站，单机容量 50 兆乏（Mvar）及以下的分布式调相机
16	能源 20220448	太阳能光热发电集热管膨胀系数测试技术规程	适用于集热管在室温 –450℃条件下的热膨胀系数测试
17	能源 20220449	塔式太阳能光热电站集热系统性能试验规程	适用于塔式太阳能光热发电站。规定了塔式太阳能光热发电站集热系统的性能试验设备、试验项目、试验步骤
18	能源 20220465	光伏发电站基础检测与维修技术规程	适用于光伏发电站基础检测和维修。规定了混凝土、钢 / 灌注 / 螺旋桩等基础以及破碎、沉降、倾斜、位移、混凝土强度、钢腐蚀、环境检测等内容的检测与维修方法
19	能源 20220466	分布式光伏并网网络安全防护技术要求	适用于分布式光伏并网运行的网络安全防护

续表

序号	项目编号	标准项目名称	适用范围
20	能源 20220467	智能光伏发电站运行维护技术规程	适用于 10 千伏及以上电压等级的智能光伏发电站
21	能源 20220468	光伏发电统计技术导则	适用于光伏行业研究单位对光伏发电数据评价的要求和指标计算方法
22	能源 20230359	光伏发电工程改造及退役设计导则	适用于并网光伏发电站和 100 千瓦及以上的独立光伏发电工程改造及退役
23	能源 20230360	海上光伏发电工程设计导则	适用于新建、扩建、改建的并网型海上光伏发电工程的设计、施工、检验与验收、运行维护
24	能源 20230361	海上光伏发电工程规划报告编制规程	适用于海上光伏发电工程规划报告的编制工作
25	能源 20230362	海上光伏发电工程可行性研究报告编制规程	适用于新建、改建、扩建的海上光伏发电工程可行性研究报告的编制
26	能源 20230363	海上光伏发电工程勘测规范	适用于海上光伏发电工程各建设阶段的工程勘测等
27	能源 20230364	复合型光伏发电工程技术规范	适用于农光互补、渔光互补、牧光互补、林光互补等形式的复合型光伏发电工程
28	能源 20230365	石漠化地区生态光伏设计规范	适用于石漠化地区光伏发电工程
29	能源 20230366	光伏项目沙戈荒生态治理设计规范	适用于沙漠、戈壁、荒漠地区新建、改建或扩建光伏项目生态治理措施的设计
30	能源 20230367	柔性支架光伏发电系统设计规程	适用于采用索结构柔性光伏支架的光伏发电系统的设计、监测与运维
31	能源 20230368	光伏发电项目经济评价规范	适用于新建并网型陆上光伏发电项目及海上光伏发电项目的经济评价
32	能源 20230369	光伏供热设计规范	适用于作为城镇供热基本热源运行的供暖型光伏电站的设计
33	能源 20230370	太阳能热发电站熔盐电伴热系统设计规范	适用于以太阳盐作为传热、储热介质的太阳能热发电站电伴热系统设计

续表

序号	项目编号	标准项目名称	适用范围
34	能源 20230371	太阳能热发电厂防凝防冻保温技术规程	适用于太阳能热发电厂设备、管道及其附件的防凝、防冻和保温设计
35	能源 20230372	太阳能热发电厂节能设计规范	适用于新建、扩建、改建的槽式、塔式、线性菲涅尔式类型的太阳能热发电工程的节能设计，碟式太阳能热发电工程设计时可参考本规范
36	能源 20230373	光热发电建设项目文件归档与档案整理规范	适用于光热发电建设项目文件归档与档案整理
37	能源 20230374	风电光伏与光热一体化发电项目规划报告编制规程	适用于新建、扩建风电光伏与光热一体化发电项目的规划
38	能源 20230375	风电光伏与光热一体化发电项目可行性研究报告编制规程	适用于风电光伏与光热一体化发电项目可行性研究报告的编制
39	能源 20230526	漂浮式水上光伏发电系统用浮体检测规范	适用于漂浮式水上光伏发电系统（中）高密度聚乙烯浮体的检测
40	能源 20230527	户用光伏发电系统安全规程	适用于以 380/220 伏电压等级接入配电网或离网运行的户用光伏发电系统

资料来源：国家能源局综合司。

《户用太阳能和生物质互补供暖系统技术规范》《家用光伏光热组件和空气源热泵联合系统通用技术条件》《分布式光伏并网网络安全防护技术要求》等标准，预计对分布式光伏建设制定技术规范、技术条件和防护要求。在集中式光伏建设逐渐趋于饱和的情况下，我国广大建筑物、住宅等安装分布式光伏是大势所趋。

《漂浮式光伏支撑系统技术规程》《海上光伏发电系统设计规范》等标准，预计对未来海上漂浮式光伏制定设计技术规范和技术规程。从全球海洋分布来看，未来海上光伏建设潜力巨大，但由于海洋特性，其对技术和设备要求较高，未来还需一段时间去探索。

《光伏与熔盐储能一体化发电工程设计导则》《可再生能源电力制氢规划报告编制规程》《智能光伏发电站运行维护技术规程》等标准，预计制定光伏与储能、制氢、智能化等产业一体化发展规程。

（三）国内外政策对比

综合对比国内外光伏产业政策来看，鼓励支持引导光伏产业发展并给予补贴扶持政策已成为共识，但国家之间仍有显著差异，特别是我国光伏产业政策凸显成效，注重引导而非法令强制约束，光伏产业特色扶贫政策成效显著，但光伏产业市场化管理与扶持举措在未来应进一步完善。

1. 我国鼓励支持类政策成效显著

作为起步晚、新能源技术开发较为落后的发展中国家，我国依托有效的鼓励支持类政策推动光伏产业快速崛起，实现“弯道超车”。相较于光伏产业起步较早的西方发达国家，特别是20世纪七八十年代便颁布法令法规的美国，我国光伏产业起步滞后30余年。但是自2013年政策逐渐加码，我国光伏产业发展规划逐渐清晰，在各项发展规划的引导、行业规范的矫正以及减税补贴政策的推动下逐步进入高速发展期，涌现出一批又一批优秀国际知名企业，光伏装机总量也屡创新高，2022年底达到392吉瓦，位列全球第一。

2. 注重引导而非强制性法令

我国与意大利、日本和韩国在政策制度层面类似，推出数项鼓励性与规范类政策引导光伏产业健康有序发展，并出台《光伏制造行业规范公告管理暂行办法（2021年本）》《关于进一步优化光伏企业兼并重组市场环境的意见》《关于促进先进光伏技术产品应用和产业升级的意见》等行业与企业强制性管理举措。相较之下，美国、德国更加强调通过立法的手段加强光伏产业规范化管理，引导光伏产业发展，例如美国颁布并数次修订的《能源政策法案》与德国颁布并数次修订的《可再生能源优先法》，使得美国、德国在太阳能利用与光伏发电技术开发等方面始终处于世界领先水平，值得我国进一步参考借鉴。

3. 多元化减税与分类补贴政策成为共识

从世界各国光伏产业发展历程来看，政府层面的扶持与补贴是产业快速、高效和提质发展不可或缺的重要环节。早在 2009 年，我国发布了《关于加快推进太阳能光电建筑应用的实施意见》，并相继推出《关于光伏发电增值税政策的通知》《关于积极推进风电、光伏发电无补贴平价上网有关工作的通知》等政策，通过投资补贴、财政补助资金、税收减免、平价上网等方式助力光伏产业快速发展。相较之下，美国、德国、韩国偏向于使用组合型政策助力光伏产业发展，除税收优惠、财政补贴与平价上网政策外，还采取了优化配额与信贷优惠的方式。此外，我国按照太阳能资源的分布分类分区进行补贴，有侧重地统筹全国市场。美国同样国土辽阔，各地区太阳能资源差异较大，但在地区引导上全国统筹性不足。

4. 光伏产业特色扶贫政策成效显著

自 2015 年 11 月中共中央、国务院印发《关于打赢脱贫攻坚战的决定》，扶贫脱贫的任务逐渐渗透至我国各行各业。作为可持续发展与节能减排的重点环节，光伏产业积极响应国家政策，在扶贫工作中发挥着重要作用。例如，国家能源局、国务院扶贫办发布的《关于印发实施光伏扶贫工程工作方案的通知》以及国土资源部、国务院扶贫办、国家能源局发布的《关于支持光伏扶贫和规范光伏发电产业用地的意见》等政策，积极引导片区县和贫困县因地制宜开展光伏农业扶贫的同时，强调进一步加强光伏扶贫用地保障，切实加强光伏发电项目用地监督。依托光伏产业特色扶贫政策的落地与实施，光伏扶贫为乡村振兴提供源源不断的强劲动力，探索出了多种扶贫收益模式，成为真正意义上的造血式精准扶贫，并且通过先进技术与创新平台的加持，逐渐衍生出新的增收业态，在稳定带动贫困户增收脱贫、有效保护生态环境的同时，实现数字化赋能光伏扶贫，使价值与效益几何级增长。

5. 国内市场化管理与扶持举措有待完善

我国在发展中国特色社会主义市场经济体制的过程中，相关部门有序引导光伏企业规范市场行为并强化行业扶持力度，但相较于美国、德国等高度市场化国家仍有差距。为推进光伏产业市场化和规范化发展，我国先后发布《国务院关于促进光伏产业健康发展的若干意见》《关于进一步优化光伏企业兼并重组市场环境的意见》等多项国家级与部级指导意见，但相较于美国、德国光伏产业市场化管理模式而言，我国更注重对企业端市场行为进行规范约束，忽视了市场主体中的消费端以及投资端。例如美国对光伏产业投资生产侧补贴与优惠进行明确规定，德国在立法与组合优惠政策上侧重于优化市场消费端电价，为用电住户提供大量扶持举措。相较之下我国光伏产业市场化管理水平与扶持范围、扶持力度均有待进一步提升和完善。

四、我国光伏产业发展面临的问题与挑战

本节从技术、储能、市场和政策等角度切入，分析了我国光伏产业面临的部分组件国产化率低、储能技术待优化、出口海外受限制等问题，并从完善市场化交易、拓宽海外市场、更新老旧电站、应用场景复杂化等方面阐述了我国光伏产业未来面临的挑战。

（一）面临的问题

1. 技术问题：胶膜、靶材等部分核心组件国产化率低

我国光伏产业起步于21世纪初期，属于后发产业，发展时间较短，技术不够成熟，尚有很大的发展空间，主要表现在光伏部分核心组件国产化率低和储能消纳能力欠佳两方面。

一方面，受限于科技研发水平，我国光伏产业中的部分核心组件，如光伏胶膜长期依赖进口，国产化率较低。光伏胶膜的主要作用是使阳光最大限度地到达电池片，对于提高太阳能的利用率和光伏组件的发电效率至关重要，目前市面上的光伏胶膜主要有EVA胶膜和POE胶膜两种类型。根据德邦证券数据，2022年全球光伏级EVA累计产量达到98.85万吨，排产比例[1]达到60.01%；而2022年12月国内光伏级EVA产量为5.45万吨，排产比例仅为30.45%（图2–28、图2–29）。同样，根据湘财证券的研究，我国POE进口数量近年来呈现增长态势。2023年POE进口量为86万吨，同比增长24%，2017—2023年的年化复合增速高达25%。过度依赖进口不仅增大了光伏企业的成本，也致使我国光伏制造处于被动状态，受国际环境影响程度加大。

另外，我国靶材相关企业规模较小，市场集中度较低，主要依赖进口。从我国溅射靶材市场格局来看，外资企业市场份额达到70%，国内企业占比仅约为30%，其中江丰电子、隆华科技、阿石创占比分别为3%、3%、1%，其他企业合计占比约为23%，国内企业竞争格局相对分散。

1 光伏级EVA生产量占EVA生产量的比例。

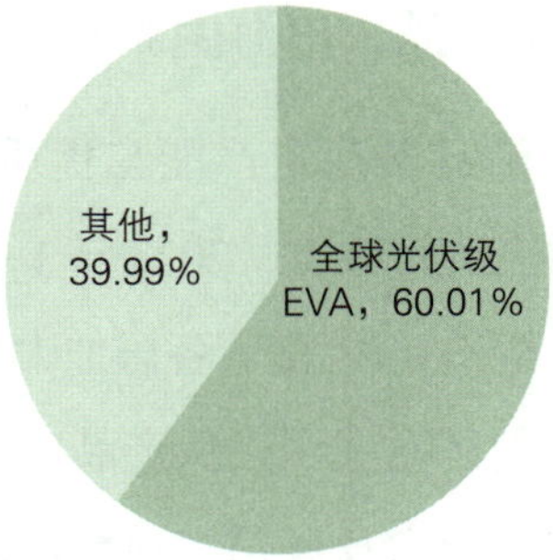

图 2-28　2022 年全球光伏级 EVA 排产比例

资料来源：德邦证券。

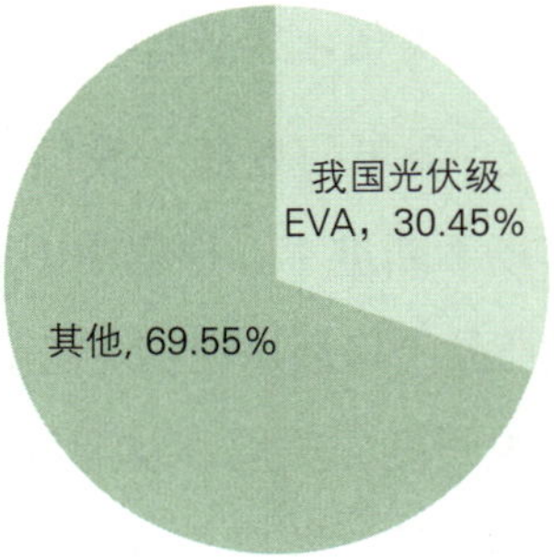

图 2-29　2022 年 12 月我国光伏级 EVA 排产比例

资料来源：德邦证券。

2. 储能问题：光伏储能及消纳能力欠佳，造成能源浪费

随着 2021 年“能耗双控”政策的严格执行，清洁能源需求大幅提升，未来光伏机组整体面临装机规模快速提升、用电需求受抑制、外送通道建设不足及跨省跨区电力存在壁垒等问题。我国光伏产业储能与消纳能力欠佳，造成比较严重的资源浪费与区域供需失衡。受我国地貌条件与区域人口经济状况的影响，西北地区光照资源丰富但用电需求较小，导致弃光率较高；中部与东南地区光照资源不足但用电需求较大，在一些用电紧张月份甚至需要限电停产。根据全国新能源消纳监测预警中心数据，2022 年全国光伏发电利用率为 98.3%，其中包括安徽、浙江、四川在内的 15 个省份光伏利用率为 100%，而青海、西藏等地利用率不足 92%，弃光现象较为严重[1]。2023 年 1—12 月光伏发电利用率达到 98%。受储能技术限制，光伏储能电站经济效益有所降低。此外，现存光伏发电消纳体系存在输电通道数量不足、跨区域通道不畅等问题，光伏发电区域互补尚无统一规划和部署，也加剧了光能资源的浪费。

1　《光伏 98.3%！ 2022 年 1—12 月全国新能源并网消纳情况发布》，北极星太阳能光伏网，2023 年 2 月 13 日。

3. 市场问题：多国限制我国出口光伏产品，出海困难

历经20余年的发展，我国光伏产业逐渐具备稳定产能与优质产品，向海外市场不断进军。根据中国光伏行业协会统计数据，2023年1—7月，全国光伏产品出口额达到320亿美元[1]，同比增长6%。随着各国加大对光伏产业的重视程度，美国、欧盟等部分国家和地区对我国光伏产品出口发布贸易限制性政策。欧盟与其他部分国家也纷纷出台反倾销、限制进口等政策，使得我国光伏产品出口难度加大。

2021年12月，美国颁布《维吾尔强迫劳动预防法》（UFLPA），严格限制进口新疆产品，对我国光伏产品出口美国造成严重打击。此外，美国对于中国双面光伏组件产品的关税政策不停摇摆（表2-20），即使豁免掉"201条款"15%～20%的关税，还有"双反"（反补贴和反倾销）、"301条款"的重重关税。

表2-20 美国在是否豁免双面光伏组件关税上的摇摆情况

时间	政策情况
2019年6月	美国联邦贸易当局裁定双面光伏组件可以豁免"201条款"
2019年10月	美国贸易代表办公室（USTR）撤回对双面光伏组件豁免"201条款"规定，自2019年10月28日起生效
2019年12月	美国国际贸易法院（CIT）对USTR作出的撤销双面光伏组件豁免"201条款"的决定发布临时禁令
2020年4月	USTR请求CIT解除针对USTR"撤销双面光伏组件豁免'201条款'规定"的生效临时禁令
2020年5月	CIT拒回USTR的请求
2020年6月	USTR撤销了2019年10月作出的撤回双面光伏组件豁免"201条款"规定的决定，撤销条款自2020年6月12日起生效

1 《中国光伏出口额再创历史新高预计全年增长可达20%》，国家能源局，2023年9月25日。

续表

时间	政策情况
2020 年 10 月	美国政府又启动了废除豁免双面光伏组件关税规定的计划，同时将“201 条款”下 2021 年关税税率从 15% 提高到 18%
2021 年 3 月	美国司法部要求 CIT 驳回太阳能行业协会等提出的双面光伏组件豁免“201 条款”的法律诉讼
2022 年 2 月	原本到 2022 年 2 月 6 日就到期的“201 条款”，再延长 4 年。当年（2022 年）对进口到美国的单面光伏组件征收 14.75% 的关税，此后每年下降 0.25%。同时恢复双面光伏组件的关税豁免

资料来源：彭博新能源财经。

2020 年 7 月，印度宣布针对进口自中国、泰国和越南的光伏电池和组件保障关税延期一年，旨在保护本国制造商不受进口冲击。2018 年 7 月，印度开始征收 25% 的保障关税，2019 年 7 月降低至 20%，2020 年初降至 15%，原定 2021 年 7 月底到期取消。但最新政策并未取消，而是延期一年，新税率为 14.9%（在 2020 年 7 月 30 日至 2021 年 1 月 28 日期间执行），自 2021 年 1 月 29 日开始的剩余 6 个月执行 14.5% 的关税。印度政策的初衷是保护和扶持国内光伏制造企业，虽然起到一定作用，但是也面临阻碍印度国内太阳能发电行业发展的风险。

2020 年 6 月，欧盟委员会发布《论外国补贴对公平竞争影响的白皮书》，概述了欧盟应如何抑制外国补贴行为，并初步提出了三大模块工具[1]。究其实际目的，是保护欧洲企业，避免其被欧盟外部投资者接管。白皮书已经通过并实施，对非欧盟的光伏企业在欧洲市场的商业活动产生重大影响。

4. 政策问题：光伏项目指标下放，赋予了地方发展的自主性，但易催生乱象

2021 年开始施行的光伏项目指标的发放与审批工作下放地方的政策，

1　《欧盟再提反补贴问题》，全国能源信息平台，2020 年 7 月 30 日。

在推进简政放权的同时有助于更好发挥地方在光伏产业发展中的主导作用，赋予地方一定自主性，因地制宜提高光伏发电效率。然而，地方主导也容易带来阶段性供需错配、强制产业投资、盲目跟风等乱象，导致结果与预期的偏离。部分地方政府可能在绩效压力下实行“资源换产业”或“产业换资源”等，将光伏项目指标与企业投资或基础设施建设挂钩。2021 年湖北省能源局发布的《湖北省 2021 年新能源项目建设工作方案（征求意见稿）》就提出，投资建设光伏项目，新建装备产业项目总货币投资应不低于 10 亿元，为光伏开发企业增加了限制条件[1]。云南省巍山县分布式光伏开发招商要求投资企业须一次性支付屋顶租金及土地租用差价 2980 万元以上，且须帮助引入投资不少于 5000 万元的太阳能光伏电站涉及的产业链项目或产业发展项目至少一个[2]。因此，在光伏项目指标下放到地方政府的过程中，如何实现对地方政府与企业的有效监督尚待考量。

5. 其他问题：政府补贴退坡短期影响产业发展，产业链博弈、人才紧缺等问题加剧

伴随光伏产业不断做大做强，政府补贴逐渐退坡。2013 年 7 月出台的《国务院关于促进光伏产业健康发展的若干意见》明确了光伏发电的补贴标准和时间，光伏行业迎来了政策补贴红利期。随着光伏发电成本的下降，我国开始实施补贴退坡机制。2021 年，国家对于光伏电站和工商业用分布式光伏新建项目不再补贴；2022 年，光伏进入全面无补贴时代。补贴退坡对光伏产业链条产生了较大的影响，短期内会加大企业财务压力，影响可持续发展。

随着我国光伏产业装机需求增大，光伏发电相关配件的需求也在加

1 《湖北省能源局关于征求〈湖北省 2021 年新能源项目建设工作方案（征求意见稿）〉意见的公告》，湖北省发展和改革委员会，2021 年 6 月 7 日。

2 《巍山县分布式光伏开发建设项目招商公告》，巍山彝族回族自治县人民政府，2022 年 2 月 28 日。

大，造成产业链上下游的矛盾。由于上游多晶硅环节产能建设周期较长，不能根据市场需求灵活调整产能，因此往往无法与下游硅片、电池等配件的产能扩张相协调，从而造成阶段性的供给不足。2020 年 5 月至 2022 年 12 月，我国硅料市场价格不断上涨，从低点价格 5.6 万元 / 吨上升至最高 31 万元 / 吨，增长率超过 400%[1]。这致使光伏产业链下游企业的利润空间持续被压缩，对正常经营造成不利影响。此外，这种供求矛盾还严重限制了我国光伏产品的产能增长，降低了光伏产业链的通畅程度。

最后，作为后发产业，我国光伏产业起步时间短，人才培养机制不够完善，人才严重紧缺。一方面，光伏产业的专业要求较高，而我国高校太阳能光伏专业设置滞后，科技型研发人才以及光伏行业管理类、技术工艺类、营销类人才无法契合光伏企业人才需求；另一方面，现存光伏产业基地多布局于我国西北部偏远地区，无论是薪资水平、经济实力，还是工作环境、生活宜居程度等都难以满足高端人才的需求，缺乏人才吸引力。

（二）未来挑战

1. 挑战一：平价时代到来后，如何完善市场化交易

2019 年，国家发展改革委、国家能源局发布通知[2]，提出开展平价上网项目和低价上网试点项目建设，这对光伏产业降成本提出了迫切要求。平价时代到来后，国家对光伏产业的政策重心应从提供补贴优惠转移到帮助光伏企业加快适应市场化交易上，这对中央政策的灵活性和精细度提出了更高的要求。《关于加快建设全国统一电力市场体系的指导意见》中提出，到 2030 年，全国统一电力市场体系基本建成，新能源全面参与市场交易。

1　《光伏产业链博弈持续　组件价格与硅料或“脱钩”》，新华网，2023 年 3 月 16 日。

2　《关于积极推进风电、光伏发电无补贴平价上网有关工作的通知》，2019 年 1 月 7 日。

就光伏产业现状而言，完全适应市场化交易还需多方面的政策努力：首先，光伏电站配套的电网消纳设施不够高效完善，电力交易运输途径需要完善；其次，现存的市场规范不能凸显光伏产业的绿色优势，导致光伏产业在价格上难以竞争过传统煤电产业；最后，市场化交易势必压缩企业盈利空间，有关部门如何制定非补贴型政策以帮助企业平稳过渡是未来的重点方向。过去十年间，光伏发电成本下降超过八成[1]，成本下降难度越发加大。成本的下降主要体现在技术成本的下降上，而如土地空间资源、税收等非技术成本几乎不受到企业发展的影响。据粗略统计，目前光伏产业约有 15% 的成本是企业自身无法控制的，这也加大了企业持续降成本的难度。

2. 挑战二：后危机复苏时期，政策不确定性加大，应对海外市场需发力

面对新冠疫情和地缘政治冲突，世界各国经济面临严重不确定风险，并处于后危机复苏时期，国际光伏产品市场动荡加剧，给我国光伏产业的国际发展带来严峻考验。一方面，各国限制贸易的政策致使我国光伏产业的国际市场缩小；另一方面，各国着力发展本国包括清洁能源产业在内的基础制造业，致使国际光伏市场竞争激烈程度加大。此外，地缘政治关系的不稳定性致使未来的政策发展具有不确定性，可能对我国光伏产业出口造成预期外的冲击。

3. 挑战三：早期电站低效低能需更新，更新标准有待完善

现存部分早期光伏电站项目低效低能，所使用的光伏发电机较为低质，难以达到预期发电量。而企业出于成本考虑，很少主动对电站设备更新换代，造成极大的光能资源浪费。因此，亟须有关部门出台关于电站设备定期检修和及时升级的相关政策规定。而如何确定设备检修和产能监测

---

1 《国际可再生能源署：全球光伏发电成本 10 年降八成》，《中国能源报》2020 年 6 月 16 日。

的频率、如何制定设备更换的标准、如何让电站设备升级不过分加重企业财务负担仍然有待商榷。

4. 挑战四：光伏场景复杂化程度高，安全性要求提高

分布式光伏开发工作场景复杂化程度高，因布局居民生活工作区域，对施工安全性、场景复杂化方面提出更高要求。在大型光伏开发工程发展日渐成熟的基础上，中央开始布局分布式光伏开发工作与“光伏 +”多场景探索。其中，分布式光伏开发工作主要是指利用工业园区、经济开发区、公共建筑等屋顶资源进行光伏的开发利用，开展“千家万户沐光行动”，规范有序推进整县区屋顶分布式光伏开发。“光伏 +”模式是指加强光伏产业与其他产业的协同合作，鼓励光伏产业与农牧渔业协同探索复合开发模式。分布式光伏开发布局在居民生活与工作区域，加大了对光伏装机的安全性要求；而“光伏 +”模式使得光伏装机的场景复杂化，增加安全隐患风险。未来发展方向对光伏产业安全性提出了更高的要求。

五、我国光伏产业发展趋势与规模展望

本节从发展趋势和市场规模两方面阐述了光伏产业未来发展趋势，并对我国未来光伏产业市场规模作了降本增效、光伏发电市场占有率提升、国际竞争力提升、产业集中度提高等预测分析。

（一）发展趋势

1. 趋势一：光伏产业链深度融合，企业趋向纵向一体化发展

近年来，随着光伏装机需求的不断扩大，我国光伏产业链结构失衡的

问题也显现出来，上游硅料供应链增长速度的不足致使硅料在前两年供需失衡，价格急速攀升，严重影响中下游生产环节的发展规划。随着我国光伏产业日渐发展，各行业内龙头企业初步具备沿产业链向上、向下扩张能力。为规避产业链波动带来的经营风险，预期国内光伏产业将趋向于纵向融合一体化发展，充分发挥规模经济与范围经济优势，实现降本增效。

例如，晶澳科技抛出多个大额投资扩产计划，加码一体化发展。2022 年 1 月 19 日，晶澳科技发布公告称，公司拟在鄂尔多斯市建设光伏全产业链低碳产业园项目，项目包括建设生产 15 万吨 /10 万吨光伏原材料、20 吉瓦拉晶、20 吉瓦硅片、30 吉瓦光伏电池、10 吉瓦光伏组件及配套辅材项目，总投资约 400 亿元。2 月 24 日，晶澳科技再度发布公告称，拟发行可转债募资不超过 89.6 亿元，用于包头晶澳（三期）20 吉瓦拉晶切片项目、年产 10 吉瓦高效电池和 5 吉瓦高效组件项目、年产 10 吉瓦高效率太阳能电池片项目和补充流动资金。

硅片龙头隆基绿能同样在加大一体化布局力度。2023 年 1 月 17 日，隆基绿能发布公告称，计划在陕西省西咸新区投建年产 100 吉瓦单晶硅片项目及年产 50 吉瓦单晶电池项目，预计总投资额为 452 亿元。

2. 趋势二：光伏技术不断迭代创新，大尺寸硅片、N 型电池等新产品性能持续提升

受限于平价上网后产业链环节的倒逼机制，新技术应用将呈现超预期发展态势。技术的升级发展与产品性能的提升成为行业发展的关键方向，也成为市场参与者的主要竞争领域。

如在硅片环节，将硅片做大做薄成为行业普遍趋势，行业主流硅片逐渐向大尺寸过渡，2020 年 182 毫米和 210 毫米硅片市场占比合计约 45%，2021 年该数据已提升至约 82.8%，截至 2022 年，该数据已提升至

约 83.45%，呈快速扩大趋势；硅片厚度则逐渐向 170 微米甚至 165 微米发展。

在电池环节，产品技术创新更为活跃，PERC、TOPCon、异质结（HIT/HJT）等产品技术接连突破。N 型电池未来将占据主流。根据原材料和电池制备技术的不同，目前市面上的光伏电池分为 P 型电池和 N 型电池。P 型电池和 N 型电池同属于单晶硅电池，其中 P 型电池是在硅料中掺杂硼元素制成，电池制备技术有传统的 BSF（铝背场）技术、PERC 技术和 PERT 技术；N 型电池则是在硅材料中掺杂磷元素制成。N 型电池制备技术较多，包括 TOPCon、IBC 和异质结等。N 型电池转化效率更高，但制造工艺复杂、成本更高。虽然当前市场上仍然以 P 型电池为主，但其效率上升空间狭窄，且 P 型电池因富含硼氧产生的光致衰减问题未能彻底解决，厂商将面临投资边际收益率递减效应，发展空间十分有限。根据行业咨询机构 PV InfoLink 统计，2023 年 TOPCon 电池产能预计超过 400 吉瓦，HJT 电池产能超过 50 吉瓦，N 型电池出货量首次超过 100 吉瓦，有望成为市场主流电池。

3. 趋势三：分布式光伏逐渐成为重点，带来新增长空间

目前，我国光伏电站市场以集中式光伏电站为主，存在长距离运输电力损耗高和大规模开发需要大量资金投入等问题。而分布式光伏（含户用光伏）具有建设周期短、选址灵活、就地开发、就近利用、分散布局、因地制宜等特点。随着技术的发展、成本的下降以及国家政策的支持，集中式光伏和分布式光伏装机的占比将趋于平衡，分布式光伏进入规模化发展阶段。

2021 年 6 月，国家能源局综合司正式下发《关于报送整县（市、区）屋顶分布式光伏开发试点方案的通知》，鼓励整合资源实现集约开发，规定不同场景下可安装的光伏发电比例下限，并于 9 月公布了试点名单，全

国共申报676县（市、区）。2021年11月，国家机关事务管理局、国家发展改革委等四部门联合印发《深入开展公共机构绿色低碳引领行动促进碳达峰实施方案》，提出到2025年公共机构新建建筑可安装光伏屋顶面积力争实现光伏覆盖率达到50%。国家能源局新能源和可再生能源司表示，分布式光伏有利于消减电力尖峰负荷，有利于节约优化配电网投资，有利于引导居民绿色消费，国家积极支持开展相关工作。电网企业应充分考虑分布式光伏大规模接入的需求，加强配电网升级改造，努力做到应接尽接[1]。根据中国光伏行业协会数据，2023年国内光伏新增装机216.88吉瓦，其中集中式新增装机超过110吉瓦，占比超过50%；分布式光伏新增装机接近100吉瓦，2023年集中式光伏新增装机反超分布式，总体来看光伏发电集中式与分布式并举的发展趋势明显。分布式光伏发展前景广阔，有望推动光伏渗透率不断提升，为光伏行业带来新的增长空间。

4. 趋势四："光伏+"模式不断拓展

随着光伏产业建设及发电技术的不断更新迭代，目前我国光伏电站建设格局逐渐呈现广泛分布化、精细化、多场景化等特点。光伏项目因地制宜能力加强，结合项目环境制定适宜的建设方案；光伏产业与其他产业积极开展协同合作，探索复合开发模式。随着未来产业技术进一步升级，这种多元化的开发利用形式也必将成为我国光伏产业的未来发展方向。基于光伏资源的广泛分布和光伏发电的应用灵活性特点，近年来我国光伏发电在应用场景上与不同行业相结合的跨界融合趋势愈加凸显，农光互补、渔光互补、林光互补、水光互补等模式不断推广。而随着光伏技术的进步和成本进一步下降，"光伏+"也不断得到拓展，应用场景更加广泛。

"光伏+5G"：随着5G技术的应用普及，按照各运营商5G规模和数

1 《国家能源局答复 分布式光伏安装问题》，人民资讯，2021年9月30日。

量计算能耗总量，5G 宏基站能耗量是 4G 的 9 倍以上。光伏发电系统能够有效降低电力基础设施投资，在 5G 领域的应用发展潜力巨大。

"光伏 + 储能"：截至 2023 年底，我国新能源汽车保有量达 2000 万辆，未来，随着新能源汽车应用模式更加普及，光伏充电桩建设业务有望逐渐扩大。

"光伏 + 建筑"：随着国家对建筑能耗标准、绿色水平的要求不断提高，以清洁安全高效的光伏发电系统作为建筑能源形式的"光伏建筑一体化"，将成为越来越多光伏企业差异化发展的契机。

"光伏 + 制氢"：通过清洁能源生产清洁能源，能有效解决光伏发电消纳问题，实现两种新能源之间的有效应用。随着光伏发电和电解水制氢技术的不断发展，"光伏 + 制氢"将成为我国能源安全和能源结构调整的新选择。

5. 趋势五：绿色电力交易开启市场新模式，光伏绿色价值进一步凸显

绿色电力交易一般指绿色电力的中长期交易，由现有的电力交易中心组织，交易的市场主体是电网企业、风电和光伏发电企业、电力用户和售电公司等。电力用户是有绿电消费需求的用电企业，后续将扩大到电动汽车、储能等[1]。国家发展改革委、国家能源局已批复《绿色电力交易试点工作方案》，2021 年 9 月 7 日绿色电力交易试点正式启动并由光伏企业摘得首单[2]。绿色电力交易作为我国电力市场一项重大的机制创新，使得光伏等电力消纳渠道得到开发，有利于充分发挥光伏的绿色价值，促进光伏发电市场的不断完善，进一步挖掘光伏的利用和发展潜力。

1　吴迪：《德国可再生能源法立法经验研究》，《法制博览》，2018 年第 33 期。

2　《锚定"双碳"目标，绿色电力交易方案蓄势出台——〈绿色电力交易试点工作方案〉解读》，国家发展改革委网站，2021 年 9 月 28 日。

（二）市场规模

1. 近期持续降本增效，增速较快，市场广阔，2025 年预计新增达 110 吉瓦

近年来，光伏产业的初始投资、运维及发电成本呈下降趋势，持续降本增效促进了光伏产业快速发展。根据国际可再生能源署统计，2010—2022 年，全球光伏发电成本下降 89% 以上，提升了各国发展光伏产业的热情。

中国光伏行业协会测算数据显示，降本增效的效果明显，我国光伏系统的初始全投资下降趋势明显，2023 年地面光伏与工商业分布式光伏的初始全投资分别为 3.4 元 / 瓦和 3.18 元 / 瓦[1]，远低于 2022 年的 4.13 元 / 瓦和 3.74 元 / 瓦，且预计 2024 年将继续降低至 3.16 元 / 瓦和 3 元 / 瓦[2]；在度电发电成本方面，近年来我国光伏产业下降趋势较为明显，2022 年我国全投资模型下的地面光伏电站和分布式发电系统在 1800 小时等效利用小时数的平准化度电成本（LCOE）均为 0.18 元，相比 2018 年分别下降 41.94% 和 33.33%。

在光伏发电成本持续下降的背景下，近年来全球光伏新增装机量持续快速增长，我国光伏新增装机量同样也得到了快速提升。2022 年，国内光伏新增装机 87.41 吉瓦，同比增长 59.3%。2023 年全年累计新增装机 216 吉瓦。光伏产业的持续降本增效为光伏产业的健康发展提供了持续动力，光伏新增装机量持续提升且增速较快，未来发展市场广阔。2025 年，我国新增光伏容量预计达到 90 ~ 110 吉瓦。

---

1 《中国光伏产业发展路线图（2022—2023 年）》，中国光伏行业协会、赛迪能源电子发展研究中心，2023 年 2 月 23 日。

2 《中国光伏产业发展路线图（2018 年版）》，中国光伏行业协会、赛迪智库集成电路研究所，2019 年 1 月 22 日。

2. 远期发展态势平稳，光伏有望成为国内第一大电源，2030 年我国新增装机规模有望突破 140 吉瓦

据中国光伏行业协会发布的《中国光伏产业发展路线图（2022—2023 年）》预测，到 2030 年我国地面光伏和工商业分布式光伏系统的初始全投资有望分别下降到 3.5 元 / 瓦以下和 3 元 / 瓦以下，实现产业持续降本增效（图 2–30、图 2–31）。

由于目前的运维成本已经处于较低水平，因此预期未来电站运维成本将呈现小幅下降趋势。至 2030 年，分布式光伏电站运维成本将下降至 0.045 元 /（瓦・年），集中式光伏电站则有望下降至 0.035 元 /（瓦・年）的水平（图 2–32）。

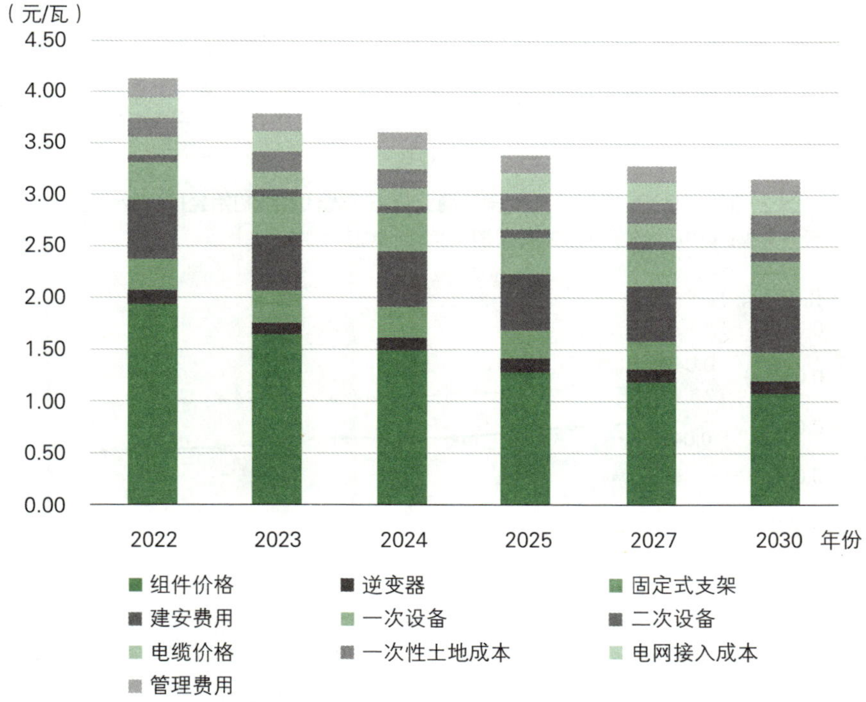

图 2–30　2022—2030 年我国地面光伏系统初始全投资变化趋势

资料来源：《中国光伏产业发展路线图（2022—2023 年）》。

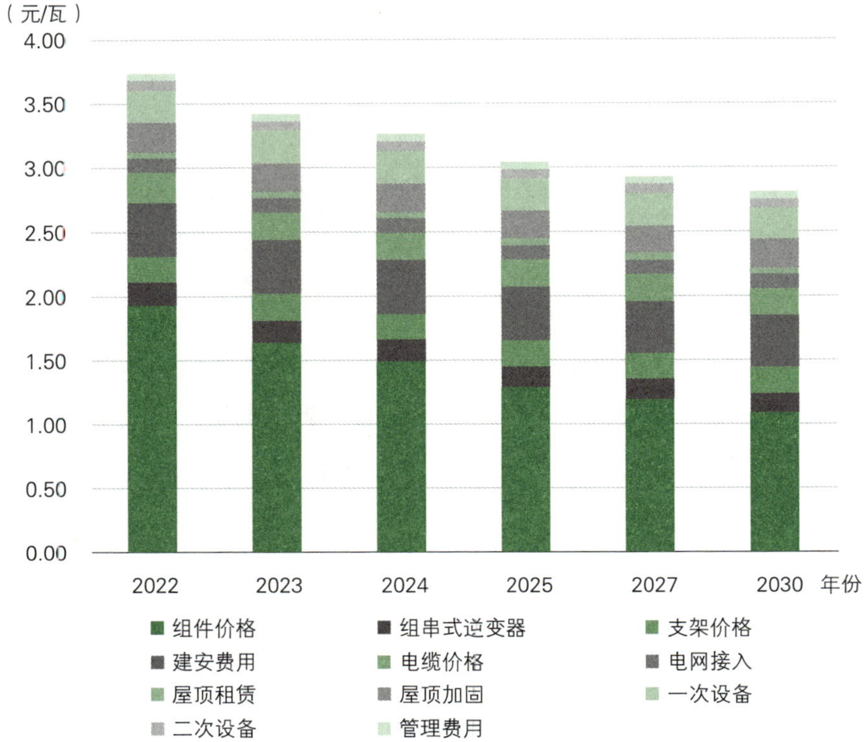

图 2-31　2022—2030 年我国工商业分布式光伏系统初始全投资变化趋势

资料来源：《中国光伏产业发展路线图（2022—2023 年）》。

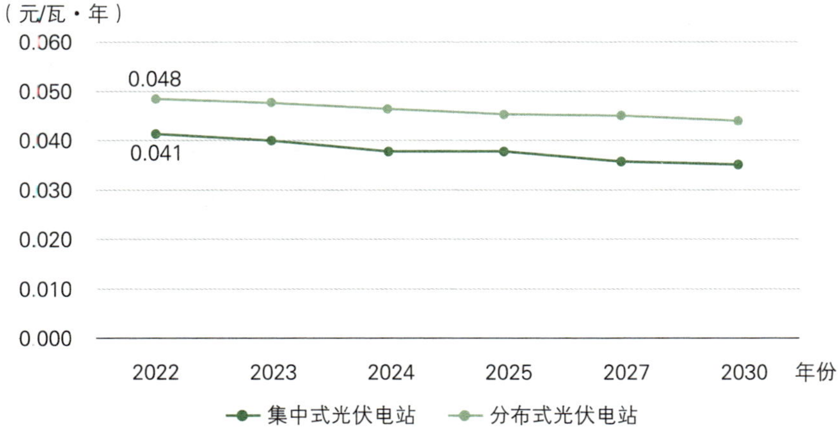

图 2-32　2022—2030 年我国电站运维成本变化趋势

资料来源：《中国光伏产业发展路线图（2022—2023 年）》。

发电成本的降低会使得光伏发电的度电成本随之降低，有利于提高光伏发电在电力市场交易中的竞争力，加深光伏企业的市场参与度。预期到2030年，我国两种类型的光伏电站在1800小时等效利用小时数的LCOE都将下降到0.15元/千瓦时以下，助力光伏电价下降（图2-33、图2-34）。

未来光伏产业的初始投资、运维及发电成本下降趋势的保持将持续为光伏产业的平稳发展提供支持。据中国光伏行业协会预测，2030年，在乐观估计条件下，我国新增装机规模有望突破140吉瓦，保守估计条件下也将达到120吉瓦（图2-35）。根据国家发展改革委能源研究所发布的《中国2050年光伏发展展望（2019）》[1]，到2050年，预期光伏将成为我国的第一大电源，在我国供电体系中占据主体地位，光伏发电总装机规模达到50亿千瓦，全年发电量达到6万亿千瓦时，占当年全社会用电量的39%。

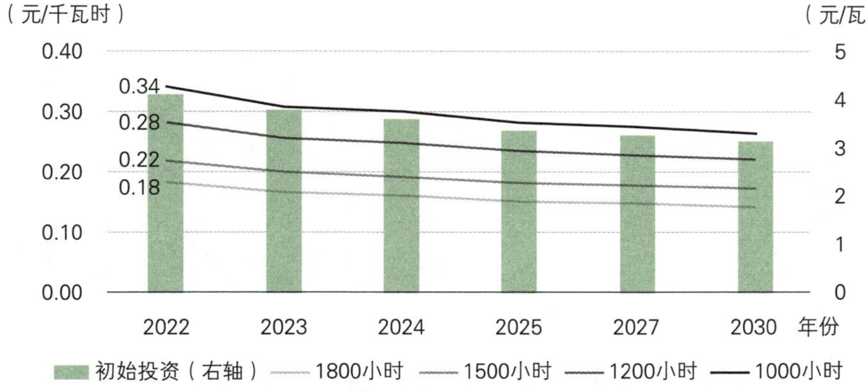

图2-33 2022—2030年光伏地面电站不同等效利用小时数LCOE估算

资料来源：《中国光伏产业发展路线图（2022—2023年）》。

1 《国家发改委能源所发布〈中国2050年光伏发展展望（2019）〉》，搜狐网，2019年12月18日。

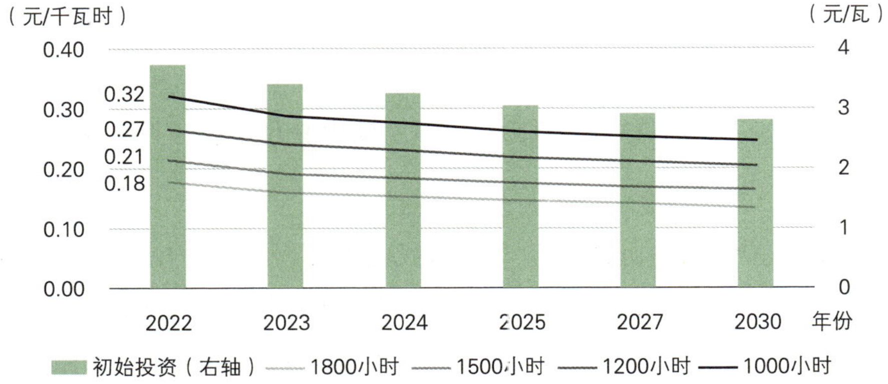

图 2-34 2022—2030 年光伏分布式电站不同等效利用小时数 LCOE 估算

资料来源：《中国光伏产业发展路线图（2022—2023 年）》。

图 2-35 2011—2030 年国内光伏年度新增装机规模及预测

资料来源：《中国光伏产业发展路线图（2022—2023 年）》。

总结来看，远期我国光伏产业的国内新增光伏装机容量及市场规模的增速或有下降，但预期总体仍保持增长趋势。同时，在全球绿色复苏背景下，全球光伏新增装机将持续快速增长，为我国光伏产业开拓国际市场提供契机。根据中国光伏行业协会预测，2030 年全球光伏新增装机规模将达到 400 吉瓦以上，并有望超过 500 吉瓦（图 2–36）。我国作为光伏产业的出口大国，应当把握住这一趋势，提早布局海外产业发展，提高光伏产品的核心竞争力，促进我国光伏产业高质量发展。

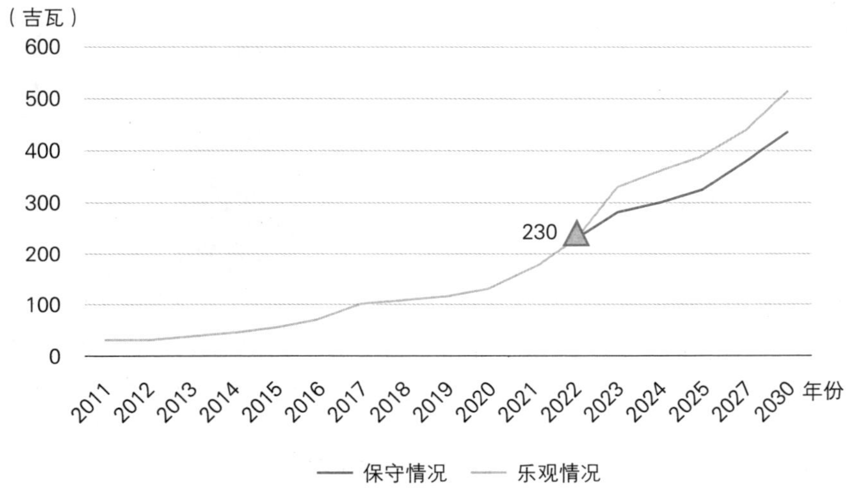

图 2–36 2011—2030 年全球光伏年度新增装机规模及预测

资料来源：《中国光伏产业发展路线图（2022—2023 年）》。

3. 我国光伏产业占据国际市场领先优势，发展空间较大

从全球视野来看，我国光伏产业国际市场规模的提升空间较大。新增光伏装机方面，2023 年我国新增光伏装机占全球新增装机量的比重已经达到 45%，增速明显大于全球其他国家。2023 年，我国光伏新增装机容量占全部电力新增装机的 61%。加之中国现阶段主要依靠火电，2022 年太阳能发电仅占 4.8% 左右，未来太阳能发电会持续发力、占比会继续扩大。光伏组件方面，截至 2022 年底，全球光伏组件产能和产量分别达 682.7 吉瓦、347.4 吉瓦，同比分别增长 46.8%、57.3%。我国产能达到 551.9 吉瓦，约占全球总产能的 80.8%；产量达到 294.7 吉瓦，约占全球总产量的 84.8%。2023 年全球光伏组件产能约为 1034 吉瓦，产能扩张仍以我国企业

为主。前十大企业出货量合计占比73.19%，其中有8家为我国企业。2022年我国新增光伏装机占全球新增装机量的比重达到37.5%（图2–37）。由此可见，我国光伏产业在全球市场拥有领先优势和规模优势，在国际市场仍有较大的上升空间。

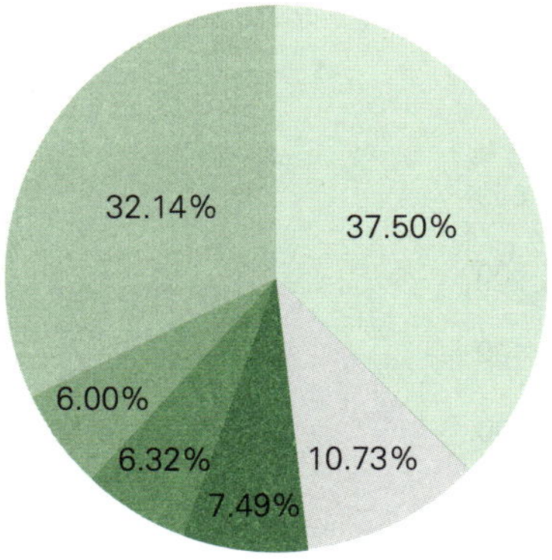

图2–37 2022年全球光伏新增装机占比

注：因四舍五入加总不等于100%。

资料来源：《中国光伏产业发展路线图（2022—2023年）》。

从国内视角来看，我国当前的发电结构仍以火力发电为主，占比达75%，水电占比为13%，风光发电占比为12%左右，随着碳达峰碳中和目标的提出，预计到2050年非化石能源占比将达到65%，可再生能源的发展空间巨大。同时，太阳能发电成本已经低于火电，而且更绿色，乐观估计“十四五”期间我国光伏产业年均复合增长率将达到17.9%，风光发电逐渐替代传统煤电将是大势所趋，光伏产业国内市场仍有一定的发展空间。

4. 产业集中度提高，凸显规模经济优势

近年来，我国光伏产业的产业集中度呈持续提升态势。根据中国光伏行业协会统计数据[1]，2020年，光伏产业链各环节CR5基本达到50%以上，较2019年大幅上升，头部企业规模优势明显。具体来看，多晶硅和硅片的市场集中度保持了较高水平。2022年，多晶硅行业CR5达到87%，且有进一步上升趋势，因为多晶硅生产属于高资金、高技术壁垒的行业，项目建设、投产周期通常长达两年及以上，因此新厂商进入该行业较为困

1 《2022年中国光伏产业洞察报告》，36氪研究院，2022年4月28日。该数据未直接公开，此处参考研报。

难。我国光伏硅片产业集中度也很高，2021 年以隆基、中环为主的 CR2 约为 55%，CR5 约为 84%，头部企业凭借长期技术工艺和过程管控的优势积累，以及大尺寸、新产能和新产品快速优化能力，有望维持行业头部地位[1]。

总体来看，产业集中度的提高和规模经济效应的良性互动推动着我国光伏产业集中度的进一步提升。一方面，产业集中度的提高有利于形成规模经济效应，增强经济效益；另一方面，提高了光伏行业的进入壁垒，加大其他类别企业布局光伏产品建设的难度。未来，出于避免产业链上中下游波动而产生经济损失以及扩大规模经济效益的追求，具有先发优势的企业将会着力提高自身产品的竞争能力，持续深耕全产业链规模化布局，光伏产业的产业集中度有望进一步上升。

六、政策建议

本节基于以上分析，针对我国光伏产业发展现状、面临问题、未来趋势等，提出补短板、协产业、做准备、提保障、推市场五大方面的政策建议。

（一）补短板：提升核心组件国产化率，应对全球格局，优化储能消纳技术等

1. 突破核心技术，提升胶膜、靶材等核心光伏组件的国产化率，摆脱国外依赖

政府应鼓励建设高效光伏国家级科研平台，支持龙头企业创建国家企

1　中信证券：《公司概况：硅片行业龙头，光伏 + 半导体双轮驱动》，未来智库，2022 年 3 月 19 日。

业技术中心、国家工程技术研究中心、国家制造业创新中心等高水平科研创新平台，以技术创新、产品开发、产业化和市场应用为主要研究方向开展前沿新能源技术研究。

作为高端组件材料，POE 等胶膜在光伏等重要领域都有着重要应用，但目前全球 POE 产能仍然主要集中于国外少数企业，我国 POE 主要依赖进口。POE 及更上游的高碳 α－烯烃以及茂金属催化剂等都属于“卡脖子”领域。国家要重点鼓励攻关“卡脖子”技术，早日实现技术突破、中试装置、投产等。

另外，我国靶材虽然不受技术“卡脖子”，但是相关企业规模较小，市场集中度较低，也主要依赖进口，外资企业市场份额占比达到 70%。国家要重点鼓励江丰电子、隆华科技、阿石创等企业增大产能，与大型光伏企业开展合作，同时孵化培育更多靶材相关企业，提升国产化率。

2. 构建全球光伏产业协同体系，提升国际市场应对能力

鼓励光伏龙头企业在全球设立企业分部。一方面，由于海外市场的消费习惯、发展模式和政策法规等可能与国内环境有一定差异，光伏企业需要根据具体情况及时调整策略。另一方面，受国外贸易限制与政策预期不确定性影响，鼓励大型光伏企业在国外设立企业分部，可以排除可能的海关关税政策变动影响。

鼓励我国光伏龙头企业在光伏技术落后的国家和地区合作开展光伏发电站建设项目。深化合作，完善全球产业布局，以应对部分国家对我国光伏产品出口的限制，提升国际竞争力。推动供应链的全球化和海外的本土化经营，有助于实现经营规模增长，从输出产品转变为输出工业能力。此外，还能提高光伏企业在国际上的适应需求能力与市场能力，以供应链与工业 4.0 制造方式的积淀加速带动我国光伏产业实现国际领先。

将视野放至全球，扩大海外光伏数据中心布局。有关部门应积极推动光伏产业的数字化建设，构建统一的绿色数据中心。此外，政府要鼓励企业积极探索光伏项目智能化，通过建设微电网、虚拟电厂等，将光伏产业与大数据、云计算等数字技术结合，对光伏产业链进行全要素数字化改造，释放价值动力，推动产业降本增效。

3. 完善储能消纳技术，协调我国各区域供需

目前我国光伏产业储能与消纳能力不足的问题较为突出，政府部门应发挥主导作用，加快电网改造、支持光伏发电就地消纳并推进光伏发电多元开发，切实减少电能浪费现象。完善光伏产业配套体系，改造电网，提高储能，多元利用促进消纳。

有关部门应重点推进电网的新建与改造工作，加快现存电网对于光伏电站并网的适应性改造、构建不同区域间通畅的电力运输网络。必须加快建设完善、高效、全面的电网体系，增强不同产区之间的电力输送能力，最大限度地利用光伏发电的效益，实现经济绿色发展。

在消纳能力方面，政府可采取支持新型光伏发电项目优先上网和全额收购电量的方案，推动光伏发电就地生产、就地消纳。此外，相关部门要加速光伏发电多元开发布局，开展异质结电池等新型光伏技术分布式发电站建设试点，鼓励利用工业园区屋顶、渔业养殖、农业种植等资源，建设“光伏+”分布式发电项目，提高我国光伏体系的消纳能力。

（二）协产业：协调光伏产业链上中下游和供需市场

1. 加强产业链联动，各环节协同发展

针对光伏产业发展过程中出现的阶段性供需错配、部分供应链价格

剧烈震荡等情况，有关部门应加强对光伏产业的管理，深化产业链上中下游深度链接融合，引导产业链供应链协同创新。各地方政府应该从整体出发，科学规划和管理本地区光伏产业发展、有效利用国内光伏大市场，引导产业链上中下游企业深度对接交流。具体来说，地方政府可以对协会、企业等定期发布真实客观的供需信息作出要求，加快建立产业链供需对接和智能光伏产业公共服务等平台，从而解决产业链上中下游企业之间信息不对称和对接不通畅等问题，促进上中下游企业以资本、技术、品牌为基础开展联合攻关，提高产业链整体经济效益[1]。

鼓励光伏龙头企业健全一体化产业链，企业打造光伏生态圈，确保全产业协调发展。创新应用新一代信息技术，构建硅料、硅片、电池、组件、系统集成、终端应用及重点配套材料、设备等供应链大数据平台，推广应用公平化、透明化在线采购、车货匹配、云仓储等新服务，提高产业链整体应变及协同能力，促进产业链一体化发展。

2. 国家重点把握多晶硅产量和价格变化

多晶硅在光伏产业链中居于重要环节，发挥着关键作用，同时产能形成周期相对较长，要多措并举保障多晶硅合理产量。支持多晶硅企业加强技术创新研发，提升生产线自动化、数字化、信息化、智能化水平，降低能耗水平，提高生产效率与产品优良率[2]。在遵循公平竞争原则前提下，结合市场供需形势、生产成本及合理利润水平等因素，引导多晶硅等产品价格维持在合理区间；对于主动控制多晶硅等产品价格水平的企业，有条件的地方，特别是绿电资源丰富的地方，支持其通过市场化方式降低多晶硅生产用电成本。鼓励多晶硅生产企业直接消纳光伏、风电、水电等绿电进

1 工业和信息化部办公厅、市场监管总局办公厅、国家能源局综合司发布的《关于促进光伏产业链供应链协同发展的通知》。

2 国家发展改革委办公厅、国家能源局综合司发布的《关于促进光伏产业链健康发展有关事项的通知》。

行生产制造，支持通过微电网、源网荷储、新能源自备电站等形式就近就地消纳绿电。

3. 推动光伏与其他产业合作，构建多元化开发利用模式

加强与5G基站、大数据中心、新能源汽车充电桩、铁路沿线设施、高速公路服务区等合作。在各种自然资源条件都逐渐趋紧的未来，不同产业间对于自然资源的争夺会更加激烈，光伏产业应加强产业协同融合的意识，实现与其他产业的良性合作，增加经济效益。例如，光伏发电站可以与5G基站、大数据中心等开展信息产业融合，彼此互为支撑，获取产业外溢价值。此外，光伏发电站在新能源汽车充电桩、铁路沿线设施、高速公路服务区等场景也具有较强的合作价值与应用价值[1]。

（三）做准备：做好应对未来出现的产品迭代、发展趋势、设备更新等挑战的准备

1. 做好新技术新产品迭代准备，适应N型电池、大尺寸硅片的未来趋势

鼓励创建高效光伏技术装备科研平台，重点关注上中游的核心材料与部件研发进程，加速科技迭代。核心技术的提高会带来产品的迭代和替换。政府可以通过政策引导、资金支持、技术援助等方式帮助企业突破行业关键共性技术，加快开发关键核心技术装备，实现前沿技术和核心工艺升级迭代，提高转换效率。重点关注光伏企业对EVA和POE光伏胶膜的研发进程，加速N型电池、大尺寸硅片等新型组件对老旧组件的全面替代，促进产业转型与升级。

1　张斌：《德国〈可再生能源法〉2014年最新改革解析及启示》，《中外能源》，2014年第9期。

2. 因地制宜推进分布式光伏开发建设工作

在我国光伏项目的起步阶段，光伏发电站多设在光照资源丰富、地势开阔空旷的内蒙古、新疆、甘肃、青海等西北部地区，因此对光伏技术精细度要求低，建设难度低。随着这些地区的光伏电站建设趋于饱和，光伏企业需要积极探索新的建设用地，主要可以分为沙漠、戈壁、荒漠等生态环境较为恶劣的大型地域和居民生活工作区等较为分散的小型地域两种类型，这两种地域都对光伏企业的技术水平提出了更高的要求。要鼓励开发企业针对用地的环境与地域特点设计具有较强针对性的建设方案，充分发掘我国太阳能资源潜力，不断促进光伏产业发展。

3. 做好推动现有光伏电站的老旧设备更新准备

对于早期光伏发电站，有关部门应出台相关政策，对定期检测、检测时间、检测内容及检测指标作出明确规定，同时明确光伏发电站的更新条件。对于设备状态较好、发电能效基本满足发电预期的光伏发电站，应当做好日常的检修维护工作；对于设备已经严重老化、发电效率低下、严重损害效益的光伏发电站，应当对其进行全方位的更新工作，从而释放新的能效。

对于已确定需要更新的光伏发电站，有关部门要出台政策确保更新项目能够得到准确落实。首先，要以政策形式确保光伏开发商对老旧光伏发电站进行设备更新换代；其次，要对设备的更新条件以及更新后的设备内容作出明确规定；最后，要重点关注光伏企业在更新发电站中的资金运转状况，对资金运作较为困难的项目实行一定的非补贴类帮助政策。

（四）提保障：为光伏产业发展做好监管、标准、人才等方面的保障

1. 完善政府监管体系，加大地方监管督查力度，规范项目招投标与运作机制

有关部门应定期全面评价各地光伏发电基本情况，对光伏发电项目并网接入、相关价格及收费政策执行、电量收购、电费结算及补贴支付情况等进行监督检查，规范光伏发电市场秩序。中央应重点关注光伏项目建设权下放地方政府后的执行情况，跟进地方的光伏项目招标建设，加大监管与惩治力度。此外，政府需重点完善光伏项目招标规则和办法，推动跨省跨区招标与各地招标在规则、品种、时序等方面融合，加强对市场招标行为的监管。充分利用互联网、大数据等技术推动监管信息系统建设，综合采取现场检查、专项督查、重点督办等方式，持续推进“双随机、一公开”监管工作，完善检查对象名录库和检查人员名单库，确保监管的权威性与有效性。

2. 完善分布式光伏、海上漂浮光伏等标准体系建设

科学、合理的标准对于规范市场、引导产品技术发展、提升产品质量水平、促进企业创新、减少交易成本和贸易摩擦等具有极其重要的意义。国家能源局要求到2025年初步建立起较为完善、可有力支撑和引领能源绿色低碳转型的能源标准体系，其中光伏产业标准体系建设尤为重要。有关部门要主动布局，建立光伏行业发展基线，引导产业合理规划布局和智能升级。

首先，按照光伏发电站建设情况和发展趋势来看，未来分布式光伏建设、海上光伏建设、老旧设备更新是重要拓展方向。要加快制定完

善相关标准体系，避免出现“大批量抢装”问题。其次，要完善光伏产业核心技术和产业链碳减排相关技术标准，健全光伏相关标准组织体系；要加快完善新型储能技术标准，细化储能电站接入电网和应用场景类型；要修订一批光伏发电生产转化和输送利用能效相关标准，提升标准要求和水平，助推和规范资源综合利用、能效提升。最后，应大力推进电力市场标准体系建设，推进电力市场基础及通用标准、市场接入技术标准、电力市场业务技术标准、电力市场运营技术标准等重点标准制定。

3. 加强光伏产业专业技术人才培养

加快高校专业学科建设，完善人才培养机制。为弥补当前光伏产业专业技术人才不足，有关部门应当完善光伏需求人才培养机制，落实教育部印发的《加强碳达峰碳中和高等教育人才培养体系建设工作方案》，为实现“双碳”目标打造高精尖的光伏专业人才。整体采取试点先行、稳中求进的策略，支持部分基础条件好、特色鲜明的综合高校和行业高校先行建设一批碳达峰碳中和领域新学院、新学科和新专业；强化科教协同，在大项目、大平台、大工程建设中培养高层次专业人才；深化产教融合，鼓励光伏企业与高校以实地考察、就业指导、定向培养等方式合作。

（五）推市场：助力光伏企业融资，激活光伏电力市场活力

1. 实施光伏绿色金融战略

创新“光伏＋绿色金融”模式，破解能源融资难题。我国光伏产业起步阶段的企业存在较为明显的资金短缺问题。政府要通过“新能源＋绿色金融”模式，切实发挥金融机构投资引导作用，在高科技企业初创期提供股权、债权等多元化融资工具，助力企业降低财务成本、提

升技术水平，为企业将关键技术成果转化为可规模化应用的成熟产品提供金融服务。金融机构要根据绿色企业或项目在各发展阶段的融资需求，组合运用股权、债权、资产证券化等多种金融工具，开展绿色市场化债转股、绿色基金、绿色信贷等多样化绿色金融业务[1]。此外，政府可以联合金融机构和能源企业设立银政企合作基金，助力光伏发电系统建设。

2. 规范光伏电力市场交易环境，完善交易制度

随着政策补贴时代即将过去，平价时代即将到来，光伏产业逐渐参与到市场化交易中。有关部门应出台市场化交易的规范性文件，打造公平、公正、公开的市场交易环境。由于光伏产业在发电产业中属于后发产业，规模经济优势、技术优势与价格优势尚不明显，因此在价格上低于传统煤电的难度较大。针对此问题，有关交易部门可以对煤电等强污染性发电产业征收环境税、碳排放税等，量化产业的环境成本，从而保证光伏产业与其竞争的公平性，提供良好的电力市场化交易环境。

有关部门应配合推进电价机制改革和价格政策体系完善，做好跨区域专项工程输电价格成本监审和价格调整工作。相关部门应全面推进电力辅助服务市场建设，开展电力辅助服务市场专项试点，落实国家能源局印发的《完善电力辅助服务补偿（市场）机制工作方案》，组织开展与现货市场相配套的电力辅助服务交易。

1　吴若溪：《“新能源＋绿色金融”破局能源融资难题》，《能源杂志》，2022年第4期。

第三章

我国风电产业高质量发展的路径与对策研究

一、风电的特点及其产业发展的内在逻辑

风电是缓解能源和环保问题的重要可再生能源之一，具备成本低、环境友好等优势。我国风电从 20 世纪 80 年代早期示范开始，经过数十年的发展，已经到了稳步增长期，并形成了适宜风电发展的宏观环境。

（一）风电的概念、分类

1. 风电与风电产业

风电即风力发电，是利用风力发电机组将风能转变成机械能，再将机械能转变为电能的一种发电方式。风电产业涵盖了与风电有关的工业生产、软件开发及科学研究等内容，包括风力发电设备的零部件、整机相关的电气设施的设计和制造，设备的运输和安装，风电并网技术及控制系统开发等。

2. 风电的分类

依据不同划分标准，风电可进行具体分类。按照风电应用场景，风电

可分为陆上风电与海上风电（表 3–1）。我国当前陆上风电建设日趋成熟，主要集中在东北、西北和华北北部地区。海上风电主要布局在东南沿海地区，潜力较大。

表 3–1　陆上风电与海上风电的不同特征

类型	陆上风电	海上风电
主要分布	陆上风电分布主要集中在东北、西北和华北北部	海上风电分布主要集中在东南沿海地区
优势	陆上风力风速变化小，电能转化率稳定，风电整机运营和维护方便，技术门槛和开发成本相对较低	海上风能资源丰富，风阻较小，平均风速高且不占用土地
劣势	陆上地形问题致使风轮上下受力不均，容易导致叶片振动乃至断裂，对叶片质量有较高要求	海上风电考虑到抗台风、防腐蚀等技术要求，需要保证风电机组具备较高的可靠性

资料来源：冯泽深、赵增海、郭雁珩等（2022）；王广跃（2016）。

按照风电机组技术路线的不同，可分为双馈异步、直驱永磁同步和半直驱永磁同步式风电机组（表 3–2）。不同机组形式各具特点，半直驱永磁同步风电机组技术路线与我国目前海上风电发展情况最为契合。

表 3–2　不同风电机组技术路线的优劣势对比

机组	直驱永磁同步	半直驱永磁同步	双馈异步
主要优点	• 结构简单，维护工作量小 • 无齿轮箱，机械传动效率提升 • 采用全功率变流器，使发电机与电网分离 • 机组工作转速范围宽	• 相对于直驱，发电机的体积与重量减少，降低发电机成本 • 相对于直驱，降低了发电机轴承故障风险 • 采用全功率变流器，使发电机与电网分离 • 机组工作转速范围宽	• 发电机的体积与重量减少，发电机成本低 • 变流器功率小，成本降低

续表

机组	直驱永磁同步	半直驱永磁同步	双馈异步
主要缺点	● 发电机体积与重量大，不利于安装运输 ● 发电机轴承承载巨大载荷，对发电机轴承要求高 ● 在震动、冲击和高温下，相对容易发生失磁现象 ● 发电机冷却难度增加	● 配备有齿轮箱，传动机构复杂，增加了维护工作量 ● 在震动、冲击和高温下，相对容易发生失磁现象 ● 发电机冷却难度增加 ● 相对直驱驱动传动效率有所降低	● 配备有齿轮箱，传动机构复杂，增加了维护工作量 ● 发电机转子存在滑环，维护量大，增加故障风险 ● 机械传动效率降低

资料来源：王广跃（2016）。

（二）风电的特点及与其他新能源对比

1. 风电的基本特点

风电作为我国新兴可再生能源之一，具有可持续再生、零排放、低成本、区域性、不稳定性等特点。

（1）可持续再生：风能为可再生能源，风力发电是一种清洁的、可再生的电力。

（2）零排放：相较于传统燃煤、燃气等发电方式，风电可大幅降低二氧化碳、氮氧化物、硫氧化物等温室气体和有害气体的排放，减轻全球气候变暖和空气污染。

（3）低成本：伴随风电技术进步和规模布局扩大，大型风电机组设备落地后的运行和维护成本已大幅降低，在长期运行中，风电的总成本也比传统的燃煤、燃气等发电方式低。

（4）区域性：风能资源分布不均，风电站需建在特定地区，例如海岸、山地等，总体而言不利于风电的消纳，但离岛、山区、沙漠等无电区往往风能资源丰富，可以利用风电为这些地区提供电力。

（5）不稳定性：风力和风向具有不确定性，风电所输出的电力并非稳定不变，常需要储能系统来储存风力发电机产生的电力，或者结合其他形式的能源以获得稳定的电力供应。

2. 与其他新能源对比

可再生能源主要包括风能、太阳能、水能、生物质能及地热能等，风电与其他可再生能源相比，具有如下特征（表 3–3）。

表 3–3　2021 年可再生能源发电量与特点对比

能源	占全球发电量比例	平均能源成本（美元 / 兆瓦时）	开发难度	环保情况	发电效率
风能	7.2%	综合 46 陆风 33 海风 81	建设周期短，装机规模灵活，运行和维护成本低	环保清洁，环境效益好，有一定噪声	发电效率较高，受风速、环境等因素影响
太阳能	4.5%	49	建设周期短，开发难度低，占地面积大，投资成本高	环保清洁，但晶体硅电池制造过程高污染、高能耗	发电效率较低，受季节、气候、昼夜等因素影响
水能	14.9%	61	建设周期长，建设费用高	环保清洁，但对动植物及周边居民影响较大	发电效率高，受季节、气候等因素影响
生物质能	2.30%	61	能量密度较低，需要大规模土地栽种、收集有机燃料	相对环保，可以提供低硫燃料	发电效率一般，直接燃烧加剧温室效应
地热能	<1%	56	分布分散，受地质条件限定，目前开发难度大	环保清洁	发电效率低，更多运用于直接供暖

资料来源：国际能源署。

（1）从发电量看，据国际能源署数据，2022 年风电占全球发电量比例为 7.2%，仅次于水力发电，位列第二。

（2）从发电成本看，根据国际可再生能源署的数据，2022 年陆上风电平均成本为 33 美元 / 兆瓦时，海上风电平均成本为 81 美元 / 兆瓦时，成本还较高。

（3）从开发难度看，相较于水能、地热能，风电开发难度低、建设周期短；相较于太阳能、生物质能，风电运营成本低且更加灵活。

（4）从环保情况看，风电环保清洁，环境效益好。太阳能光伏材料在生产过程中能耗高且会产生污染物质，水能对周边动植物生存环境及居民生活产生较大影响。风电此类问题并不突出，虽有噪声但建设区域通常远离居民生活区域。

（5）从发电效率看，风电发电效率高于太阳能、生物质能和地热能，但受风速、风向等环境影响较为严重。

（三）我国风电的发展历程

我国风力发电最早可追溯到 20 世纪 50 年代后期，当时主要用于解决海岛和偏远地区供电问题。我国风电产业的发展历程大致可以分为五个阶段：1986—1993 年早期示范阶段、1994—2004 年产业化探索阶段、2005—2010 年高速发展阶段、2011—2013 年调整阶段和 2014 年至今稳步增长阶段。

1. 第一阶段：早期示范阶段（1986—1993 年）

1986 年，我国第一座“引进机组、商业示范性”风电场——马兰风力发电场在山东荣成并网发电，标志着我国并网风电产业揭开序幕。这一阶段，我国风电产业刚刚起步，尚处于萌芽时期，存在明显的资金短缺、技术水平低、项目建设经验不足等问题。我国积极利用国内外可得资金，助力风电产业发展。在国际上，除国外赠款外，还向风电产业发展较为成熟的丹麦、德国、西班牙等国家进行政府贷款，建设小型示范风电场；在国内，"七五""八五"时期持续投入风电产业扶持资金，设立国产风机攻关项目，支持风电场建设及风电机组研制。山东荣成风电场、福建平潭岛风电场、新疆达坂城风电一场与二场、内蒙古朱日和风电场等并网风电场先后建成，使得我国在风电场选址与设计、风电设备维护等方面积累了初步经验。

2. 第二阶段：产业化探索阶段（1994—2004 年）

这一阶段，我国主要通过引进、消化、吸收国外技术进行风电装备产业化研究。各级政府相继出台了各种优惠鼓励政策：科技部大力推进科技攻关和国家"863"高科技项目，原国家经贸委、原国家计委积极推进双加工程、国债项目和乘风计划的实施，这一系列政策为我国风电产业发展提供了良好的助推动力，促进产业持续发展，使国产风机实现零的突破。在这一阶段，国内出现了几十家零部件企业，五大部件（发电机、叶片、齿轮箱、电控、偏航系统）实现国产化。此外，此阶段首次探索建立了强制性收购、还本付息电价和成本分摊制度，保障了投资者的利益，促使贷款建设风电场开始发展，新的风电场不断出现。

3. 第三阶段：高速发展阶段（2005—2010 年）

经过早期的探索和技术积累，我国风电产业驶上了发展的快车道。2005 年，我国风力发电新增装机容量达到 498 兆瓦，相比 2004 年增长了 252%。2006 年 1 月 1 日，我国正式实施《中华人民共和国可再生能源法》，从国家角度鼓励和支持可再生能源并网发电。这一时期，西安建成西安永电基地，投产后形成年产 430 兆瓦的生产能力；哈尔滨电机厂成功制造出具有自主知识产权的 1.2 兆瓦级风力发电机，掌握当时风电领域无齿轮箱风力发电机的最关键技术；内蒙古、广东、江苏、吉林等地建设具有百台风电机组的风力发电厂，首个海上风电场也投入建设。在风电企业方面，部分企业 3 兆瓦以上大型风电机组实现规模化生产；在全球整机制造商新增装机容量排行榜中，华锐风电和金风科技分别居第二和第四位，前 15 名中有 7 家中国企业。经过此阶段的发展，我国 200 千瓦～750 千瓦风电设备国产化率已超过 95%，兆瓦级风电机组也研制成功且并网发电。内资企业产品市场占比达 55.9%，内资企业新增市场份额首次超过外资企业。

2010 年我国风电新增装机容量超过 18.9 吉瓦[1]，以占全球新增装机 48% 的态势领跑全球风电市场，累计装机容量达到 44.73 吉瓦，首次超过美国，跃居世界第一。这是我国风电产业前所未有的高速发展阶段。

由于发展过快，此阶段风电产业出现了电网建设滞后、国产风电机组质量难以保证、风电设备产能严重过剩等问题。

4. 第四阶段：调整阶段（2011—2013 年）

我国风电产业在高速发展过程中，存在的问题逐步凸显出来。这一阶段是我国风电产业的调整阶段，主要针对风电发展已经暴露出的问题和潜在的发展威胁进行相应的政策调节与企业调整，以促进产业健康发展。

该阶段风电产业主要存在以下三个问题：一是竞争加剧，许多企业亏损；二是风电并网难和消纳难的问题日渐突出，弃风现象严重；三是风电设备质量问题频发。2011 年，“三北”（东北、华北、西北）地区风电场弃风所导致的未上网电量达到 123 亿千瓦时，弃风率约为 16%，严重影响

---

1 李俊峰等：《风光无限：中国风电发展报告 2011》，中国环境出版社 2011 年版。

风电效率和效益水平的提高。为此，"十二五"时期风电发展思路调整为"以大型风电基地建设为中心，规模化和分布式发展相结合"。2012 年，国家首批 18 个分散式风电项目获得核准，此后离网型风电逐步发展成为分散式风电的一种具体形式。同时，政府与风电企业加大对风电消纳能力的重视程度，对风电送出和消纳方案进行精细规划，加快电网建设，使其与风电场建设同步。

在此阶段，许多开发商甚至国企退出风电产业，使大家认识到风电设备制造不能再追求低价"优势"，不能盲目上项目，应该更加重视度电成本以及完善的售后和运维。

5. 第五阶段：稳步增长阶段（2014 年至今）

调整洗牌后，我国风电产业基本遏制了过热势头，发展模式基本实现了从"重规模、重速度、重装机"到"重效益、重质量、重电量"的转变。

根据国家能源局数据[1]，2014 年前三季度，全网累计并网容量达到 8497 万千瓦，同比增长 22%；风电弃风电量为 86 亿千瓦时，同比降低 28.3 亿千瓦时；平均弃风率为 7.5%，同比下降 3.36 个百分点。我国风电产业进入稳步增长阶段。

2022 年，国家发展改革委等部门联合印发《"十四五"可再生能源发展规划》，提出风电发电量要实现翻倍的阶段发展目标。基于我国风电技术已经逐步成熟，国家政策趋向鼓励风光大基地建设，统筹海陆风电基地建设，推动分布式开发与水风光一体化开发进程，从根本上优化我国发电结构。未来风电产业发展将延续四大迭代方向——效率迭代、产能迭代、技术迭代和模式迭代，持续高质量稳步增长，促进我国成为世界领先的风电产业大国。

1　《2014 中国风电发展形势报告分析》，国际新能源网，2014 年 11 月 23 日。

（四）我国风电产业发展的内在逻辑

在推进生态文明建设、加快可持续发展的过程中，我国风电产业凭借自身特点与优势，展现出巨大发展潜能。加之“双碳”政策与产业经济属性的持续助力，风电产业对现实用电、上网条件发挥着持续优化作用，并向大型化、数字化、集中化、专业化方向迈进（图 3–1）。

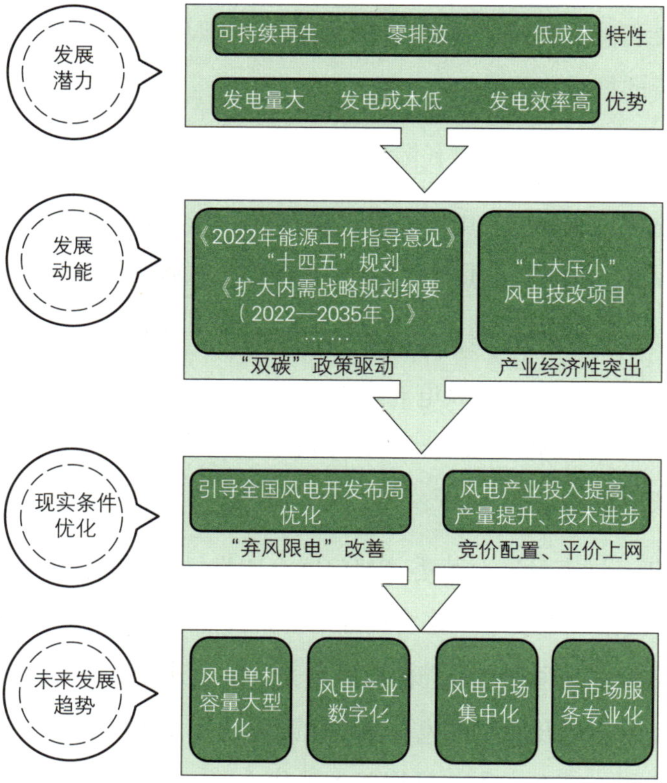

图 3–1　风电产业发展内在逻辑

资料来源：作者整理。

1. 可持续再生决定发展潜力巨大

风电产业基于其能源可持续再生、清洁环保、温室气体和有害气体零排放、运行和维护成本低等特点，以及在可再生能源中发电量大、发电成本低、发电效率高等属性，具有较大开发与实用价值。

2. 风电产业经济性决定其商业价值巨大

现阶段，我国正式施行的“上大压小”风电技改项目，不但在风电场面积不变的情况下大幅提升了装机容量，而且项目资本金回报率也得到提升。根据国家发展改革委能源研究所测算，预计“十四五”期间全国改造置换机组需求将超过 2000 万千瓦，2021—2030 年全国风电机组累计改造退役容量将超过 6000 万千瓦，若以风电项目 6000 元 / 千瓦（6 元 / 瓦）的投资水平来看，风机拆除费用占项目投资的 4.2%，成本基本可控，收益率也较为可观。因此在风电产业经济性突出的背景下，我国风电装机有望超预期发展。

3. “双碳”政策助推风电产业高速发展

低碳环保是未来全球发展的主旋律，风电是从能源供给侧实现低碳环保的重点发展领域。据测算，在所有低碳技术选项中，风电的加速部署加上深度电气化，有助于将实现 2050 年巴黎气候目标需要的总排放量减少约四分之一（将近 63 亿吨二氧化碳）。习近平主席在第 75 届联合国大会期间指出，中国二氧化碳排放力争于 2030 年前达到峰值，努力争取 2060 年前实现碳中和[1]。这一减排承诺引发世界瞩目和国际社会的热烈反响，也为风电等新能源行业的未来发展注入强心剂。

此后，《2022 年能源工作指导意见》、“十四五”规划以及《扩大内需战略规划纲要（2022—2035 年）》中先后强调风电产业发展，为风电产业明确方向并增添强劲动能。在装机容量上，明确 2030 年风电和太阳能发电总装机容量达到 12 亿千瓦以上；在空间布局上，要以沙漠、戈

1　《中国减排承诺激励全球气候行动》，中国政府网，2020 年 10 月 12 日。

壁、荒漠地区为重点加快建设大型风电，同时稳妥推进海上风电基地的建设。

4. 大型化、数字化、集中化、专业化趋势助推模式升级

一是风电单机容量大型化成为未来风电行业发展的必然趋势。单机容量大型化有助于风能资源利用效率、风电项目投资开发运营的整体经济性、土地及海域利用效率、投资回报等的提升。

二是风电产业与数字技术融合。风电企业通过风电机组传感、工业物联网、大数据等数字化建设，建成集数据采集、传输、分析于一体的智能工厂和智慧风场，改变原有的传统发电行业经验驱动的决策管理模式，实现多场景智能优化决策，打造数字生态。

三是风机制造市场呈现集中度逐步提高的趋势。风电产业市场集中度的提高在一定程度上加剧了头部市场参与者之间的竞争。同时，风电龙头企业对上游供应商的议价能力、对下游客户的综合服务能力都将得到提升。

四是后市场专业化服务体系愈加完善。《“十四五”可再生能源发展规划》要求推进产业服务体系建设，做好市场管理与规则建设，充分共享行业服务资源。科学的后市场服务模式，能够实现风电场存量资产的高效经营，增收节支，最大化风电投资收益。

二、国内外风电产业发展现状

本节介绍了国内外风电产业的发展现状，首先从风能资源的分布、风电场介绍、全球总体装机量、我国风电装机量等方面介绍了风电产业的供给情况。其次，从全球电力需求、全球风电需求、中国风能需求方面分析了风电的需求情况。最后，从风电产业链、价值链、前沿技术、投资等方面介绍了风电产业的整体发展现状。

（一）风电的供给分析

1. 全球风能资源分布及风电场建设情况

从全球范围来看，风能资源总量丰富。据估算，全世界风能总量约1300亿千瓦，其中可利用的风能为200亿千瓦。风能资源的分布受地形的影响比较大，世界风能资源多集中在沿海地区和开阔的大陆地区，北美洲、亚洲和拉丁美洲等地区的风能资源分布较为集中。

全球风电场建设以陆上风电场为主，海上风电场建设正在加速。The Wind Power的数据显示，2020年末全球风电场数量已超2.16万个，以陆上风电场为主。据世界海上风电论坛（WFO）的统计数据，截至2020年末，全球已投运海上风电场共162个，较2019年增加了15个，风电场平均容量为347兆瓦[1]，其中中国新建投运的海上风电场数量最多。2022年全球一共投运了42个新的海上风电场，其中29个在中国、5个在越南、2个在日本，英国、韩国、意大利、法国、西班牙和德国各有1个。2023年上半年新增海上风电场15个，其中10个在亚洲、5个在欧洲。

2. 全球风电装机量和主要布局

（1）全球：2023年全球风电累计装机容量达到1021吉瓦，其中陆上

1　《干货！2021年全球风电场行业建设现状分析（附2021年在建项目汇总）》，前瞻产业研究院，2021年4月29日。

风电装机达 948 吉瓦，海上风电装机达 74.8 吉瓦（图 3–2）。在能源供应安全和实现气候目标的双重挑战下，伴随着技术进步与商业模式创新，风电行业进入一个前所未有的快速增长新阶段，全球风电总体供给量呈上升趋势。

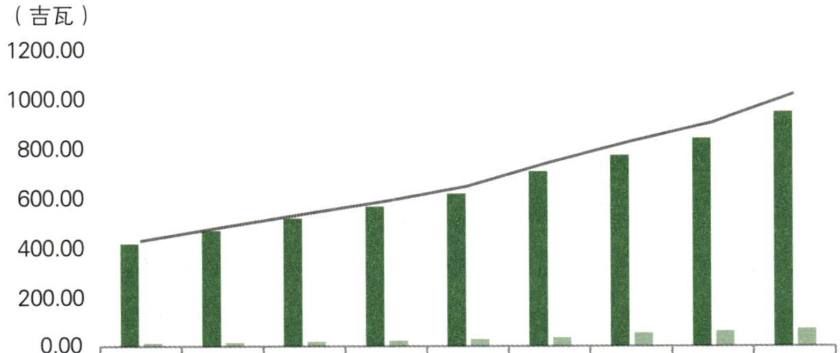

	2015	2016	2017	2018	2019	2020	2021	2022	2023
陆上累计装机容量	421.00	473.00	522.00	568.00	621.00	709.00	774.00	842.00	948.00
海上累计装机容量	12.00	14.00	19.00	23.00	29.00	36.00	56.00	64.00	74.80
总装机容量	433.00	488.00	540.00	591.00	650.00	745.00	830.00	906.00	1021.00

图 3–2　2015—2023 年全球风电累计装机容量

注：因四舍五入，加总与实际略有差异。

资料来源：全球风能理事会。

根据全球风能理事会发布的《2024 年全球风能报告》，2023 年全球风电新增装机容量达到 117 吉瓦，首次超过 100 吉瓦。其中陆上风电新增装机容量达 106 吉瓦，海上风电新增装机容量达 10.8 吉瓦（图 3–3）。

（2）中国：总体来看，我国风电供给总量呈上升趋势，2023 年我国新增风电装机容量达 75.9 吉瓦，累计风电装机容量达 441.34 吉瓦（图 3–4）。2024 年一季度，全国风电新增并网容量 1550 万千瓦，其中陆上风电 1481 万千瓦，海上风电 69 万千瓦。

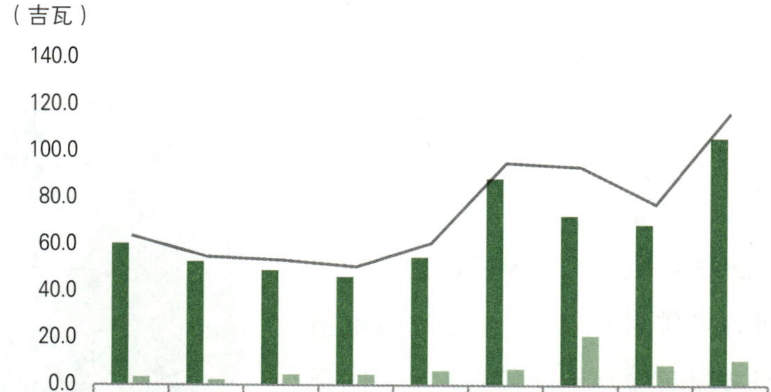

	2015	2016	2017	2018	2019	2020	2021	2022	2023
陆上新增装机容量	60.4	52.7	49.0	46.3	54.6	88.4	72.5	68.8	106.0
海上新增装机容量	3.4	2.2	4.5	4.4	6.2	6.9	21.1	8.8	10.8
总新增装机容量	63.8	54.9	53.5	50.7	60.8	95.3	93.6	77.6	117.0

图 3-3　2015—2023 年全球风电新增装机容量

注：因四舍五入，加总与实际略有差异。

资料来源：全球风能理事会。

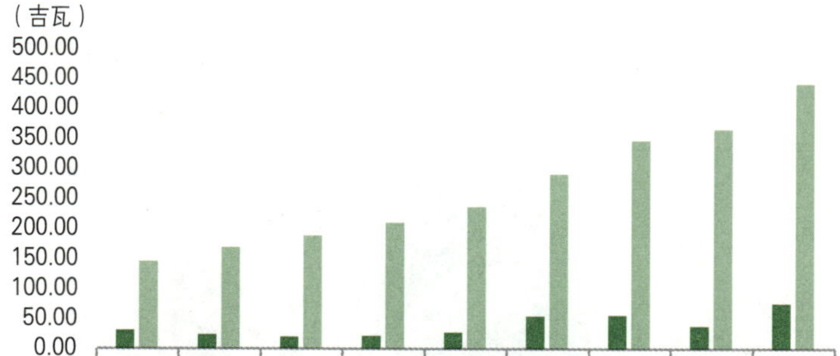

	2015	2016	2017	2018	2019	2020	2021	2022	2023
新增装机容量	30.80	23.40	19.70	21.10	26.80	54.40	55.90	37.60	75.90
累计装机容量	145.40	168.70	188.40	209.50	236.30	290.70	346.70	365.44	441.34

图 3-4　2015—2023 年中国累计及新增风电装机容量

资料来源：国家统计局。

目前我国风力发电以陆上风电为主，2023 年陆上风电累计装机量占比达 90.9%（图 3-5）。受限于成本问题，海上风电整体规模较小，国家和地方层面政策相继出台推动海上风电渗透率持续走高，2023 年达 9.1% 左右，目前整体装机量仍较低。截至2023年底，全国风电累计装机达到4.41亿千瓦，同比增长20.7%。

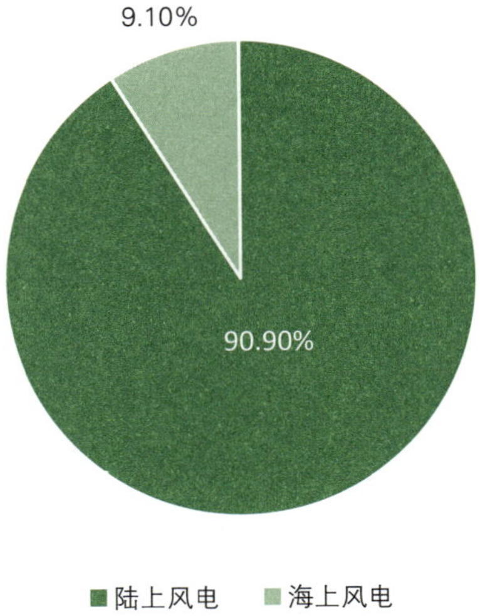

图3-5 2023年中国风电累计装机量占比情况

资料来源：全球风能理事会。

3. 风电产业代表性企业布局

彭博新能源财经（BNEF）发布了《2023年全球风电整机制造商新增装机容量排名》，2023年全球风电整机制造商新增容量排名前五里中国企业囊括了四个席位。金风科技以16.24吉瓦的新增装机容量蝉联第一。远景新能源新增装机容量为15.25吉瓦，从第四跃居第二。丹麦整机制造商维斯塔斯（Vestas）以13.27吉瓦的新增装机容量排名第三，是唯一进入前五的欧洲整机制造商。运达股份和明阳智能分别位列第四、第五位（图3-6）。

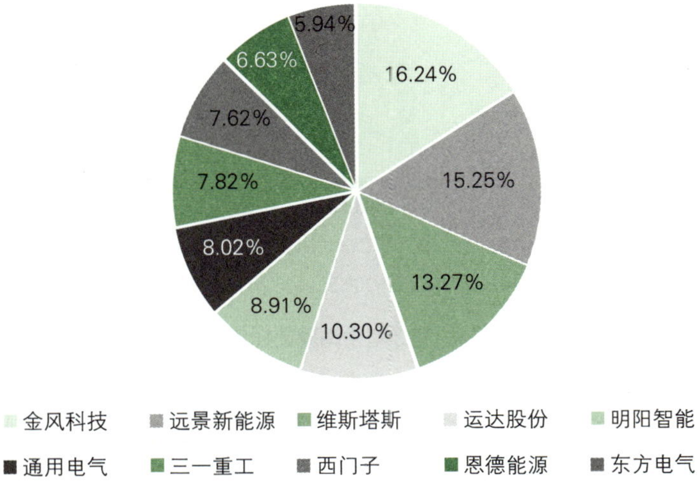

图3-6 2023年风机前十大制造商新增装机占比

资料来源：彭博新能源财经《2023年全球风电整机制造新增装机容量排名》。

4. 我国风电产业供给及代表企业

总体来看，我国风电供给总量呈上升趋势。2023 年我国风电新增吊装容量为 77.1 吉瓦，创造历史新高，相较于 2022 年上升 58%。其中，陆上风电新增 69.4 吉瓦，同比增长 59%；海上风电新增 7.6 吉瓦，同比增长 48%。

除本土市场外，我国整机商正在加速拓展海外市场。2023 年，我国整机制造商在海外的新增装机容量为 1.7 吉瓦，这些项目遍布在全球 20 个市场，其中包括 5 个欧盟成员国，2023 年我国整机制造商实现装机的海外市场数量是 2018 年的近三倍。其中，金风科技 2023 年在海外新增装机容量最多，达 748 兆瓦。远景能源以 561 兆瓦海外市场新增装机容量位列第二。

根据彭博新能源财经公布的数据，2023 年我国风电行业龙头企业排名为：金风科技、远景能源、运达股份、明阳智能、三一重能、东方电气、电气风电、中船海装、中国中车、联合动力。从 2010 年、2015 年、2020 年、2023 年我国风电行业龙头企业排名的变化可以看出，目前金风科技在我国风电产业的领军地位已经基本确定，远景能源、运达股份和明阳智能的发展态势向好，在世界风电企业排名中也居于前列，具有较强的国际竞争力（表 3–4）。

表 3-4　2010 年、2015 年、2020 年、2023 年中国风电行业龙头企业排名

2010 年排名	风机整机商	市场份额	2015 年排名	风机整机商	市场份额
1	华锐	21.9%	1	金风科技	25.2%
2	金风科技	19.7%	2	联合动力	10.0%
3	东方电气	14.7%	3	远景能源	8.2%
4	明阳智能	5.6%	4	明阳智能	8.2%
5	联合动力	5.4%	5	海装风电	6.8%
6	湘电风能	3.3%	6	上海电气	6.3%
7	运达股份	1.5%	7	湘电风能	4.9%
8	上海电气	1.3%	8	东方电气	4.5%
9	华创	0.8%	9	运达股份	4.1%
10	北重	0.7%	10	三一重能	3.1%

续表

2020 年排名	风机整机商	市场份额	2023 年排名	风机整机商	市场份额
1	金风科技	21%	1	金风科技	20%
2	远景能源	17%	2	远景能源	19%
3	明阳智能	10%	3	运达股份	13%
4	上海电气	9%	4	明阳智能	12%
5	运达股份	7%	5	三一重能	10%
6	中车风电	7%	6	东方电气	8%
7	三一重能	6%	7	电气风电	6%
8	东方电气	5%	8	中船海装	5%
9	中船海装	5%	9	中国中车	4%
10	联合动力	4%	10	联合动力	2%

资料来源：作者整理。

具体来看，零部件的生产专业性较强，国内企业技术较为成熟，一般由风机制造企业向零部件企业定制采购。除个别关键轴承需要进口之外，风电设备的零部件国内供应充足。风机制造企业处于行业中游，市场集中度较高，对于上游议价能力总体较强。风机制造企业的下游客户是以大型国有发电集团为代表的投资商，除受个别年份投资进度波动影响以外，总体需求稳定增长。我国风电产业链各环节的代表企业如表 3-5 所示。

表 3-5　我国风电产业链各环节龙头企业

上游	原材料	玻璃纤维	中国巨石、中材科技、山东玻纤
		碳纤维	光威复材、吉林化纤
		钢材	中信特钢、宝钢股份
中游	零部件	叶片	中材科技、时代新材
		轴承	新强联、五洲新春、宝塔实业
		主轴	金雷股份、通裕重工、广大特材
		铸件	日月股份、广大特材、吉鑫科技
		齿轮箱	大连重工、太原重工
		变流器	阳光电源、和望电气
		法兰	恒润股份

续表

中游	整机制造及配套	整机	金风科技、远景能源、明阳智能、运达股份
		塔筒	天顺风能、大金重工、天能重工
		电缆	东方电缆、中天电缆、汉缆股份
		控制系统	许继电气、国电南瑞、汇川技术
下游	风电运营	运营	中国电建、三峡集团、节能风电
		电网	华能国际、大唐发电、华电国际、国电电力

资料来源：作者整理。

（二）风电的需求分析

1. 全球电力需求情况

根据国际能源署的《2024 年电力市场报告》，2023 年受发达国家经济低迷和高通胀影响，全球电力需求增长略有放缓至 2.2%，但预计未来三年将加速增长。据预测，全球电力需求增长率将从 2023 年的 2.2% 上升到 2024—2026 年的平均 3.4%，比新冠疫情前几年 2.4% 的平均增长率还有所提高[1]（图 3–7），亚洲新兴国家及发展中经济体是重要的推动力。可再生能源将在未来三年内主导世界电力供应的增长，将与核电共同满足到 2025 年全球用电需求的绝大部分增长。

2. 全球风电需求情况

全球风电装机需求增长，部分地区未来组装能力可能会出现瓶颈。2023 年全球风电新增装机容量为 117 吉瓦，首次超过 100 吉瓦，全球总装机容量超过 1000 吉瓦。受中国预期的爆炸性增长的推动，全球装机容量在 2023 年出现大幅增长，且未来仍有增长空间。

1　国际能源署：《2024 年电力市场报告》，2024 年 1 月。

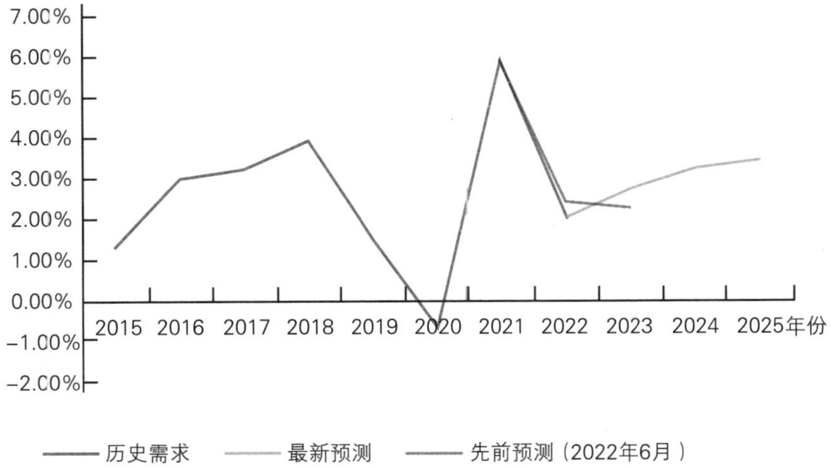

图 3-7 2015—2025 年全球电力需求同比变化

资料来源：国际能源署《2024 年电力市场报告》。

全球风能理事会发布《2024 年全球风能报告》，将 2024—2030 年年均风电总容量增长预测（1210 吉瓦）上调了 10%，以适应主要经济体产业政策的制定、海上风电的蓄势待发以及新兴市场和发展中经济体的增长前景。风电行业须将其年新增装机从 2023 年的 117 吉瓦提高到 2030 年的至少 320 吉瓦，才能实现《联合国气候变化框架公约》第二十八次缔约方大会和温升 1.5 摄氏度的目标。据此分析风电行业似乎有足够的机舱组装能力来满足到 2027 年的预计全球需求，但对陆上和海上风电采用不同基准后，有些地区可能会存在生产能力不能满足市场需求的情况。

根据全球风能理事会的预测数据，将各国的生产能力与市场需求进行比较发现，中国、印度和拉丁美洲的陆上风电供应链将有足够的陆上涡轮机机舱生产能力来满足需求，而世界其他地区可能存在潜在瓶颈；从海上风电供应链来看，除中国外世界其他地区都有可能在未来十年存在潜在瓶颈（表 3-6、表 3-7）。

表 3-6 2023—2030 年陆上风电供需预测（兆瓦）

	2023e	2024e	2025e	2026e	2027e	2028e	2029e	2030e
欧洲	14500	17750	18920	20950	23290	23500	24000	25000
美国	8000	9000	10000	13000	15000	17000	18000	20000
拉丁美洲	5860	5362	5200	5050	5030	5000	5000	5000
中国	60000	60000	60000	60000	60000	65000	65000	65000
印度	3400	4200	4500	4700	4500	4500	5000	5000
其他地区	5619	9955	10424	13560	13705	14000	14300	15000
全球	97379	106267	109044	117260	121525	129000	131300	135000
							充足	存在潜在瓶颈

资料来源：全球风能理事会《2024 年全球风能报告》和《全球风能展望 2030》。

表 3-7 2023—2030 年海上风电供需预测（兆瓦）

	2023e	2024e	2025e	2026e	2027e	2028e	2029e	2030e
欧洲	5760	2955	7002	10036	12143	15403	21440	25950
中国	10000	12000	12000	15000	15000	15000	15000	15000
亚太地区（除中国外）	1751	1569	2884	2615	3855	4770	6900	7900
北美洲	535	1660	3780	4750	4460	4500	4500	5000
拉丁美洲	0	0	0	0	0	0	500	1000
全球	18046	18184	25666	32401	35458	39673	48340	54850
							充足	存在潜在瓶颈

资料来源：全球风能理事会《2024 年全球风能报告》和《全球风能展望 2030》。

3. 中国风电需求情况

国际能源署的《2023 年电力市场报告》预计，未来三年全球电力需求增长中的 70% 以上将来自中国、印度和东南亚。据预测，到 2025 年中国在全球电力消费中的份额将从2015年的四分之一上升到创纪录的三分之一。国内电力消费量数据也体现出电力需求的上升趋势，2023年我国全社会用电量为9.22万亿千瓦时，同比增长约6.7%。

考虑到能源安全与“双碳”要求，我国将进一步扩大可再生能源在能源结构中的比重，风能资源作为可再生能源的重要组成部分，其市场需求也在逐年增长。2023年，我国可再生能源累计装机约3.05亿千瓦，占全国新增装机的82.7%。其中太阳能发电新增2.17亿千瓦、风电新增0.76亿千瓦，无论是新增装机量还是总装机量，光伏发电装机量均为第一（图3–8）。

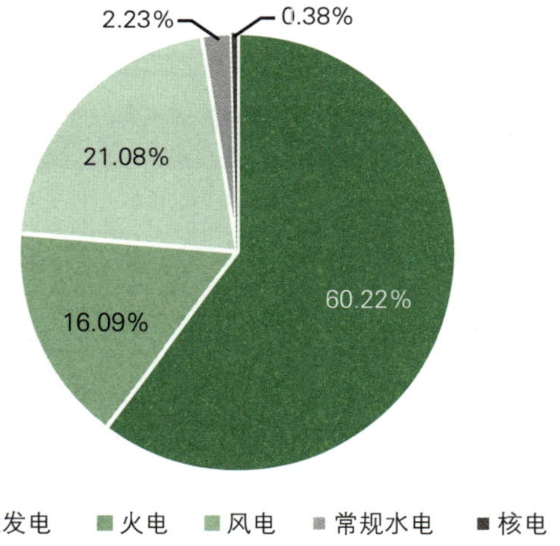

图3–8　2023年上半年我国能源新增装机类型分布

资料来源：国际能源署《2023年电力市场报告》。

自2008—2010年建立本土风电供应链以来，我国不仅成为世界领先的风电制造基地，而且成为最大的关键零部件和原材料生产中心，较高水平的涡轮机机舱生产能力为风电市场需求的扩大提供了足够的支持。

（三）风电产业链和价值链分析

1. 风电产业链

在风电产业链中，上游主要包括原材料厂商和零部件厂商，其中原材料涉及碳纤维、玻璃纤维、夹层系统及钢铁等，零部件包括叶片、齿轮箱、主轴、轴承、变流器、铸件、法兰等，其中叶片是捕捉风能的基础部件，也是产业链中供应最紧张的环节。风电产业链中游主要为整机制造和配套环节，包括整机制造、塔筒及电缆等，按细分市场分为海上风电场和陆上风电场两种。下游主要是风电的施工、运维及用电等环节[1]（图 3–9）。

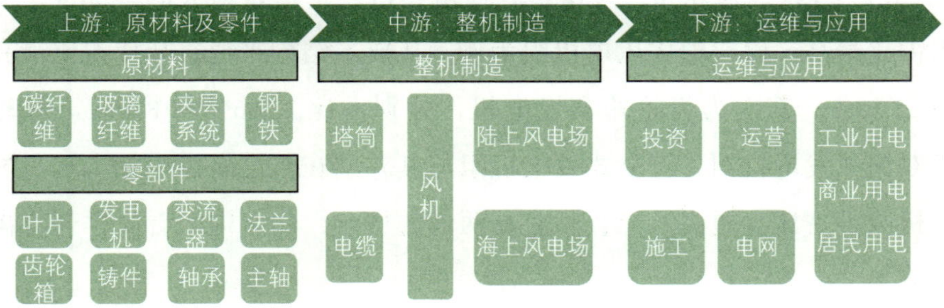

图 3–9　风电行业全产业链图示

资料来源：作者整理。

2. 风电价值链

（1）从价值链的角度，按照毛利率情况来判断，风电产业链的利润分配情况如下：下游投资运营商 > 上游零部件制造商 > 中游整机制造商。具体来看，零部件中的主轴、轴承、法兰、电缆、变流器毛利率较高，塔筒、叶片其次，整机环节处于制造端最低，约为 16%。

1 《2021 年中国风力发电产业链全景图上中下游市场及企业剖析》，中商情报网，2021 年 8 月 18 日。

（2）风力发电成本主要包括前期建设的投资成本、整个项目运营成本以及设备维护成本三大部分。投资成本指风电项目开发和建设期间的资本投入带来的成本，主要有设备购置费用、建筑工程费用、安装工程费用、前期开发与土地征用以及利息与折旧等费用。

风力发电站的建造成本较高，且由于复杂的施工条件，海上风电比陆上风电的建造成本更高。据国网能源研究院统计，海上风电的平均投资成本约为陆上风电的2倍。目前陆上风电系统成本为5100～6500元/千瓦，风机价格为2000～3000元/千瓦，占风电建设总成本的50%以下；海上风电建设成本为15000～17000元/千瓦，其中海上风机价格为6000～7000元/千瓦，风机成本占风电建设总成本的40%左右。

（3）叶片、齿轮箱、发电机是风电整机中价值量最大的零部件，成本占比最高。以双馈式风电机组为例，从成本结构来说，叶片占比最高为23.58%，其次为齿轮箱和发电机，分别占比12.66%与8.65%。相较于双馈式发电机组，直驱式发电机组与其差别在于没有齿轮箱，不过发电机成本占比会更高。半直驱兼具两者的特点，从结构上看同样含有齿轮箱[1]。

（四）风电前沿技术

1. 专利概况

（1）核心技术专利概况。依据国家知识产权局发布的《绿色低碳技术专利分类体系》，我国的统计口径下与风能直接且高度相关的技术分支包括风力发电与风力机械，其中风力发电又细分为风力发动机、用于风力涡

1 《干货满满，风电产业链全面分析》，东方财富网，2021年11月4日。

轮机、用风力发动机驱动等。依据我国国家知识产权局数据，截至 2023 年 12 月 31 日，我国风电领域专利数量共计 69447 件。其中，风力发动机类别专利数量最高，达到 66537 件，占全球比重为 37.58%；用于风力涡轮机专利数量达到 528 件，占全球比重最高，达到 72.03%；用风力发动机驱动专利数量达到 210 件，占全球比重为 31.87%（图 3–10），我国风电专利数量在世界处于领先地位。

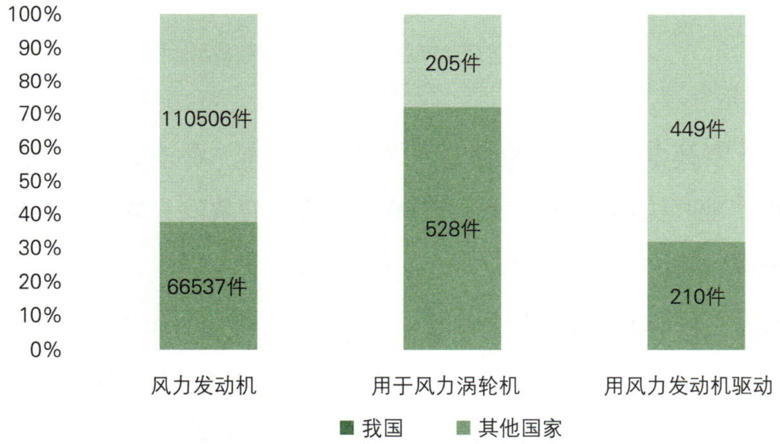

图 3–10　我国与其他国家风电专利数量及比例

资料来源：国家知识产权局。

依国家知识产权局规定，专利类型可细分为发明、实用新型和外观设计三大类型。在我国与风电产业高度相关的专利申请中，专利类型集中在发明与实用新型，不存在外观设计。其中，风力发动机类别下发明与实用新型分别为 34846 件和 31691 件，占比大致相当；用于风力涡轮机类别下发明类别以 462 件占据绝对优势，占比达到 87.50%；用风力发动机驱动类别下则是实用新型占比较大，达到 59.05%（图 3–11）。

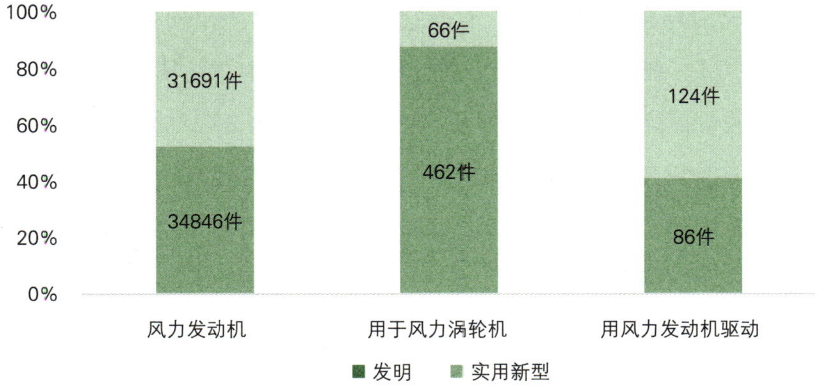

图 3-11 我国风电产业专利细分类型数量及比例

资料来源：国家知识产权局、专利之星检索系统。

（2）有效专利分析。根据专利之星数据检索，截至 2023 年底，我国与风电产业相关的专利共计约 75500 件，其中有效专利数量为 37864 件，占比为 50.15%。

从技术构成看，前十名专利数量合计 20548 件。“F03D”（风力发动机）的申请数量最多，达到 7999 件，占前十名总数的比重为 38.93%；其次是“H02J”（供电或配电的电路装置或系统；电能存储系统），共计 4307 件，占前十名总数的比重为 20.96%（图 3-12）。风电产业有效专利主要聚焦在中下游领域，既包括风机整机制造，也包括电网建设与储能。风电中下游领域是产业链的重要组成部分，其中中游负责整机制造功能，直接关系到风机整机最终的性能与功效；下游主要承担运维与应用功能，关系到风电场建成后的长期运行，下游技术的成熟与否直接影响风电场的长远效益（图 3-13）。

从地域格局看，我国风电产业专利申请与授权数量排名前十的省市依次为江苏、北京、广东、浙江、上海、山东、辽宁、河北、天津和河南。以上省市专利申请与授权数量近几年呈现下降趋势，其中，江苏省专利申请与授权数量，在 2020 年达到峰值 1151 件后开始下降，2023 年专利申

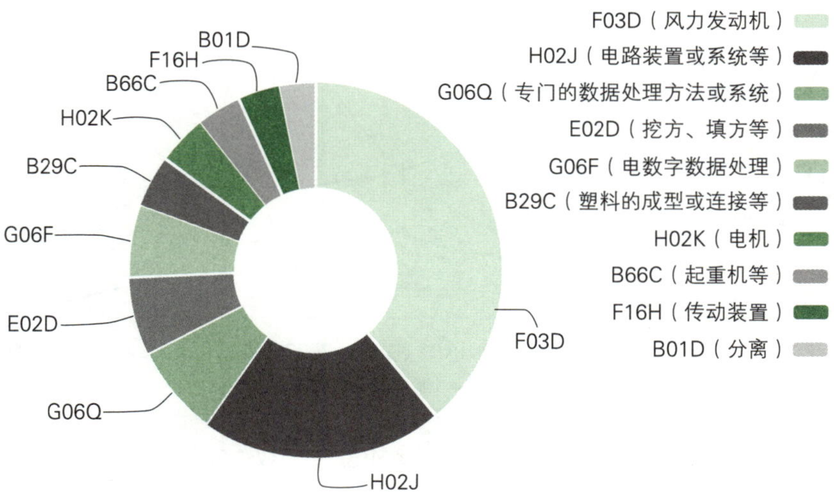

图 3-12　我国有效专利技术构成

资料来源：国家知识产权局。

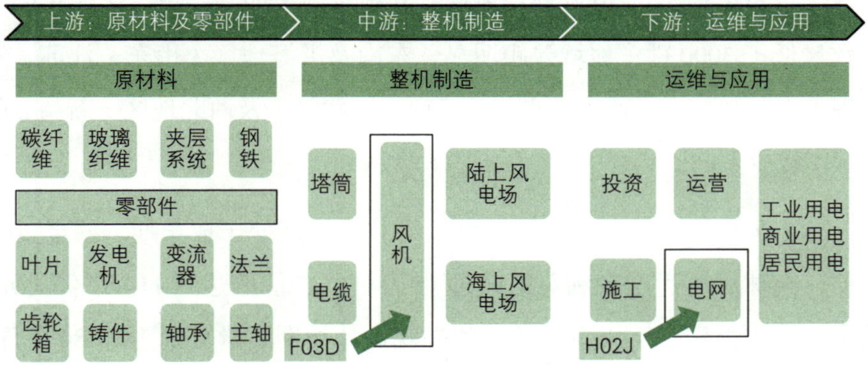

图 3-13　我国有效专利技术分布

资料来源：专利之星检索系统。

请与授权数量仅有 429 件（图 3-14）。这可能与我国风电产业技术格局现状有关：我国风电产业链技术发展已经较为充分，但是核心技术发展欠佳，核心环节科技含量不足，技术攻坚克难仍然需要长期布局。因此，在经历了风电基础技术飞速发展时期后，核心技术的研发与突破不足致使年度专利申请与授权数量有所减少。

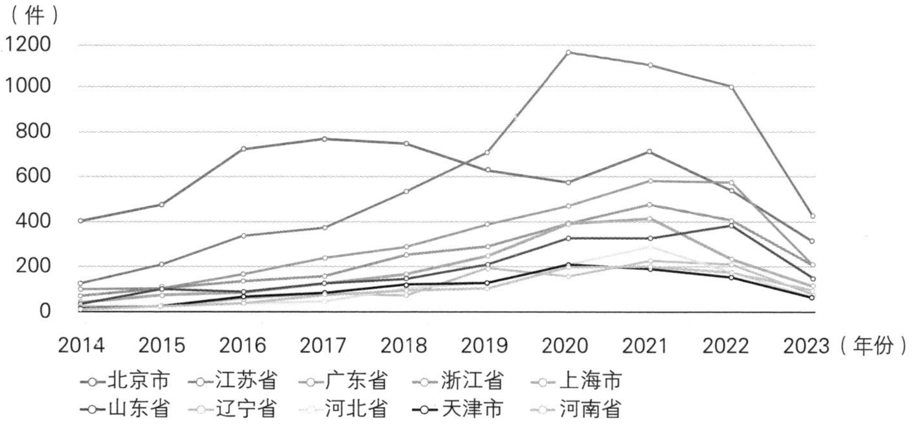

图 3-14 2014—2023 年我国风电产生有效专利地域格局

资料来源：专利之星检索系统。

我国风电产业累计有效专利的地域分布特征较为明显：北京与江苏专利数量突出，均超过 5000 件；地域专利数量断层明显，第三名广东的专利数量低于 3000 件；地域差距明显，东南及沿海地区（山东、江苏、浙江等）专利数较多，西南（贵州、云南、西藏等）及西北地区（新疆、陕西等）较少。

（3）运维技术专利。全球风电运维技术发展处于成长期。截至 2022 年初，全球风电运维专利总数超过 15 万件，总价值达到 114.87 亿美元。其中，发明类别、实用新型类别和外观设计类别数量分别为 11.84 万件、3.28 万件和 734 件，占全球风电运维专利比重分别为 77.95%、21.57% 和 0.48%[1]（图 3-15）。在风电运维技术专利中，发明类别占据主要地位，而发明型专利也被认为是技术含量最高的专利类型。

我国在全球风电运维技术专利申请中占比较高。截至 2022 年初，我国风电运维专利申请数量达到 7.45 万件，占全球比重约一半，成为全球风

1 《中国风电运维行业市场前瞻与投资战略规划分析报告》，前瞻产业研究院，2022 年。

电运维第一大技术来源国，远远领先占全球风电运维专利比重9.94%的第二大技术来源国美国。

其中，风电运维专利申请数排名前五的省市分别为北京、江苏、广东、浙江和上海，专利申请数量均超过4000件。国家电网的风电运维专利技术累计申请量达到6323件，成为全球排名第一的风电运维专利申请企业。

（4）海上风电专利。随着海上风电技术的不断发展，海上风电专利申请数量不断增加，新技术层出不穷。2021年，全球海上风电专利申请数量达到4327件。截至2022年10月，全球海上风电专利数量达到17936件，其中发明专利占比最高，达到66.75%[1]（图3-16）。

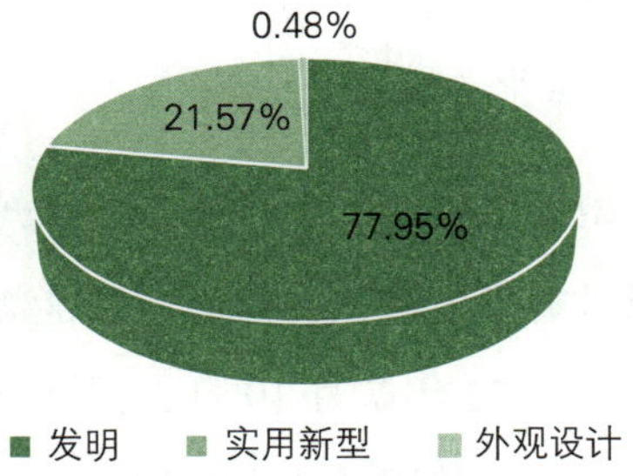

图3-15　全球风电运维专利类型占比

资料来源：前瞻产业研究院。

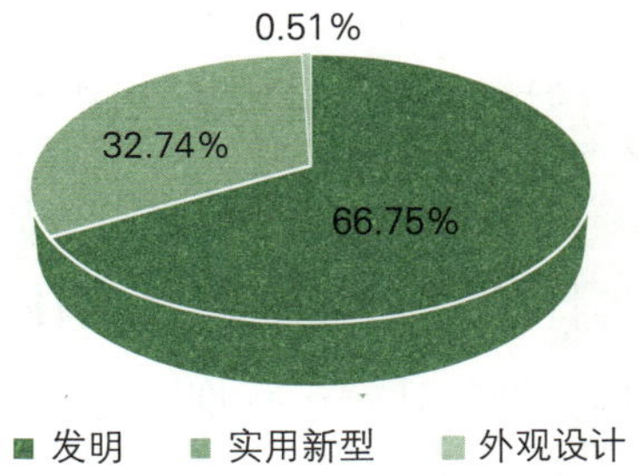

图3-16　全球海上风电行业专利类型占比

资料来源：前瞻产业研究院。

截至2022年10月，全球海上风电第一大技术来源国为中国，中国海上风电专利申请量达到14669件，占全球海上风电专利总申请量的81.79%。其次是欧洲，专利申请量占全球海上风电专利总量比重为10.15%，第三名到第六名的国家依次为美国、德国、韩国和日本，专利申请数量均在1000件以上。

1 《中国海上风力发电行业发展前景预测与投资策略规划分析报告》，前瞻产业研究院，2022年。

中国华能集团清洁能源技术研究院有限公司累计申请海上风电专利数量达 563 件，中国电建集团华东勘测设计研究院有限公司申请专利数量达 470 件，分别排名全球第一和第二。

从技术构成来看，全球范围内“F03D13”（风力发动机的装配、安装或试运行，适用于运输风力发动机部件的配置）及“E02D27”（作为下部结构的基础）两类技术的专利申请数量最多，分别为 2866 件和 2654 件，占前十名数量之和的比例分别达到 18.59% 和 17.21%。这两项技术类别同样位于海上风电产业链中下游，直接关系到风机运行与风电场长远效益。

2. 前沿技术分析

（1）风机技术。我国风电产业风机技术研发创新工作持续推进，国际技术水平不断提高，取得多项国际性技术突破，包括自同步电压源风电机组、全球功率最大陆上风电组和全球单机功率最大海上风电组。

风电产业目前主要使用的常规电流源型风电机组具有低惯量、低短路比等特征，安全隐患较大，自同步电压源风电机组被认为是破解新能源高比例并网与高效运行难题的技术方向之一。2022 年 7 月 19 日，国网甘肃电科院圆满完成国内首次自同步电压源风电机组并网性能现场测试，这是我国在新能源主动支撑技术研究与应用方面取得的重大突破，为推动我国新型电力系统建设奠定基础[1]。

2023 年 2 月 28 日，三一重能 8.5 ~ 11 兆瓦陆上平台 230 米叶轮直径首台风电机组在北京南口智能制造产业园成功下线。这是全球已下线的功率最大、叶轮直径最大的陆上风电机组。该平台机组首次采用双箱变上置技术和轻量化设计，从齿轮箱到主轴承，产品温升控制、降噪水平、震动

1 《国内首台自同步电压源风电机组在甘肃投运》，国际风力发电网，2022 年 7 月 25 日。

幅度均优于行业平均水平[1]。

2022 年 10 月 13 日，金风科技自主研发、拥有完全自主知识产权的 13.6 兆瓦海上风电机组在福建三峡海上风电国际产业园下线，成为当时全球范围内叶轮直径最大、亚太地区单机容量最大的风电机组；2023 年 1 月，中船海装自主研制成功的 H260–18 兆瓦海上风电机组，再次刷新单机功率最大、风轮直径最大的全球纪录[2]。此外，中船海装对于风轮直径 300 米以上级别、25 兆瓦以上级别输出功率的机型的研发也已经步入正轨。

（2）叶片技术。我国叶片研发技术成果显著，不仅自主研发出全球最长的陆上风电机组叶片，同时在全球海上超大型叶片领域取得显著成就。此外，我国自主研发的风电叶片预警模型为风电场高质量运行提供重大支撑。

2022 年 12 月，洛阳双瑞风电公司自主研发的全球最长的 SR260 叶片在江苏盐城基地顺利下线，该叶片的叶轮直径达到 260 米，叶片扫风面积超过 5.3 万平方米。项目团队在叶片研制过程中实现了超长柔叶片气弹稳定性设计及结构轻量化设计，突破了碳纤维拉挤板整体成型及超长叶片壳体灌注等诸多工艺技术壁垒[3]。

海上风机叶片研发取得突破。2023 年 2 月 26 日，东方风电自主研制、拥有完全自主知识产权的 B1200A 型叶片在江苏制造基地下线。该叶片主要配套海上风电机组，具有高效率、低载荷、轻量化等特点，标志着公司在海上超大型叶片研发设计、生产制造领域取得了新突破[4]。

风电叶片预警模型成功上线。2023 年 4 月 6 日，龙源电力工程技术公

1　《全球陆上最大风机在三一重能下线》，中国能源网，2023 年 3 月 1 日。

2　《全球单机功率最大、风轮直径最大的 H260–18 兆瓦海上风电机组研制成功》，中国船舶集团有限公司，2023 年 1 月 16 日。

3　《双瑞风电全球最长风电叶片下线》，国际风力发电网，2022 年 12 月 3 日。

4　《东方风电首支 120 米级叶片下线》，国际风力发电网，2023 年 2 月 27 日。

司自主研发的“风机叶片结冰降容”预警模型成功上线，覆盖龙源电力所属 14000 余台风机，实现风机叶片结冰降容的自动感知预警。该模型的上线实现了风电机组叶片结冰问题早发现、隐患早排除，为风电场的预知维护提供有力支撑，进一步提升了风电场发电效益[1]。

（3）未来趋势。风电行业的未来趋势聚焦在风机大型化和深远海风电技术两大方面。

未来风电产业具有向风机大型化发展的趋势，这一趋势不仅对整机制造提出重大考验，也对零部件制造能力的提升作出要求。未来风电产业不仅要聚焦大尺寸叶片制造，同时更大的叶轮也意味着传统装置，包括轴承、齿轮箱以及发电机等在内的核心零部件需要同步升级。此外，大型化风机与大尺寸叶片的研发面临超长柔性叶片气弹稳定性及制造的难题，后期的施工运维同样是一大挑战。

深远海风电技术升级是另一大重要趋势。中船海装计划在“十四五”期间开展 20 兆瓦级风电机组预研。这同时也面临着长叶片、高功率密度传动链、全耦合设计、浮式风电设计等关键技术突破和创新。此外，考虑到应用场景，深远海海上风力发电还将着重提升海上制氢和海洋牧场相关的技术水平，以使海上风能利用实现效益最大化。

（五）风电产业投融资情况

1. 全球风电产业投融资情况

（1）全球风电投融资数额快速提升。2022 年全球可再生能源投资再创新高，达 4950 亿美元，较 2021 年增长 17%。其中，风电产业投融资数额

1 《龙源电力成功上线风机叶片结冰预警模型》，国际风力发电网，2023 年 4 月 7 日。

仅次于光伏产业，总投融资额达 1740 亿美元，较 2021 年增加约 30%，其中陆上风电占比高达 80%（图 3-17）。

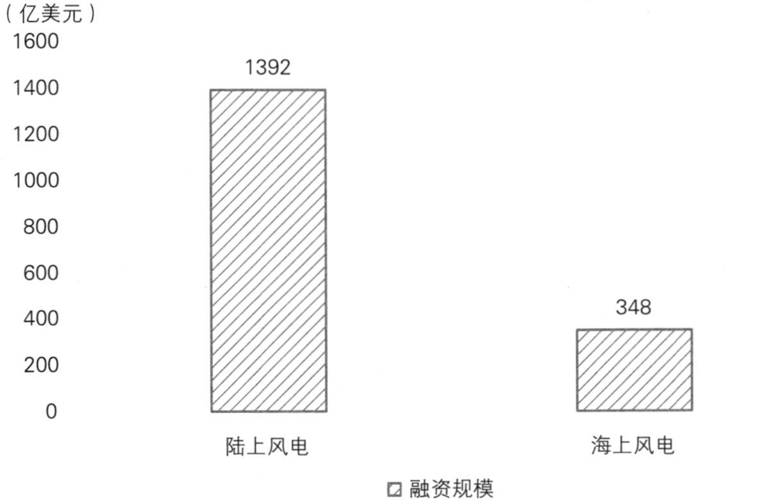

图 3-17　2022 年全球陆海风电投融资规模

资料来源：彭博社。

（2）我国风电融资规模与欧美还有差距。2022 年，全球风电产业总计融资超 800 亿美元。其中，融资数额位于前列的国家或地区分别为美国、欧洲、亚洲与非洲。美国以约 298 亿美元的风电融资规模位于全球首位，其中海上风电融资规模约 98 亿美元[1]，占比约为 32.89%，高于全球海上风电占比整体水平。据欧洲风能协会（WindEurope）《2022 年欧洲风能投融资趋势报告》显示，2022 年欧洲仅投资了 170 亿欧元用于在欧洲建设新的风电项目，比 2021 年 414 亿欧元的投资下降了一半多[2]。2022 年非洲、澳大利亚、巴西风电产业投资规模分别为 77 亿、20 亿和 8.5 亿美元。我国 2021 年融资金额仅为 250 亿元，约合 35.7 亿美元，相较于欧美发达国家

1　《2022 年美国海上风电新增投资超 2 倍》，国际风力发电网，2023 年 3 月 9 日。

2　《欧洲风力发电投资骤降》，商务部网站，2023 年 4 月 18 日。

和地区仍有差距，未来仍有一定的上升空间。

2. 我国风电产业投融资情况

（1）投融资热度出现低谷后开始复苏，投融资规模攀升。2015—2021年，我国风电产业投融资事件发生数量整体呈显著下降态势，但投融资规模自2019年之后不断攀升。一方面，风电产业投融资事件在2015—2016年处于高位，且于2016年达到35起的峰值后，2017—2021年波动下降，到2021年跌至2起的最低点。另一方面，风电产业投融资规模2015—2019年不断下跌，最低跌至2019年的15亿元，此后逐年攀升，2021年风电产业融资规模上升至250亿元，达到历史峰值（图3-18）。总体来看，我国风电产业融资事件虽不断减少，但融资规模呈现集中态势。

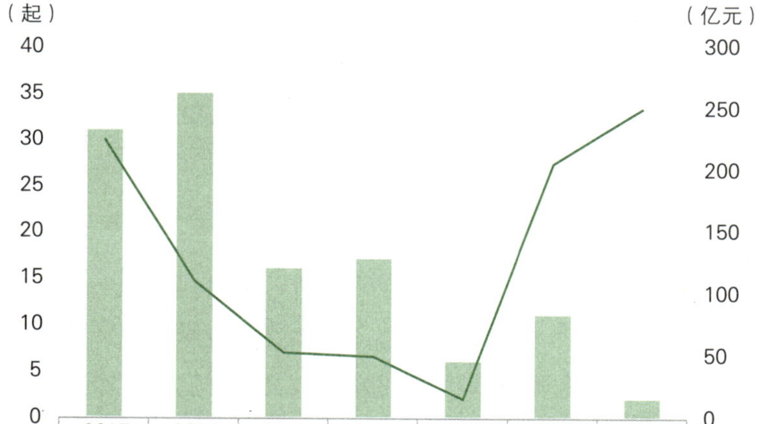

	2015	2016	2017	2018	2019	2020	2021
投融资事件数量	31	35	16	17	6	11	2
融资金额（右轴）	225	110	52	49	15	205	250

图3-18　2015—2021年我国风电产业融资事件与融资金额

资料来源：烯牛数据、前瞻产业研究院。

（2）单笔投融资额度实现大幅增长。如上文所述，从单笔融资金额来看，2015—2021年我国风电产业单笔融资金额呈现大幅增长态势，2020年单笔融资金额达到了17.9亿元，2021年更是高达130亿元（图3-19）。依据我国风电产业整体发展阶段分析，主要原因是我国风电产业自 2019 年后整体进入融资后期阶段，主要的融资事件均为企业 IPO，使单笔融资金额快速上升。

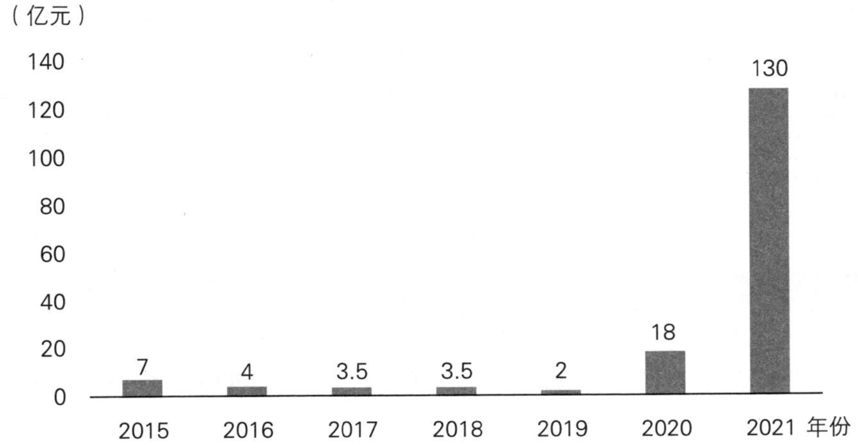

图 3-19　2015—2021 年我国风电产业投融资单笔融资情况

资料来源：烯牛数据、前瞻产业研究院。

（3）风电投融资事件多集中于华东地区。从我国风电产业投融资事件发生区域来看，2017—2022 年，北京市融资事件发生数量最多，占同期全国风电产业融资事件总数的约五分之一，风电行业投融资活跃度可见一斑。其后分别为山东、上海和浙江，均位于我国华东地区，四川、江苏、宁夏和广东等地区投融资活跃度保持在中游水平，近年来风电融资事件也频频发生。

（4）风电产业融资特点。一是上市企业的风电融资较多用于风电项目建设和补充流动资金。近年来风电市场主要工程项目研发方向有海上漂浮式风机设计研发项目、陆上风电项目建设等。2020—2023 年风电相关的主要融资事件见表 3-8。

二是龙头企业对外投资呈现多元化布局，打造企业生态圈。从我国风电代表性企业的对外投资来看，风电企业对外投资的企业数量较多，多以打造产业链一体化、开拓多样化业务和布局生产厂房为主（表 3-9）。

表 3-8　2020—2023 年我国风电相关投融资事件汇总

时间	企业	融资类型	金额（元）	事件
2020.08	节能风电	定向增发	20.56 亿	多个海上、陆上风电项目
2020.10	明阳智能	定向增发	58 亿	多个海上、陆上风电项目
2022.01	明阳智能	定向增发	20 亿	补充公司流动资金
2022.10	广宇发展	定向增发	50 亿	建设青海风电项目，补充流动资金
2023.02	川能动力	定向增发	22.65 亿	建设凉山风电项目，补充流动资金

资料来源：作者整理。

表 3-9　我国风电部分代表性企业对外投资情况

企业	对外投资目的	代表性业务
川能动力	产业链一体化	朔州东立川能新能源开发有限公司、四川能投新能电力有限公司
	多样化业务	四川蜀能矿产、四川能投德阿锂业、四川能投鼎盛锂业、四川能投锂业
东方电气	产业链一体化	东方电气（武汉）核设备、东方电气（四川）物产、东方电气国际合作等
	多样化业务	东方电气（成都）创新科技发展有限公司、东方电气科学技术研究院
电气风电	布局生产厂房	上海电气风电设备莆田、东台、黑龙江有限公司
	多样化业务	江苏祥风船舶科技有限公司
	产业链一体化	内蒙古白音新能源发电、张掖市立陇新能源开发

资料来源：烯牛数据、前瞻产业研究院。

三是风电产业投融资事件大大少于光伏产业。风电产业投融资相对低迷。2015—2023 年风电产业投融资事件约 139 笔，仅相当于光伏产业年投融资事件数量，还有较大投融资空间和潜力。

三、国内外风电相关政策比较

本节介绍了国内外风电相关政策及对比。国外选择了美国、欧盟部分国家以及日本、韩国，对其风电相关政策历程和特点进行分析；国内通过对宏观规划、政策设计、标准体系和未来发展方向的介绍，分析了我国风电相关政策的独特性。

（一）国外政策

1. 美国：以强制配额政策为核心，引导激励政策和配套政策为支撑

美国风电产业政策演进经历了萌芽示范期（1973—1985 年）、缓慢发展期（1986—1998 年）、快速增长期（1999—2008 年）和优化发展期（2009 年以后）四个阶段（表 3-10）。

表 3-10　美国风电产业政策演进

阶段	时间	目标	主要政策手段	绩效评价
萌芽示范期	1973—1985 年	促进风电技术研发，推广风电利用	美国国家航空和航天局（NASA）和美国能源部（DOE）资助大型风机研制；1978 年颁布《公用事业管理政策法案》和《能源税法案》	风电产业开始起步，其中加利福尼亚州发展最为迅速
缓慢发展期	1986—1998 年	降低风电成本，提高风电竞争力，积极推动电力公司吸纳风电	1990 年颁布《太阳能、风能、废弃物和地热发电生产激励法案》；1992 年颁布《能源法案》；1994 年成立国家风能协调委员会，同期成立风能技术中心	形成了促进风电产业发展的有效激励政策，显著提升了美国风电产业的发展质量
快速增长期	1999—2008 年	创新风电激励手段，提出前瞻性风电发展目标	出台可再生能源配额（RPS）、强制性绿色电力购买（MGPO）、公共效益资金（PBF） 2005 年《能源政策法案》提出在 2007—2009 年可再生能源电力比例不得低于 3%，2010—2012 年不得低于 5%，2013 年之后不得低于 7.5%。2007 年《能源独立与安全法案》预计 2030 年风电在美国电力装机中所占比例可提高到 20%	从 2005 年开始，美国风电装机重新超过德国，位居世界第一

续表

阶段	时间	目标	主要政策手段	绩效评价
优化发展期	2009 年以后	创新激励手段，推动海上风电发展，增加就业	2009 年《美国复苏与再投资法案》提出将生产税收抵免（PTC）政策顺延至 2012 年，同时风电设施可利用投资税收减免以代替生产税收减免；2009—2010 年新建的风电场可以从财政部获得相当于风电设备成本 30% 的基金支持；2011 年发布《国家海上风电战略：创建美国海上风电产业》	装机容量增长，风机行业整体竞争力提升，陆上风电和海上风电齐头并进

资料来源：李红强、沈镭（2012）。

美国通过强制型推动政策如配额政策、市场准入政策、购电政策等为风电产业发展清除政策和体制障碍，以引导型激励政策如投资激励政策、生产激励政策、价格调控政策等支持风电产业化，以辅助型配套政策支持产业研发、开展风能资源评估，已经形成较为完善的政策框架。

（1）规范性政策：美国采用的可再生能源配额制（Renewable Portfolio Standards，RPS）规定电力生产商所提供的电能必须在一定比例上来自可再生能源。美国各州也制定相应的政策，这些政策在内容与力度上存在一定区别。目前，各州在使用风电政策工具时通常选择可再生能源配额、强制型绿色电力购买、公共效益资金等。

（2）激励性政策：1992 年颁布的《能源法案》中风电生产税收抵免（PTC）政策规定，使用风能的企业在项目建成的最初 10 年里，每生产 1 千瓦时电就可享受 0.18 美分的税收抵免，并可随物价指数变动而进行调整。

部分州政府采用系统福利基金制度，通过向传统能源电力消费者收取一定的附加费用从而用于支持可再生能源的发展，以转移支付的形式支持消费者安装使用可再生能源设备。

在多种利好政策推动下，美国风电产业优化发展，装机容量持续增长，陆上风电和海上风电齐头并进，风电产业从风机进口向出口转变，行业整体竞争力提升。同时，美国风电产业增加就业的效应逐步显现，美国已有 400 多家企业进入风机制造业，从业人员达 85000 人。

2. 欧盟：固定电价 + 政策补贴 + 设备监管

（1）葡萄牙：固定电价政策。目前葡萄牙执行的是固定电价政策，该政策适用于全国所有风电场。该政策规定，风电场在投资运行后 15 年内享受固定电价，在此期间电力系统在运营过程中必须优先保证风电上网，待运营满 15 年后风电场将面对自由竞争的电力市场，并根据竞价上网原则确定上网电量和电价。

虽然葡萄牙施行的是固定电价政策，但是政策制定者和监管者仍然可以通过调整相关参数来影响电价，依旧保留了政府适时引导风电市场和行业发展方向的权力。

（2）丹麦：转移支付补偿外部性。丹麦风电产业的典型特征是市场激励与政府目标相结合，政府于 1976 年、1981 年、1990 年、1996 年和 2004 年先后发布了 5 次能源规划，在 2004 年就已经提出 2020 年可再生能源发电量占总发电量的 20%，2050 年一次能源的总消费量中可再生能源至少要供应 50% 的目标。

在具体政策措施方面，丹麦通过征收碳税与基金补贴相结合的方式来支持可再生能源产业，征收碳税方式相当于用常规能源发电企业的转移支付来补贴风力发电企业，丹麦的风电补贴政策符合外部性原理，没有重复征税和对可再生能源发电企业征税的弊端。同时，丹麦《电力供应法》规定，可再生能源电力应优先于传统电力上网，如果电网公司不能在风电场建成发电时接受风电，电网公司应赔偿风电场一切费用。此外，丹麦还通过《电力改革方案》《电力供应法》《可再生能源法》等从法律层面对风电产业的发展给予支持，在风电研究与开发方面的投入达20亿欧元以上。

（3）德国：政府补贴、技术设备监管、固定电价等政策综合运用。德国是世界风电强国，在可再生能源发展中一直处于世界领先地位，政府的优惠政策在新能源产业发展过程中的作用举足轻重，这些政策措施包括各种形式的补贴、价格优惠、税收减免、贴息或低息贷款等。

德国的关税激励政策是通过控制关税来鼓励风电设备零件进口。同时，德国对技术设备认证和监测要求更为严格，为了提高新风电公司的风机质量和信用等级，德国将之加入达到国际标准的认证和监测制度中，从而促进德国风电产品进入国际市场。在融资机制上，系统效益基金、出口信贷及私人投资是德国风电发展的主要融资渠道。在定价机制上，德国结合国内具体国情探索出“德国式固定电价机制”，风电上网电价要建立在不同风电场的资源条件基础上，以保证一定的风电投资回报率为原则进行定价，并确定基准水平。

3. 日本：间接干预＋政策导引

日本自然资源的相对匮乏倒逼日本政府推动风能、太阳能等可再生能源的开发与利用，形成了以间接干预、公平竞争、全民贯彻为特征的产业政策体系。具体包括：新能源战略规划体系，如1974年日本实施的“新能源技术开发计划”；法律扶持体系，如1980年推出的《石油替代能源开发及引进促进法》；倾斜性产业政策体系，如1997年出台的《新能源利用促进特别措施法》；研究开发激励体系，如1993年的“新阳光计划”；企业社会责任引导体系；公民环保节能绿色意识教育体系。这种产业政策体系具备强大的系统性与扩张力，使其新能源产业蓬勃发展。

4. 韩国：强制本地化发展

近年来，为支持海上风电等可再生能源的发展，韩国政府大力推动并制定了许多政策，并计划于 2030 年前新增海上风电装机容量达到 12 吉瓦。与此同时，为推动韩国风电科技及产业链的发展，韩国政府在风电项目建设中主要部件的采购方面提出了一定的本地化采购比例要求[1]。2021 年韩国通过了两项针对可再生能源领域的关键法，一是《可再生能源法案》修正案，其中韩国政府提出了可再生能源配额制（RPS），二是 2021 年 8 月通过的《低碳、绿色增长框架法案》，该法案使韩国成为第 14 个合法确保净零目标的国家，该法案要求韩国政府将碳排放量从 2018 年的水平缩减至少 35%，随后时任总统文在寅在 10 月将这一比例修正为 40%。因而，韩国可再生能源的装机容量目标将会增加，到 2030 年海上风电装机容量将从目前的 12 吉瓦增至 18 ~ 20 吉瓦[2]。

（二）国内政策

1. 战略规划：循序渐进，推动有序发展

我国一直重视风电的开发与利用，在不同的发展时期制定不同的战略规划以促进风电产业的健康有序发展（表 3-11）。

1995 年印发的《新能源和可再生能源发展纲要》指出我国风能资源总量为 16 亿千瓦，约 10% 可供开发利用，提出 2000 年和 2010 年全国风能开发能力达到 30 万 ~ 40 万千瓦和 100 万 ~ 110 万千瓦的目标[3]。随后发布的《2000—2015 年新能源和可再生能源产业发展规划要点》等文件不仅提出了总量目标，更对风电发展方向作出指导。“十二五”开始，风电行业的顶层设计不断完善，从政策层面引导风电技术发展，推动近海和陆上风电

1　《全球海上风电政策汇总分析》，国际能源网，2023 年 1 月 30 日。
2　《韩国：2030 年目标装机提高至 18 ~ 20 吉瓦》，国际风力发电网，2022 年 10 月 10 日。
3　《关于印发〈新能源和可再生能源发展纲要〉的通知》，中国气候变化信息网，2002 年 10 月 8 日。

产业技术发展。“十三五”期间，国家坚持循序渐进发展风电，有序推进风电在各地区的开发利用。“十四五”期间，我国风电技术逐步成熟，国家政策趋向鼓励风光大基地建设，从根本上优化我国发电结构。

在发展方式上，《“十四五”可再生能源发展规划》提出，一方面，要大力推进风电和光伏发电基地化开发，统筹推进陆上风电和光伏发电基地建设，加快推进以沙漠、戈壁、荒漠地区为重点的大型风电太阳能发电基地，有序推进海上风电基地建设；另一方面，要积极推动风电和光伏发电分布式开发，积极推动风电分布式就近开发；此外，要统筹推进水风光综合基地一体化开发。《“十四五”可再生能源发展规划》提出坚持创新驱动、坚持多元迭代、坚持系统观念、坚持市场主导、坚持生态优先、坚持协同融合等六大基本原则[1]。

表 3-11　我国风电发展战略规划

时间	规划名称	发布部门	重点内容
1995 年	《新能源和可再生能源发展纲要》	国家计委办公厅、国家科委办公厅、国家经贸委办公厅	我国风能资源总量为 16 亿千瓦，约 10% 可供开发利用，提出 2000 年和 2010 年全国风能开发能力达到 30 万 ~ 40 万千瓦和 100 万 ~ 110 万千瓦的目标
2000 年	《2000—2015 年新能源和可再生能源产业发展规划要点》	国家经贸委	推动并网风电的商业化发展，2010 年达到 490 万千瓦，2015 年达到 700 万千瓦，并做好离网型风力发电技术的普及和推广应用
2007 年	《可再生能源中长期发展规划》	国家发展改革委	因地制宜发展风电场，促进风电技术进步与产业发展，实现风电设备制造自主化，提升市场竞争力，并提出了 2010 年全国风电总装机容量达到 500 万千瓦、2020 年全国风电总装机容量达到 3000 万千瓦的发展目标

1　《关于印发“十四五”可再生能源发展规划的通知》，国家发展改革委，2021 年 10 月 21 日。

续表

时间	规划名称	发布部门	重点内容
2008 年	《可再生能源发展“十一五”规划》	国家发展改革委	明确风电发展指导方针，即“以风电场的规模化建设带动风电产业化发展，促进风电技术进步，提高风电设备国产化制造能力，降低风电成本，增强风电的市场竞争力”，同时提出 2010 年风电总装机容量达到 1000 万千瓦、风电装备整机生产能力达到年产 500 万千瓦等发展目标
2011 年	《关于印发国家十二五科学和技术发展规划的通知》	科技部	重点发展 5 兆瓦以上风电机组整机、关键部件设计、陆上大型风电场和海上风电场设计和运营、核心装备部件制造、并网、电网调度和运维管理等关键技术，形成从风况分析到风电机组、风电场、风电并网技术的系统布局。积极推进 100 兆瓦级海上示范风场、10000 兆瓦级陆上示范风场建设，推动近海和陆上风力发电产业技术达到世界先进水平
2012 年	《关于印发风力发电科技发展“十二五”专项规划的通知》	科技部	注重风电机组整机以及零部件关键技术的开发、注重风电研究人才的培养，加强国际交流合作
2013 年	《国务院关于印发能源发展“十二五”规划的通知》	国务院	重点建设河北、蒙西、蒙东等风电基地，到 2015 年大型风电基地规模达到 7900 万千瓦，风能发电装机规模达到 1 亿千瓦
2016 年	《国家能源局关于印发〈风电发展“十三五”规划〉的通知》	国家能源局	发展风电已成为许多国家推进能源转型的核心内容和应对气候变化的重要途径，加快开发中东部和南方地区陆上风能资源，有序推进“三北”地区风电就地消纳利用，利用跨省跨区输电通道优化资源配置，积极稳妥推进海上风电建设。到 2020 年底，风电累计并网装机容量确保达到 2.1 亿千瓦以上，其中海上风电并网装机容量达到 500 万千瓦以上；风电年发电量确保达到 4200 亿千瓦时

续表

时间	规划名称	发布部门	重点内容
2017年	《国家能源局关于加快推进分散式接入风电项目建设有关要求的通知》	国家能源局	加快推动分散式风电开发，规范建设标准，加强规划管理，有序推进项目建设，加强并网管理，加强监管工作
2022年	《"十四五"可再生能源发展规划》	国家发展改革委、国家能源局、财政部、自然资源部、生态环境部、住房城乡建设部、农业农村部、中国气象局、国家林草局	可再生能源发电量增量在全社会用电量增量中的占比超过50%，风电发电量实现翻倍

资料来源：作者整理。

2. 政策设计：由补贴鼓励到驱动平价上网

随着我国风电建设规模的扩张与技术水平的提高，我国风电政策环境逐渐由补贴鼓励发展到现阶段的驱动平价上网，同时政策更加倾向于发展分散式风电项目以及强调风电并网和消纳能力。

从风电场行业发展政策来说，《2018年能源工作指导意见》提出优先发展分散式风电和分布式光伏发电，加快推动分散式风电发展；《产业结构调整指导目录（2019年本）》已经提出鼓励风电发展；《西部地区鼓励类产业目录（2020年本）》提出在贵州、陕西、甘肃、青海、宁夏、新疆、内蒙古等8个省份鼓励风力发电厂建设与运营。以此为代表的各种政策的出台表明行业政策覆盖面更加多元化，指导建设更加科学[1]。

我国风电上网电价经历了六个阶段（表3-12）。第一阶段：20世纪90年代初到1997年是完全上网竞争阶段，上网电价很低，基本参照当地煤

1 《2021年中国风电场行业相关政策汇总及重点解读》，前瞻网，2021年3月18日。

电厂上网电价。第二阶段：1998 年到 2002 年是审批电价阶段，上网电价由各地价格主管部门批准，报中央政府备案。第三阶段：2003 年到 2005 年是市场化阶段。2003 年国家发展改革委颁布《风电特许权项目前期工作管理办法》，风电特许权项目将竞争机制引入风电场开发，以市场化方式确定风电上网电价。第四阶段：2006 年到 2008 年是招标与核准方式阶段，电价标准根据招标电价的结果来确定。2006 年国家发展改革委制定《可再生能源发电价格和费用分摊管理试行办法》，规定“风力发电项目的上网电价实行政府指导价，电价标准由国务院电价主管部门按照招标形成的电价确定”。第五阶段：2009 年到 2018 年，风电电价进入固定标杆电价阶段。2009 年国家发展改革委颁布《关于完善风力发电上网电价政策的通知》，将全国分为四类风能资源区，风电电价水平分别为每千瓦时 0.51 元、0.54 元、0.58 元、0.61 元。第六阶段：2019 年后风电电价逐渐进入竞争电价与平价上网阶段。国家能源局出台的《关于 2019 年风电、光伏发电项目建设有关事项的通知》进一步降低了风电标杆上网电价，确定了平价上网节奏和日程[1]。

表 3-12 我国风电定价政策

电价阶段	时间范围	政策名称	发布时间	发布部门	重点内容
完全上网竞争阶段	1998 年前	《新能源和可再生能源发展纲要》	1995 年	国家计委办公厅、国家科委办公厅、国家经贸委办公厅	设立了国产风机攻关项目，支持风电场建设及风电机组研制。经过此阶段，我国建成了山东荣成风电场、福建平潭岛风电场、新疆达坂城风电一场与二场、内蒙古朱日和风场等并网风电场

1 《我国历年风电电价变化情况与政策发展历程》，新能源网，2019 年 8 月 7 日。

续表

电价阶段	时间范围	政策名称	发布时间	发布部门	重点内容
审批电价阶段	1998—2002 年	《关于进一步支持可再生能源发展有关问题的通知》	1999 年	国家计委、科技部	可再生能源并网发电项目在可行性研究阶段由当地物价部门审批电价（包括电价构成），并报国家计委备案。项目在还款期内实行“还本付息 + 合理利润”的定价原则，高出电网平均电价的部分由电网分摊；还本付息期结束以后的电价按电网平均电价确定
		《关于进一步促进风力发电发展的若干意见》	1999 年	国家经贸委	电网管理部门收购风电电量，应以物价部门批准的上网电价全部收购，其电价高于电网平均电价的部分在全省（区、市）电网范围内均摊
市场化阶段	2003—2005 年	《风电特许权项目前期工作管理办法》	2003 年	国家发展改革委	风电特许权项目，是指需通过公开招标选择投资者建设的风力发电项目，国家对风电特许权项目前期工作经费进行定额补助，由国家发展改革委负责安排，其余部分由各省（区、市）计委（发展改革委）负责安排
招标与核准方式阶段	2006—2008 年	《可再生能源发电价格和费用分摊管理试行办法》	2006 年	国家发展改革委	风力发电项目的上网电价实行政府指导价，电价标准由国务院价格主管部门按照招标形成的价格确定
固定标杆电价阶段	2009—2018 年	《关于完善风力发电上网电价政策的通知》	2009 年	国家发展改革委	分资源区制定陆上风电标杆上网电价，海上风电项目上网电价，今后将根据建设进程，由国务院价格主管部门另行制定。继续实行风电价格费用分摊制度

续表

电价阶段	时间范围	政策名称	发布时间	发布部门	重点内容
固定标杆电价阶段	2009—2018年	《关于海上风电上网电价政策的通知》	2014年	国家发展改革委	2017年以前（不含2017年）投运的近海风电项目上网电价为每千瓦时0.85元，潮间带风电项目上网电价为每千瓦时0.75元。鼓励通过特许权招标等市场竞争方式确定海上风电项目开发业主和上网电价
		《关于适当调整陆上风电标杆上网电价的通知》	2014年	国家发展改革委	将第Ⅰ类、Ⅱ类和Ⅲ类资源区风电标杆上网电价每千瓦时降低2分钱，调整后的标杆上网电价分别为每千瓦时0.49元、0.52元和0.56元
		《关于完善陆上风电光伏发电上网标杆电价政策的通知》	2015年	国家发展改革委	实行陆上风电、光伏发电上网标杆电价随发展规模逐步降低的价格政策
		《关于调整光伏发电陆上风电标杆上网电价的通知》	2016年	国家发展改革委	2018年1月1日以后核准并纳入财政补贴年度规模管理的Ⅰ～Ⅳ类资源区陆上风电项目上网电价分别为0.40、0.45、0.49、0.57元/千瓦时
		《关于开展风电平价上网示范工作的通知》	2017年	国家能源局综合司	要求各省（区、市）结合本地区风能资源条件和风电产业新技术应用条件，组织各风电开发企业申报风电平价上网示范项目，遴选1～2个项目于6月30日前报备能源局
		《关于公布风电平价上网示范项目的通知》	2017年	国家能源局	河北、黑龙江、甘肃、宁夏、新疆相关省（区）风电平价上网示范项目总规模70.7万千瓦

续表

电价阶段	时间范围	政策名称	发布时间	发布部门	重点内容
竞争电价与平价上网阶段	2019年以后	《关于2019年风电、光伏发电项目建设有关事项的通知》	2019年	国家能源局	推行竞争方式配置风电项目。从2019年起，各省（自治区、直辖市）新增核准的集中式陆上风电项目和海上风电项目应全部通过竞争方式配置和确定上网电价

资料来源：作者整理。

行业优惠政策则从原先的补贴鼓励建设向驱动平价上网的方向发展。国家能源局发布的《关于2019年风电、光伏发电项目建设有关事项的通知》明确要求积极推进并优先建设风电平价上网项目，严格规范风电补贴项目竞争配置，加大需国家补贴的风电项目竞争配置力度，2020年《〈关于促进非水可再生能源发电健康发展的若干意见〉有关事项的补充通知》则首次以文件的形式明确风电项目补贴的“全生命周期合理利用小时数”和补贴年限。随着风电价格政策完善，政府不断明确风电项目的补贴规定，实施风电竞价机制，减少风电对国家补贴的依赖。

在法律法规上，1995年的《中华人民共和国电力法》和1998年的《中华人民共和国节约能源法》都明确提出我国鼓励新能源和可再生能源的开发利用；2005年《中华人民共和国可再生能源法》颁布，这部法律通过税收减免、鼓励发电并网、全额收购、优惠上网价格等激励性政策鼓励企业与个人参与风力发电；2010年《中华人民共和国可再生能源法修正案》确定国家实行对可再生能源发电全额保障性收购制度，并公布对电网企业应达到的全额保障性收购可再生能源发电量的最低限额指标等。

在税收政策上，我国通过增值税优惠、关税优惠与税收减免对风电行业进行鼓励（表3–13）。在可再生能源法颁布之前，《国务院关于调整进口设备税收政策的通知》规定对于进口 1.5 兆瓦及以上风力发电设备整机可享受免征关税和进口环节增值税，财政部、税务总局《关于部分资源综合利用及其他产品增值税政策问题的通知》规定自 2001 年 1 月 1 日起实行按增值税应纳税额减半对风电征税，同时降低风力发电零部件的进口关税。在可再生能源法颁布之后，2008 年财政部《关于调整大功率风力发电机组及其关键零部件、原材料进口税收政策的通知》终止了原先对进口单机额定功率不大于 2.5 兆瓦的风电机组整机进口免税的政策，对国内企业为开发、制造大功率风力发电机组而进口的关键零部件、原材料所缴纳的进口关税和进口环节增值税实行先征后退，所退税款作为国家投资处理，以国家资本金用于企业新产品的研制生产以及自主创新能力建设。此项政策旨在以税收鼓励国内风电企业走自主创新之路，促进国内风电设备制造的本地化[1]。

表 3-13　我国风电产业税收政策

发布时间	政策名称	发布部门	重点内容
1997 年	《关于调整进口设备税收政策的通知》	国务院	在投资总额内进口的自用设备，以及按照合同随设备进口的技术及配套件、备件，除《国内投资项目不予免税的进口商品目录》所列商品外，免征关税和进口环节增值税。附录包含风能等新能源电站的建设和经营
2001 年	《关于部分资源综合利用及其他产品增值税政策问题的通知》	财政部、税务总局	风力生产的电力减半征收增值税
2007 年	《关于落实国务院加快振兴装备制造业的若干意见有关进口税收政策的通知》	财政部、国家发展改革委、海关总署、税务总局	对国内企业为开发、制造大功率风力发电机装备而进口的部分关键零部件和国内不能生产的原材料所缴纳的进口关税和进口环节增值税实行先征后退

1　《20 个风电企业税收政策大全》，国际能源网，2017 年 11 月 25 日。

续表

发布时间	政策名称	发布部门	重点内容
2008 年	《公共基础设施项目企业所得税优惠目录（2008 年版）》	财政部、税务总局、国家发展改革委	列明可以享受税收优惠的项目，包括风力发电项目
2008 年	《关于部分资源综合利用及其他产品增值税政策问题的通知》	财政部、税务总局	对利用风力生产的电力实现的增值税实行即征即退 50% 的政策
2011 年	《关于深入实施西部大开发战略有关税收政策问题的通知》	财政部、海关总署、税务总局	自 2011 年 1 月 1 日至 2020 年 12 月 31 日，对设在西部地区的鼓励类产业企业减按 15% 的税率征收企业所得税。风电企业享受此项政策
2015 年	《关于调整重大技术装备进口税收政策有关目录及规定的通知》	财政部、国家发展改革委、工业和信息化部、海关总署、税务总局、国家能源局	对单机额定功率大于 2 兆瓦的风电整机以及叶片、齿轮箱、发电机配套设备，自 2016 年 1 月 1 日起免征关税和进口环节增值税
2015 年	《关于风力发电增值税政策的通知》	财政部、税务总局	自 2015 年 7 月 1 日起，对纳税人销售自产的利用风力生产的电力产品，实行增值税即征即退 50% 的政策

资料来源：作者整理。

3. 标准体系：新增标准转向海上风电

为规范我国风电产业发展，建立和完善风电产业标准化体系，国家成立了风电标准建设领导小组和能源行业风电标准建设专家咨询组，组建能源行业风电标准化技术委员会。标准项目涉及陆上风电及海上风电整机、零部件、风电场、检测认证、运行维护等，基本形成了以国家标准为核心、行业标准为配套支撑的标准体系。我国风电标准体系不断完善，基本覆盖了风电产业的主要环节，在风电场规划设计、风电场施工与安装、风电场运行维护管理、风电并网管理技术、风力机械设备、风电电气设备等方面制定风电标准框架，在风电机组整机、部件的设计、制造、采购、使用及维护过程中得到广泛应用，在我国风电设备质量检测、认证以及风电场开发等领域发挥出重要的技术指导作用。

（1）国家标准。在国家“全国标准信息公共服务平台”检索“风电、风力发电”关键词，共有现行国家标准 120 条，其中 2015 年之后制定修订共 78 条，可以说是起步晚、发展快。目前我国的风电国家标准不仅包括跨能源和其他行业的术语、图形符号、分类编码等基础通用标准，也包括不同类型风力发电机组的通用技术条件、试验方法以及验收规范，还包括风能资源测量与评估方法等内容（表 3-14）。

其中，由中国能建规划设计集团广东院主编的国家标准《海上风力发电场设计标准》自 2019 年 10 月 1 日起实施。作为首部海上风力发电场国家标准，该标准达到了国际先进水平，填补了我国海上风力发电场设计标准的空白。

表 3-14　我国风电国家标准列举

序号	标准号	标准名称	类别	适用范围
1	GB/T 30966-2022	风力发电机组　风力发电场监控系统通信	方法	风电场各组成部分互联通信问题
2	GB/T 17646-2017	小型风力发电机组	产品	小型风力发电机组规范
3	GB/T 25386-2021	风力发电机组　控制系统	产品	风力发电机组控制系统
4	GB/T 25388-2021	风力发电机组　双馈式变流器	产品	双馈式变速恒频风力发电机组
5	GB/T 40082-2021	风力发电机组　传动链地面测试技术规范	方法	适用风轮扫掠面积大于 200 平方米的水平轴风力发电机组
6	GB/T 41512-2022	分散式风力发电机组	产品	分散式风力发电机组
7	GB/T 36712-2018	节能评估技术导则　风力发电项目	方法	新建、新改、扩建风力发电项目节能评估

续表

序号	标准号	标准名称	类别	适用范围
8	GB/T 25385-2019	风力发电机组　运行及维护要求	方法	所有并网型陆上机组的运行维护
9	GB/T 36995-2018	风力发电机组　故障电压穿越能力测试规程	方法	故障电压测试
10	GB/T 51308-2019	海上风力发电场设计标准	方法	海上风力发电场设计

资料来源：作者整理。

（2）行业标准。在国家标准难以满足地方风电产业发展需要的问题日益明显的背景下，各省份积极成立本省份的风电标准化委员会，制定地方标准。风电团体标准从风电场绿色评估指标、风力发电装备制造业零部件供应商评价规范以及海上风电机组验收规程等方面制定了管理规范[1]。行业标准作为国家标准的补充，是在全国行业范围内统一的技术要求。相比于国家标准，行业标准更加具有针对性和专业性。目前我国的风力发电行业标准主要包括风力发电场前期的设计技术规范、安全规范、环境条件等，后期建设运行、检修、测试、验收等流程的各项规程，以及控制系统、监测装置、变频器等相关产品的规范标准（表 3-15）。

表 3-15　我国风电行业标准列举

序号	标准号	标准名称	类别	适用范围
1	NB/T 10105-2018	海上风电场工程风电机组基础设计规范	工程建设	海上风电场工程的基础结构设计
2	NB/T 31115-2017	风电场工程海上升压变电站设计规范	工程建设	适用于交流 110~500 千伏电压等级的固定式海上升压变电站

1　孙李平：《提升质量管理的标准水平 适应风电高质量发展的要求》，海南省绿色金融研究院，2021 年。

续表

序号	标准号	标准名称	类别	适用范围
3	DL/T 796-2012	风力发电场安全规程	安全	海上和陆上并网型风力发电场。规定了人员、环境、安全作业、运行、检修等安全要求
4	NB/T 31060-2014	风力发电设备环境条件	基础	我国各地区使用的风力发电设备。规定了影响风力发电设备服役的环境参数
5	DL/T 666-2012	风力发电场运行规程	方法	陆上风电场。规定了风力发电场监视、操作、巡视检查、异常及故障处理等技术要求
6	DL/T 797-2012	风力发电场检修规程	方法	并网运行的陆上风力发电场。规定了风力发电场检修的技术要求
7	NB/T 31051-2014	风电机组低电压穿越测试规程	方法	风电机组低电压穿越能力的测试
8	NB/T 31111-2017	风电机组高电压穿越测试规程	方法	风电机组高电压穿越能力的测试
9	NB/T 31054-2014	风电机组电网适应性测试规程	方法	并网型风电机组。规定了电网适应性测试的测试内容、测试设备、测试程序和测试数据
10	NB/T 31065-2015	风力发电场调度运行规程	方法	通过35千伏及以上电压等级输电线路并网运行的风电场的调度运行管理
11	NB/T 31076-2016	风力发电场并网验收规范	方法	新建或改（扩）建风力发电场的涉网电气设备及性能验收工作
12	NB/T 31099-2016	风力发电场无功配置及电压控制技术规定	方法	通过35千伏及以上电压等级交流线路与电力系统连接的新建或扩建风电场
13	NB/T 31094-2016	风力发电设备海上特殊环境条件与技术要求	方法	在海上特殊环境条件下，风力发电设备设计、运输、贮存、运行等过程

续表

序号	标准号	标准名称	类别	适用范围
14	NB/T31103-2016	风力发电机组主控制系统软件功能技术规范	产品	增加为直驱永磁、中速永磁以及双馈风电机组类型
15	NB/T 31122-2017	风力发电机组在线状态监测装置技术规范	产品	并网型风力发电机组传动链部件等的运行状态监测
16	NB/T 31126-2017	风力发电机组变桨驱动变频器技术规范	产品	并网型风力发电机组电动变桨驱动变频器 / 伺服驱动器的技术要求、试验方法

资料来源：作者整理。

除上述现有标准外，按照《国家能源局综合司关于下达2023年能源领域行业标准制修订计划及外文版翻译计划的通知》，2023年国家能源局新增能源领域行业标准制定共665条，其中风电行业标准34条，主要集中在海上风电，陆上风电设备改造及维护运营方面。

其中工程建设标准集中在风电光伏与光热一体化发电、风电场升级改造、风电场并网通信系统技术规范、海上风电场工程技术规范等方面。其中，多条规范涉及漂浮式海上风电场工程以及电力机组施工。

方法标准主要有风电场并网孤岛保护、工程信息模型技术规范、设备检修管理、工程项目建设工期等方法标准；风力发电机组方面，有轴电压轴电流、风冷变流、齿轮箱骨架、主轴轴承、焊接件、螺栓在线监测、阻尼器运行维护、叶片防冰涂覆改造等试验方法及技术规范的方法标准。

产品标准方面主要是风力发电机组相关的产品标准，如风力发电机轴电压轴电流在线监测设备技术要求、机组偏航集电环技术规范、机组用高压设备通用技术要求、机组偏航储能后备电源技术规范等。

此外还补充了风电场升级改造工程投资编制导则管理标准和海上、陆上风电场的安全生产标准。

2024—2025 年风电行业计划新增标准制定项目见表 3-16。

表 3-16　我国风电行业 2024—2025 年计划新增标准项目

序号	标准项目名称	类别	适用范围
1	风电场升级改造工程投资编制导则	管理	适用于风电场升级改造工程的投资编制工作
2	海上风电场安全生产标准化实施规范	安全	适用于海上风电企业开展安全生产标准化达标工作
3	陆上风电场安全生产标准化实施规范	安全	适用于陆上风力发电企业开展安全生产标准化达标工作
4	风电光伏与光热一体化发电项目规划报告编制规程	工程建设	适用于新建、扩建风电光伏与光热一体化发电项目的规划
5	风电光伏与光热一体化发电项目可行性研究报告编制规程	工程建设	适用于风电光伏与光热一体化发电项目可行性研究报告的编制
6	风电场并网通信系统技术规范	工程建设	风电场通信系统的规划、设计、建设及验收工作
7	陆上区域风电可开发量评估技术规范	工程建设	适用于区域陆上风电可开发量评估
8	风电场升级改造工程可行性研究报告编制规程	工程建设	为规范风电场升级改造工程可行性研究报告编制的内容、深度和技术要求，保障编制过程中贯彻执行国家的技术经济政策，做到安全适用、技术先进、经济合理、确保质量、保护环境，制定本规程
9	漂浮式海上风电场工程可行性研究报告编制规程	工程建设	适用于漂浮式海上风电工程可行性研究报告编制
10	漂浮式海上风电场工程风机布置及发电量计算技术规程	工程建设	规范和指导漂浮式海上风电场工程风机布置和发电量计算
11	海上风电场生活平台设计导则	工程建设	适用于新建、改建、扩建的固定式基础结构的海上风电场工程生活平台设计

续表

序号	标准项目名称	类别	适用范围
12	漂浮式海上风电机组施工导则	工程建设	适用于漂浮式海上风电机组的施工作业
13	漂浮式海上风电场工程施工组织设计导则	工程建设	适用于漂浮式海上风电项目施工技术指导及规范施工技术文件的编制
14	风光储场站并网孤岛保护配置与整定技术规范	方法	规定了风电场、光伏电站及储能电站接入电网孤岛保护的配置要求及整定原则
15	风力发电机组轴电压轴电流技术要求和测试方法	方法	适用于风力发电机组轴电压轴电流的相关技术要求和测试方法
16	风力发电机可靠性设计规范	方法	适用于大容量陆上和海上风力发电机组风力发电机在研制、运行、改进过程中所开展的可靠性指标计算
17	风力发电机组风冷变流器散热技术要求	方法	适用于风力发电机组用风冷双馈变流器，及采用风冷散热的部分全功率变流器的散热设计和试验
18	风力发电机组齿轮箱骨架密封性能及可靠性试验方法	方法	适用于风力发电机组齿轮箱骨架密封产品性能及可靠性的试验研究和评价工作
19	风力发电机组主轴轴承台架试验方法	方法	适用于风力发电机组主轴承在模拟实际运行载荷，转速和特定的工况下，检验其满足预期的运行能力；针对已知的风电主轴承失效模式，在台架上验证其运行的鲁棒性
20	风力发电机组焊接件有限元分析技术规范	方法	适用于风力发电机组焊接件的有限元分析
21	风电场工程信息模型技术规范	方法	适用于风电工程全生命周期信息模型的创建、使用和管理
22	风力发电机组螺栓在线监测技术规范	方法	适用于风机 M6 ~ M64 螺栓在线监测
23	风力发电机组阻尼器运行维护规程	方法	适用于并网型风力发电机组的调谐质量阻尼器、液体阻尼器的运行维护工作
24	风力发电机组叶片防冰涂覆改造技术规程	方法	适用于运维过程中风电机组叶片防冰材料涂覆。新建机组可参照执行

续表

序号	标准项目名称	类别	适用范围
25	风力发电机组叶片前缘防护改造技术规程	方法	适用于陆上和海上风电机组叶片前缘防护的设计、施工、验收及运行维护
26	风力发电场设备检修管理导则	方法	适用于陆上并网型风电场设备检修管理，海上风电场及分布式风电场可参照执行
27	风电场工程项目建设工期定额	方法	适用于新建、扩建的陆上和海上风力发电工程、陆上及海上升压站工程
28	风力发电机组轴电压轴电流在线监测设备技术要求	产品	适用于风力发电机组轴电压轴电流监测系统的设计规范、功能要求、试验验收等
29	风力发电机组偏航集电环技术规范	产品	适用于风力发电机用偏航集电环的设计、开发及验证
30	风力发电机组用高压设备通用技术要求	产品	适用于风力发电机组用高压设备设计与试验
31	风力发电机组偏航储能后备电源技术规范	产品	适用于风力发电机组偏航电化学储能后备电源系统，作为设计、制造、试验和认证的依据
32	风力发电机绝缘系统防潮试验方法	产品	规定了风力发电机绝缘系统防潮试验规程和验收标准，适用于使用成型绕组绝缘结构的风力发电机
33	风力发电机定转子分瓣设计技术规范	产品	适用于分瓣式定子、转子结构的风力发电机设计
34	海上风电用海缆保护装置 第 1 部分：弯曲限制器	产品	适用于海上风机平台、海上石油平台海缆护管下端口到海床面对海缆的保护，同样适用于脐带缆、柔性管的弯曲保护

资料来源：作者整理。

我国现有风电标准体系还存在一些问题。

一是现有风电标准体系技术质量管理水平偏低，近两年来风电设备质量问题偶有发生，对行业发展造成负面影响。

二是风电标准建设滞后，存在“海上风电”抢装等问题。由于我国风电自主创新技术能力有待加强，在标准的研究、形成、采纳实施方面有所滞后，早期制定的标准已经不能够适应目前产业发展的需要，部分国外标准经转化后又未能完全适用于我国的工况环境，从而在标准制定与风电发展之间存在脱节的问题。总之，标准体系不完善、标准贯彻执行不规范等问题，已成为制约我国风电产业进一步提高技术水平和运行质量的关键。

伴随着我国风电整机、零部件技术水平的持续提升，加快对相对滞后的标准进行修订是推动产业发展的必要选择。为此，要继续积极关注先进的国际标准并进行转化，除此之外，还应加大标准实施力度以及标准化工作人员培训；重点围绕风电行业的技术创新迭代、新材料引入、新工艺应用、新领域开拓等，通过制（修）订标准来补充完善标准体系。

4. 发展成效及发展方向

（1）发展成效。在政策引导下，我国风电产业实现了高质量发展，2016—2022 年，我国风电累计并网装机容量规模不断攀升，增速也保持在较高水平[1]。截至 2023 年底，全国风电累计装机容量达 4.4 亿千瓦。

（2）发展方向。①陆上风电：未来将聚焦分布式风电建设和老旧风电场升级改造。《“十四五”可再生能源发展规划》提到，集中式与分布式齐发展是“十四五”期间我国风电开发的重要战略。未来集中式开发模式主要布局在海上和“三北”地区，而分布式开发模式则主要布局在我国中部、东南部地区以及广大农村地区。风电下乡预示着未来我国将在分布式风电建设上进一步发力。

老旧电厂改造将为市场带来新容量。一方面，部分 2000 年安装的机组逐渐老化，使用寿命将尽；另一方面，老旧电厂容量低，利用率低，明显落后于当前水平。随着大型化机型的效益逐步凸显，小容量机型存在一

1 《2023 年中国风电行业市场现状、竞争格局及发展前景分析》，前瞻产业研究院，2023 年。

定的潜在更新需求。以上风机的更新将使得市场扩大，受益于市场质与量的提升，风电企业有望进一步提升运营效率。

②海上风电：未来将聚焦持续降本和走向深远海。陆上风电进入平价上网时代，海上风电也将在政策鼓励下加速平价上网进程。全球海上风电新建项目度电成本从2010年的0.162美元降至2020年的0.084美元时，降幅达48%；其中，我国海上风电度电成本从2010年的0.178美元降至2020年的0.084美元，度电成本在0.55元上下。相较于沿海各省0.35～0.4元/千瓦时的燃煤基准价格，海上风电成本仍有下降的必要。保守估计，海上风电实现全面平价的时间节点会在2024年。未来海上风电降本依然会围绕大型化、规模化展开，提升容量并形成规模化的开发模式。

未来深远海风力发电也是我国发展重点，预计我国深远海地区风能储量是近海的三倍以上。我国海上风电建设向着深远海域拓展是未来发展的必然趋势。深远海风电场风速更快、利用小时数更高、发电效率更高，有助于风能质量提高、摊薄初始投资以及后期运维成本[1]。

（三）国内外政策对比

1. 整体发展方向

虽然各国在具体政策上并不完全相同，但都通过“推动力”与“引导力”的有机结合促进风电产业发展。

从推动政策来说，各国都通过强制性购电、市场准入等政策为风电市场发展提供保障，强制性是推动政策的主要特征。例如，美国可再生能源配额制要求实施地区的电力消费中必须有规定比例的可再生能源电力，德

1　任泽平团队：《风电：新能源绿电，走向深远海》，泽平宏观，2022年。

国则要求电力公司必须允许风电就近上网并包销电量，这些强制性市场准入政策为风电市场需求提供保障。而日本政府制定到2010年风电装机容量达到300万千瓦的目标、德国政府规划到2010年风电比例上升到10%等一系列规模限定政策则通过对风电规模的宏观调控保证风电在不具备竞争优势时也能占据足够市场份额。在风电电价高于火电、水电时，强制性购电政策能够保障风电消费，日本1995年的《电力事业法》修订案规定电力公司必须按当地售价收购风电。

从引导政策来说，引导政策以激励性与公共服务性政策保障风电发展。激励性引导政策旨在以拓展融资渠道、发放投资补贴、税收减免等手段提高投资积极性。德国政府对风电项目给予25%的投资补贴；印度政府为风电投资者提供多种优惠；我国对利用风能生产的电力实现的增值税实行即征即退50%的优惠。此外，各国还运用风电电价调控政策鼓励风电发展。公共服务性政策通过宣传教育、研发投入等引导投资商、生产者、消费者正确认识风电的特性。欧盟针对旨在增加可再生能源的使用和市场份额的ALTENER（可再生能源项目）的2期项目重新划拨专项经费用于可再生能源信息的传播。丹麦政府在1976—1996年对风电的研发投入达3.5亿丹麦盾。

2. 国内外政策差异

各国政府在风电产业政策上的差异主要表现在具体政策措施的选择上。从电价政策来说，配额制与固定电价制度是两种主要制度，前者主要在美国、英国及澳大利亚等国家施行，而以葡萄牙为代表的欧洲国家主要实行后者。在补贴方式上，基金与碳税是两种主要补贴方式，丹麦则将两者结合进行补贴。从并网政策来说，丹麦主要配套强制性措施和税收优惠政策鼓励风电上网，以《电力供应法》要求电力公司接受风电。我国政府则采取法律、经济等方面措施。

3. 我国政策的独特性

（1）要求一定的国产化率。我国重视风电设备国产化，制定了一系列扶持政策规范风电设备生产，促进风电设备本地化。“九五”期间国家计委通过“乘风计划”逐步提高风电设备国产化率。2003 年，国家发展改革委通过风电场特许权项目，要求国内风电项目国产化比例不小于 70%。2006 年第四期特许权招标中更是明确要求风电机组制造商与开发商捆绑投标，各参与投标的装备制造商都与主要部件供应商签订供货协议，制定出达到 70% 的国产化率的方案和时间表。2005 年 7 月国家发展改革委发布的《关于风电建设管理有关要求的通知》明确规定风电设备国产化率要达到 70% 以上，不满足设备国产化要求的风电场不允许建设，进口设备海关要照章征税。尽管这种一刀切的办法因为可能打击投资积极性而被取消，但对国产化的追求仍然在税收优惠等政策中有所体现。

（2）政策渐进式调整，向市场驱动转型。我国风电行业的政策呈现出根据产业发展情况进行渐进式调整的特点，并逐渐从政策驱动转向市场驱动，由短效激励机制逐渐向长效发展机制转变。自我国大力发展风电产业以来，国家和各地方政府持续推出优惠性的财政补贴等政策，受政策驱动影响，我国风电产业迅速成长，同时不可避免地带来了发展的依赖性，不利于风电产业的长期健康发展。2018 年 5 月国家能源局首次提出推行竞争方式配置风电项目，要求各省份参照制定风电项目竞争配置办法。2019 年平价上网成为风电行业的高频关键词，中央以及各地出台了多项具有极强针对性的政策，取消补贴的时间表随之明确，自 2021 年起，新核准的陆上风电项目全面实现平价上网，国家不再补贴[1]。

竞争方式配置风电项目以及平价上网取消补贴的政策体现了我国风电

1 《2019 年中国风电政策盘点》，北极星风力发电网，2020 年 4 月 9 日。

产业由政策驱动发展转为市场驱动发展的发展方向，财政补贴、税收减免等短效激励政策有助于风电产业的迅速成长，但风电产业在新周期中保持健康发展仍需要长效机制的支持。

四、我国风电产业发展面临的问题与挑战

我国风电产业发展仍有待提高，在未来将面对多重挑战，分别是自然环境约束、挖掘市场新的增长潜力、国际竞争加剧、平价时代到来等挑战。

（一）面临的问题

1. 技术问题：产业链发展不充分、核心技术能力不足

目前，我国风电产业发展仍存在诸多技术性问题。首先，风电产业链发展不够完善，不仅产业主动支撑能力和适应电力系统干扰能力不足，造成应急保障能力欠缺，而且退役风电机组回收处理技术发展成熟度不高，不能支撑风电产业实现全生命周期绿色闭环式发展。其次，风电产业技术精细程度不足，在风能资源预报准确度、风电发电功率预测精度等方面有待提升。最后，我国风电整体行业的科技水平仍然有待提升，核心技术尚处于科技攻关状态，特别是发展海上风电所需要的相关技术，如超大型海上风电机组、高海拔大功率风电机组等关键技术和深远海海域海上风电勘察、施工、输电、运维等新技术，仍处于研发与试验阶段，应用场景不足，有待进一步推广普及。

2. 市场问题：国际高端市场占比低，核心部件国产化率低

根据我国海关总署数据，2023 年我国风力发电机组总进口数量为 775 台，进口均价为 4355.4 美元 / 台；总出口数量为 49854 台，出口均价为

13611.5 美元 / 台[1]。可以看出，虽然我国风力发电机组出口额远大于进口额，属贸易顺差产业，但我国风电产业在世界市场中仅占据数量优势而不占据质量优势，国际高端市场占比不足。

此外，虽然我国风电机组整机供应能力较强，但风电机组的核心部件轴承的国产化率仍处于较低水平。根据能源咨询顾问公司伍德麦肯兹（Wood Mackenzie）的数据，2019 年我国大部分风电机组核心部件基本实现国产化，例如塔筒国产化率达到 100%，发电机国产化率达到 93%，机舱、齿轮箱、变流器、叶片等核心部件的国产化率也达到 70% 以上。但是轴承的国产化率仍然较低，主轴轴承的国产化率仅为 33%，变桨与偏航轴承国产化率也仅为 50%[2]。轴承作为为风电机组的正常运行提供定点支撑的核心部件，对提高机组稳定性与持久性至关重要。轴承国产供给能力不足将降低我国风电机组制造的自主程度，不利于风电产业的长远发展。

3. 政策问题：政策依赖性强，竞争机制尚不完善

长期以来，我国大力发展风电产业并相继发布了一系列相关政策，为风电企业提供优惠和补贴，这些政策确实促进了我国风电产业早期快速发展，但也使得部分风电企业产生政策依赖而无法适应市场竞争。2019 年国家发展改革委发布的《关于完善风电上网电价政策的通知》规定，自 2021 年 1 月 1 日起，新核准的陆上风电项目全面实现平价上网，国家不再补贴[3]。这一政策的出台使得风电产业需要摆脱以往的政策依赖，由政策驱动转变为市场驱动发展。在电价政策变动后，大量风电企业为了能够搭上优惠“末班车”，作出与自身实际不相符的非理性投资，极度扩大了项目投资范围与投

1 数据来源于海关统计数据查询平台，风电发电机组商品编码为 85023100。
2 《2019 年我国风电核心部件的国产化率情况》，伍德麦肯兹，2022 年。
3 《国家发展改革委关于完善风电上网电价政策的通知》，中国政府网，2019 年 5 月 25 日。

资力度，造成“风电抢装”潮，扰乱市场秩序。此外，目前我国风电产业绝大多数的竞标报价仍是“价格至上、价低者得”，尚未能将设备质量、技术水平等因素量化到评估过程中，这不仅加大了风电设备的运行风险，还增加了后期的运维成本，对风电产业健康发展造成不利影响。

4. 供需问题：地域性发展不均衡、消纳能力不足

根据全国新能源消纳监测预警中心的数据，2023 年 1 月全国风电利用率水平达到 95.5%，其中江苏、浙江、上海、安徽等 12 个地区的风电利用率达到 100%，而河北、河南、青海等地则低于全国平均水平，蒙西与蒙东地区的利用率更是处于 90% 以下，分别为 84.8% 和 88.9%[1]。风能产业地域性发展的不均衡不利于充分利用各区域风能资源，还可能造成各区域电量供需不均衡的情况，增加运输与损耗成本。我国风电产业现仍处于技术发展阶段，现有技术水平还不足以支撑风能的充分利用与转化，与风电产业配套的电网规划建设滞后，运营管理机制不完善，消纳能力有待提升。

（二）未来挑战

1. 自然环境约束趋紧，环保要求持续加强

近年来，绿色高质量发展成为经济建设的关键词。在越发重视自然环境保护的今天，风电产业的发展受到自然环境的约束也越发加强。2020 年，因开发风电场后未修复被破坏的植被，国家电投下属重庆公司被要求暂停项目并进行整改；同年年底，内蒙古将全区 50.46% 的国土划入生态保护红线，不再新建风电项目[2]，同时逐步拆除已建设项目。因此，就风电

---

1 《2023 年 1 月全国新能源并网消纳情况》，全国新能源消纳监测预警中心，2023 年 3 月 21 日。

2 《内蒙古划定生态保护红线 全区 50.46%国土面积被划入》，央视网，2020 年 12 月 27 日。

产业未来发展而言，如何做好环保工作成为一大挑战。具体来说，如何制定生态评估和项目环境友好度评估标准、如何将环保理念融入项目设计规划当中、如何在不造成原有自然环境大面积毁坏的前提下最大程度地实现风电项目经济效益仍然有待进一步探索。

2. 现有市场趋于饱和，亟待挖掘新的增长活力

随着我国风电产业飞速发展，市场容量将成为一大关键问题。在未来大型风电基地建设基本完成的情况下，如何为趋于饱和的市场探索新方向、拓展新容量、发掘新潜力，需要我国提早进行战略布局。企业可以从国际市场与国内结构两方面入手：国际市场方面，风电企业需要重点提升核心技术水平，从而提高在国际市场的竞争力，提高国际风电高端市场的占有率；国内结构方面，要充分利用我国的自然资源，以海陆并举为发展方向，加大对陆上分散资源及海上远海资源的利用力度，实现陆上集中式与分布式并举、海上近海与远海并举的全面发展模式。

3. 国际竞争加剧，受别国贸易保护限制

在全球经济增长相对乏力的现状下，世界各国都加强了对本国经济的重视程度，以经济复苏政策和贸易保护政策大力扶持本国制造业发展，加大对核心技术的研发力度。这将加剧国际风电产品市场的竞争激烈程度，为我国风电产业的国际发展带来严峻考验。

2023 年 3 月，欧盟发布《净零工业法案》，旨在提升欧盟本土的清洁能源制造业在国内与国际上的竞争力，改变欧盟一向作为清洁能源制造业产品主要进口经济体的地位[1]。针对这一挑战，我国风电产业需采取价格与质量并举的应对措施，通过规模聚集效应等方式降低产品价格，通过加大

1　《欧盟〈净零工业法案〉和〈关键原材料法案〉解读》，碳中和与可持续发展微信公众号，2023 年 5 月 29 日。

科研创新力度等方式提高产品质量，从而向市场提供质量优秀、价格合理的产品，从竞争激烈的国际市场中脱颖而出。

4. 平价时代到来，市场化转型压力加大

平价时代的到来使得我国风电产业与企业亟须转型升级。在平价时代，风电项目不再享受国家政策补贴，而是要融入市场化建设发展，这向风电开发商，尤其是一些发展不够成熟、资金相对匮乏的企业提出重大挑战。如果缺乏合理的发展规划与战略布局，这些企业极有可能出现经营困难的局面，乃至陷入财务危机。风电产业具有项目规模大、建设周期长、前期投资大等特点，在建项目比较缺乏灵活性，难以及时适应国家有关政策变化，可能会因政策变动而影响建设进程。此外，我国风电企业尚未发展成熟，科技水平的提高和成本的降低都存在不能达到预期的风险，这可能会给风电企业带来资金周转不顺的影响，严重情况下还将通过风电开发企业将影响传导至上游的原材料企业和下游的风电运维企业等，从而影响行业整体健康发展。

五、我国风电产业发展趋势与规模展望

随着平价时代的到来，提升效率将成为主旋律。未来风电将延续效率迭代、产能迭代、技术迭代和模式迭代四大方向，全方位提升发展水平。

（一）发展趋势

我国风电行业完全进入平价时代。陆上风电在 2021 年进入全面平价开发阶段，价格补贴完全退坡，这也证明我国风电技术已经全面走向成熟。价

格的补贴退坡必然对风电企业提出更高的要求，提升效率将是“平价时代”的主旋律，“迭代”将成为行业核心关键词。基于此，未来风电发展将延续四大迭代方向：用率迭代、产能迭代、技术迭代、模式迭代。

1. 趋势一：用率迭代，全面提升消纳能力

风力、风向、风速的不固定性导致风力发电的周期也是不固定的，这就给电力并网造成了很大的困难。在风电刚刚兴起的时候，我国曾在“三北”（西北、东北、华北）地区大规模兴建风电场，寄希望于迅速驭风发电。但由于电能并网的瞬时性和风力发电的不易受控性，当所需发电量超过当地电网的消纳能力后，整个电网负担过大，会通过关机的方式暂停发电，以保证电网的稳定运营，造成了“弃风”现象。

在 2017 年之前，我国弃风率几乎始终维持在 10% 以上，部分地区的弃风率甚至超过 20%，浪费现象较为严重（图 3–20）。

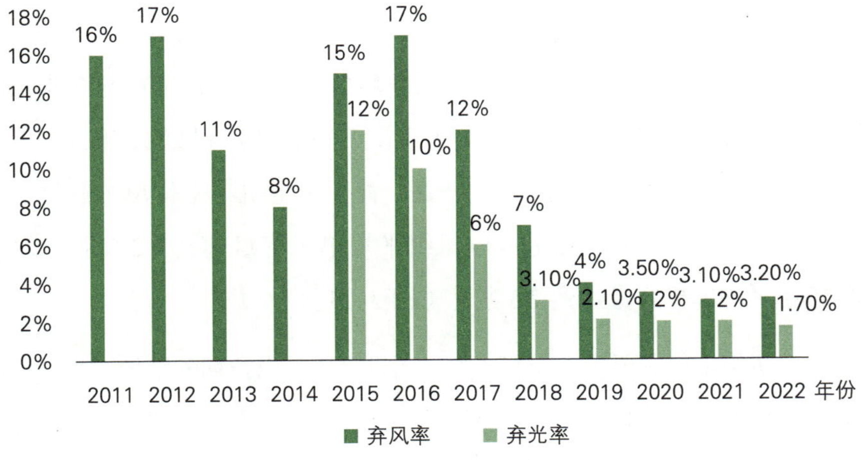

图 3–20　2011—2022 年弃风弃光率

资料来源：中国能源网、国家能源局、东吴证券研究所。

在风电产业发展早期，行业各项技术均不够成熟，因此制造成本相对较高，再加上盲目扩产造成的“弃风”现象，风电成本一度远高于火电。

同时，由于风力大的地方通常地理位置偏远，短期内很难完成电网铺设，电网消纳能力提升速度较慢。

伴随着风电机组制造技术的成熟和配套电网的完善，2022 年全国弃风率已降至 3.2%，风电成本更是直线下降。从 2018 年开始，“三北”地区消纳能力实现大幅提升，并逐步开始装机解禁，地区装机增长速度已有所提升，持续提升用率是风能产业发展的一大关键。

2. 趋势二：产能迭代，以大代小

风电能效提升主要依靠风机大型化，大型风机虽然有造价较高的缺点，但其高发电量能够显著摊薄风机发电成本。现阶段风电行业最前沿的风机企业已经推出 6 ~ 8 兆瓦的大型风机，风电机组正朝着“大容量”的方向发展。

我国风电产业大规模发展起始于 2008 年，该时期中国风电机组产业技术的不成熟致使早期机组功率小、质量差，性价比低，甚至出现了很多 1 兆瓦以下的微型风机。

回溯历史，在 2012 年之前，我国新增的风电机组几乎都是 2 兆瓦以下，直至 2016 年 2.5 兆瓦以上机组才逐渐开始普及。到 2021 年，中国陆上风电机组平均单机容量达到 3.1 兆瓦，海上风电机组平均单机容量达到 5.6 兆瓦。2022 年，中国陆上风电机组平均单机容量达到 4.2 兆瓦，海上风电机组平均单机容量达到 7.5 兆瓦（图 3–21）。

风电机组不仅需要投入安装成本，而且需要付出长期的维护成本。早期不成熟的技术造成当时的机组性能欠佳，维护成本高昂，因此小型风机并不划算。很多运营企业均在发现早先安装的小型风机甚至不能赚回运营成本后选择暂停维护，弃置变成“孤儿机组”。而得以继续运营的机组也存在诸如设备老化、叶片断裂、飞车倒塔等问题，甚至部分机组存在维修难的困境，早期引进技术不成熟，进口零件通用率低，维修需要大量的人力物力。

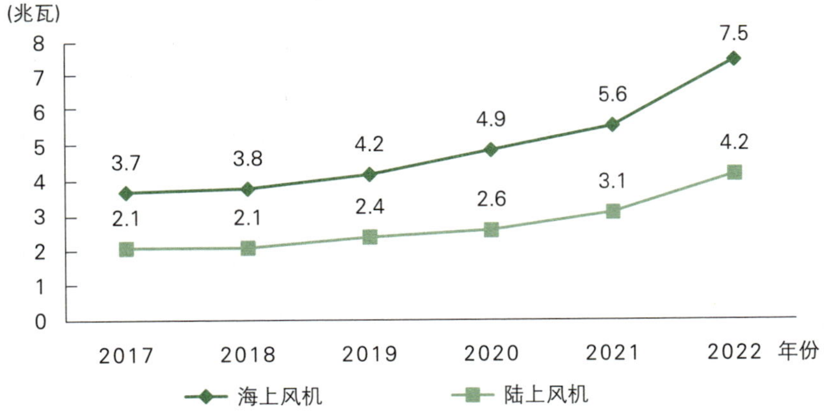

图 3-21　2017—2022 年我国海上和陆上风电机组平均单机容量变化

资料来源：中国可再生能源学会风能专业委员会、安信证券研究中心。

尽管技术存在较大缺陷，但早期风电机组并非一无是处，提早布局帮助企业抢到了优秀的风口点位，在风电技术越发成熟的今天，优秀的风口点位的小型机组有望被置换成更大的机组，提供新的增量。

据国家发展改革委能源研究所测算，2021—2030 年全国风电机组累计改造退役容量将超过 6000 万千瓦，其中 2000 万千瓦在 2025 年前改造完成，单机容量 1.5 兆瓦以下的机组是主要退役或改造的对象（表 3-17）。

表 3-17　全国新增装机风电机组平均单机容量分布

运行期限	单机容量	2021—2025 年	2026—2030 年
>20 年	<1.5 兆瓦	全部退役，113 万千瓦	—
	1.5 兆瓦	全部退役，12 万千瓦	未曾改造的，退役或改造共约 2000 万千瓦
15～20 年	<1.5 兆瓦	全部改造，859 万千瓦	未曾改造的全部改造，约 120 万千瓦
	1.5 兆瓦	改造 1/3，约 1000 万千瓦	改造 1/3，约 1700 万千瓦
<15 年但机型落后	<1.5 兆瓦	改造 1/10，约 15 万千瓦	—
	1.5 兆瓦	改造 1/20，约 250 万千瓦	改造 1/10，约 65 万千瓦
合计		退役 125 万千瓦，改造超过 2000 万千瓦	退役或改造约 4000 万千瓦，以改造为主

资料来源：国家发展改革委能源研究所、安信证券研究中心。

随着电网的铺设和机组“以大代小”的推进，中国风电行业有望进入运行时间与装机容量双提升的黄金期，风电运营效益或将显著提升。

“以大代小”是我国风电行业的一次产能全面迭代，主要是针对落后机组的升级。该趋势下，不仅风机制造企业将从中受益，早期布局的风电场运营企业，如龙源电力、大唐新能源、华能国际、国电电力等，也有望获利。风机大型化将成为风电行业产能迭代的核心方向。

3. 趋势三：技术迭代，半直驱是未来方向

仅用 12 年，中国风电行业从成本居高不下过渡到平价时代，我国风电产业不仅发展迅速，而且是少数具备国际竞争力的产业。

风电行业可以分为陆上风电和海上风电两种。纵览风电行业产业发展趋势，目前陆上风电技术已经极为成熟，技术门槛很低，竞争激烈，且进入平价时代。相对地，海上风电市场潜力较大，具有占地少、风速高、电量大、经济效益高等优点，但特殊的地理环境因素使得海上风机对风电机组提出了较高技术要求，这有望成为未来全球风机制造企业争夺的焦点。

从技术角度看，双馈和直驱是较为成熟的主流路线，而半直驱则是未来风电技术迭代的方向。从结构来说，双馈技术和直驱技术最大的区别在于是否连接“齿轮箱”。双馈机组的叶轮通过增速齿轮箱与发电机转子相连。由于有增速齿轮箱的加持，在风电机组向恒频电网送电时，不需要调速，具有有功和无功功率可独立调节、转子励磁变换器的容量较小等优势。目前全球大部分的机组采用双馈技术。但双馈技术的缺点也很明显，即对于风速要求很高，易发生脱网现象，在风速很低的情况下即使有齿轮加速也难以进行发电，有一定的局限性，同时齿轮箱的存在增加了修护成本（图 3–22）。

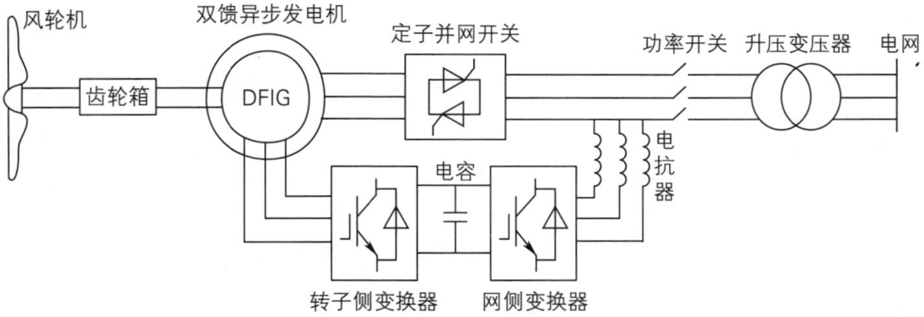

图 3-22　双馈异步风力发电系统示意

资料来源：黄子果（2019）[1]、平安证券研究中心。

直驱技术的叶轮直接与发电机相连，省去了增速齿轮箱，转子为永磁体励磁，无须外部提供励磁电源。直驱机组的发电机通过全功率变流器并网，具有效率高、噪声低、低电压穿越能力强等优点。直驱技术的缺点在于，电机和电子装置成本高，电机重量大，为了适应低风速需要配备很多的极对数，导致电机体积庞大，且只能通过水冷降温（图 3-23）。

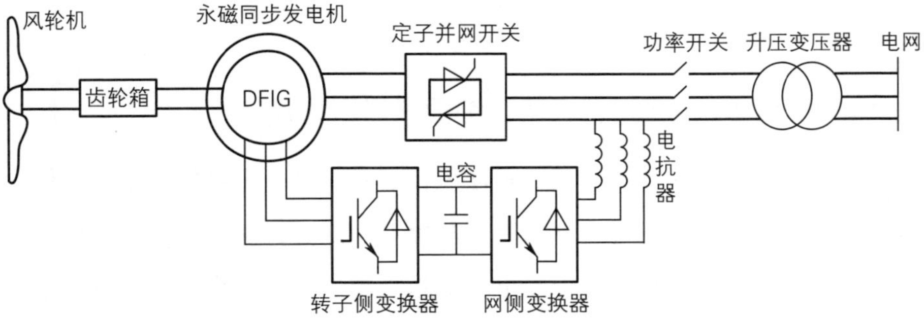

图 3-23　永磁直驱风力发电系统示意

资料来源：黄子果（2019）、平安证券研究中心。

海上风电位置特殊，风力多变，大幅提升了维护成本，因而维护成本较高的双馈机组并不适用于海上场景；直驱机组尽管可以正常发电，但是太过沉重，在安装运送方面存在问题。总之，双馈机组和直驱机组都不是

1　黄子果：《海上风电机组机型发展的技术路线对比》，《中外能源》，2019 年第 8 期。

海上场景的最好选择。

目前风机技术的迭代方向是半直驱技术，半直驱技术既综合了直驱、双馈两种技术路线的优点，又规避了双方缺点，是行业公认的下一代风电机组技术。

半直驱机组的叶轮通过中速齿轮箱与永磁同步发电机转子连接，进行全功率变流器连网。与直驱技术相比，半直驱技术增加了中速齿轮箱，发电机转子转速比永磁直驱高，可以缩减永磁同步发电机转子磁极数，有利于发电机体积和质量的减小（图 3–24）。

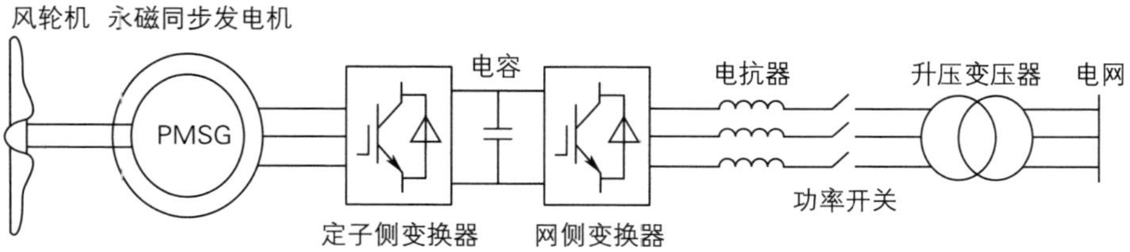

图 3–24 半直驱技术风力发电系统示意

资料来源：黄子果（2019）、平安证券研究中心。

4. 趋势四：模式迭代，主推分散式风电布局

风力发电对地理位置的高要求使得目前我国风电主要集中于风力较大的北方。国内陆上风电行业渗透率不断提升的同时，优秀的风口区位已迅速减少，未来大型的集中风力发电站会越来越少，取而代之的很可能是分散式风电。

分散式风电是指布局于用电负荷中心周围，不以远距离运输为目的的风电布局。这些分散式风电通常布局在重点城市附近，采用就近入网的方式，实现实时迅速消纳。

2012—2022 年，我国分散式风电累计装机量由 60 兆瓦增至 13440 兆瓦，年化复合增长率接近 64%。2019 年国内新增分散式风电装机容量 300

兆瓦，仅约占国内新增吊装风电规模的 1%，分散式风电正处于萌芽阶段。2021 年我国分散式风电（分散式、分布式、智能微网）新增装机容量 8027 兆瓦，同比大幅增长 702%，主要分布在河南、陕西、山西、内蒙古、湖北等 23 个省份，比 2020 年增加了 11 个省份；2022 年新增装机容量 3477 兆瓦（图 3–25）。

	2012	2013	2014	2015	2016	2017	2018	2019	2020	2021	2022
新增装机	46	78	101	60	76	122	140	300	1001	8027	3477
累计装机	60	137	238	298	374	496	635	935	1936	9963	13440

图 3–25　2012—2022 年我国分散式风电新增装机和累计装机情况

资料来源：中国可再生能源学会风能专业委员会、平安证券研究中心、金风科技。

分散式风电布局模式已经在丹麦、德国等欧洲国家得到成熟应用，风机散布于机场、港口、社区附近。2021 年，分布式屋顶光伏已经开始在我国许多地区进行推广，分散式风电有望成为下一个重点推广的战略方向[1]。

（二）市场规模

1. 装机容量

（1）全球：风能作为现阶段发展最快的可再生能源之一，在全球电

1　《风的畅想：平价时代下，中国风电发展的三大趋势》，华夏能源网，2023 年 1 月 26 日。

力生产结构中的占比正在逐年上升，拥有广阔的发展前景，全球风能产业将保持快速发展态势，装机容量将持续增长。根据全球风能理事会预测，2027 年全球风电新增装机容量将达到 157 吉瓦，其中陆上风电装机达 122 吉瓦，海上风电装机达 36 吉瓦（图 3-26）。

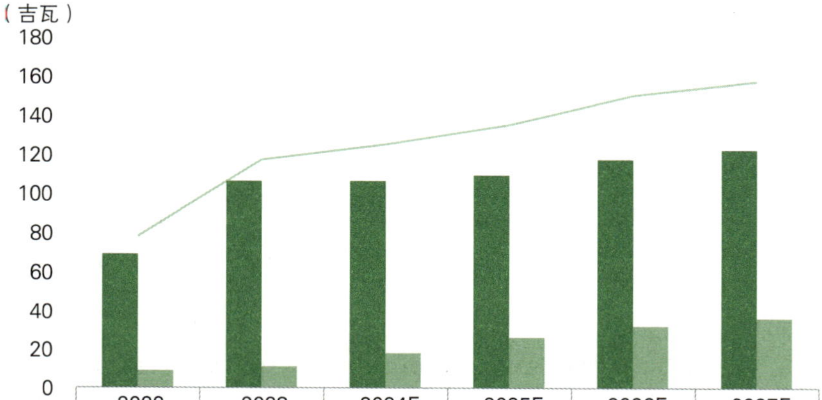

	2022	2023	2024E	2025E	2026E	2027E
陆上新增装机容量	69	106	106	109	117	122
海上新增装机容量	9	11	18	26	32	36
总新增装机容量	78	117	125	135	150	157

图 3-26　2022—2027 年全球风电新增装机容量及预测

资料来源：全球风能理事会《2024 年全球风能报告》。

风能资源分布的地区性在一定程度上导致风电产业发展呈现区域性特征。根据全球风能理事会的预测数据，预计亚太地区、欧洲和美国的陆上风电将加速发展，而海上风电将继续保持强劲势头（图 3-27、图 3-28）。

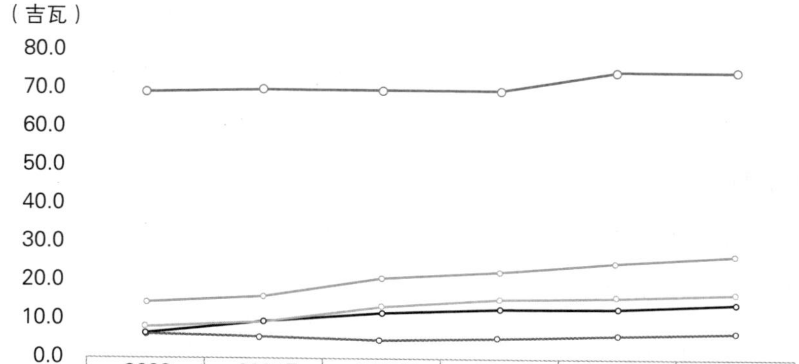

	2023	2024E	2025E	2026E	2027E	2028E
中国	69.3	70.0	70.0	70.0	75.0	75.0
其他亚太地区	6.5	9.6	11.9	13.0	13.1	14.4
欧洲	14.5	16.1	20.9	22.6	25.1	27.0
北美洲	8.1	9.5	13.5	15.5	16.0	17.0
拉丁美洲	6.3	5.6	4.8	5.4	6.2	6.9

图 3-27　2023—2028 年区域陆上风电新增装机容量及预测

资料来源：全球风能理事会《2024 年全球风能报告》。

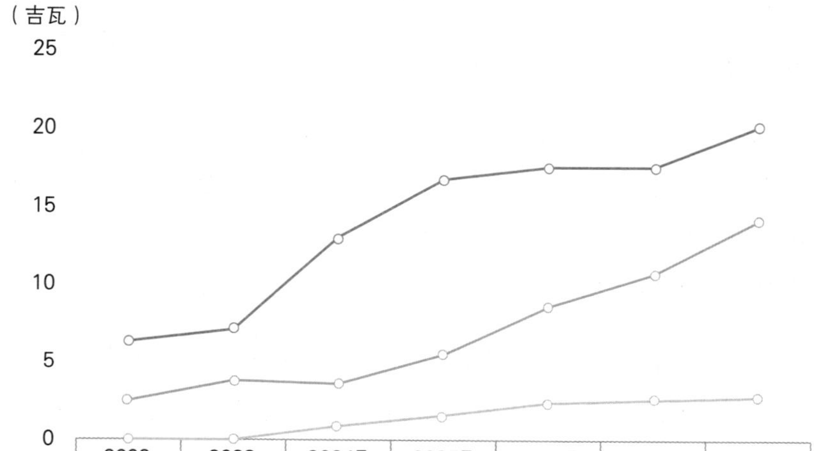

	2022	2023	2024E	2025E	2026E	2027E	2028E
亚太地区	6.3	7.1	13.1	16.8	17.6	17.6	20.2
欧洲	2.5	3.8	3.6	5.5	8.6	10.7	14.2
北美洲	0	0	0.9	1.6	2.4	2.6	2.8

图 3-28　2022—2028 年区域海上风电新增装机容量及预测

资料来源：全球风能理事会《2024 年全球风能报告》。

（2）中国：2022年我国风电行业运行平稳，根据国家“十四五”规划目标，2025年后，我国风电年均新增装机容量应不低于60吉瓦，到2030年至少达到800吉瓦，到2060年至少达到3000吉瓦[1]。中商产业研究院预测风电行业2022—2027年复合增长率为20%，《绿色金融蓝皮书：中国风电行业绿色金融发展报告（2022～2023）》预测未来五年海上风电复合年均增长率为8.3%。

2. 市场结构

目前我国风力发电以陆上风电为主，2023年累计装机容量占比达92%（见图3–29）。海上风电受限于成本问题，整体规模较小，但国家和地方层面政策相继出台推动海上风电渗透率持续走高，2022年达8%左右。预测2030年陆上风电累计装机容量为600吉瓦，海上风电累计装机容量为100吉瓦，海上风电占比达到14.2%。

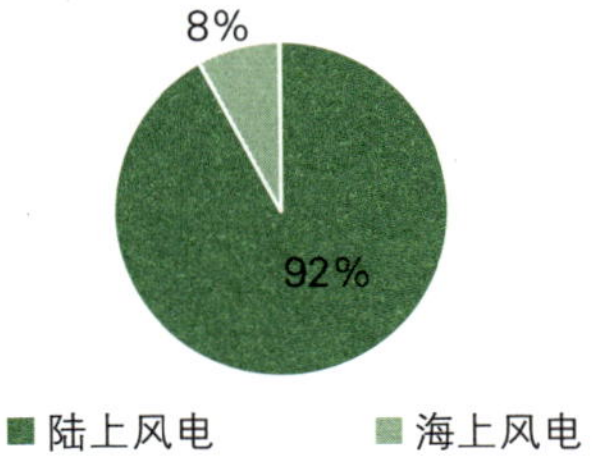

图3–29　2023年我国风电累计装机容量占比情况

资料来源：《2023年中国风电行业深度报告》，北极星风力发电网，2024年。

（1）陆上风电。近年来，我国陆上风电累计装机容量逐年增长。截至2023年底，我国陆上风电累计装机达4.06亿千瓦。根据上文数据，预测2030年陆上风电累计装机容量为600吉瓦。

（2）海上风电。在“双碳”目标和能源低碳转型背景下，海上风电成本下降、风机大型化等因素将驱动装机容量持续提升，海上风电迎来快速增长时期。截至2023年底，海上风电累计装机容量达0.34亿千瓦。根据上文数据，预测2030年海上风电累计装机容量为100吉瓦。

1　《“十四五”风电年均新增装机5000万千瓦以上》，中国电力网，2020年10月16日。

3. 细分市场

在基体材料领域，环氧树脂为目前主流材料，聚氨酯、尼龙材料性能优于环氧树脂，未来市场渗透率有望提升；在增强材料领域，玻璃纤维为目前主流材料，碳纤维潜力较大；在夹芯材料领域，巴沙木供给受限，PVC 泡沫已实现国产化，PET 泡沫亟待国内技术突破[1]。

（1）基体材料：环氧树脂为主流，聚氨酯树脂和尼龙 66 潜力大。环氧树脂、乙烯基酯树脂、不饱和聚酯树脂、聚氨酯树脂、尼龙 66 和生物基尼龙 56 是目前用于生产风电叶片的基体材料。目前兆瓦级以上的风机基本上都是使用环氧树脂作为基体，有少数厂商使用乙烯基酯树脂或不饱和聚酯树脂，近年来聚氨酯树脂也逐渐被应用到基体材料领域。总体而言，环氧树脂为主流，聚氨酯树脂、尼龙 66 未来潜力巨大，市场活力足。

聚氨酯复合材料的性能有望超过环氧树脂复合材料。聚氨酯树脂具有黏度低、韧性好、灌注和固化速度快等优点，有利于缩短成型周期，且聚氨酯的强度高于环氧树脂。

尼龙 66 原材料“卡脖子”瓶颈有望突破。尼龙 66 因其耐高温、耐水解、耐磨、阻燃性好、密度适中等综合性能被广泛应用于各个领域，其关键原料己二腈属于我国的“卡脖子”产品，2020 年以来，数家公司宣布新建己二腈装置，规划建设 100 万吨产能，预计能在一定程度上缓解我国己二腈供应紧张问题。

（2）增强材料：玻璃纤维为主流，碳纤维潜力较大。玻璃纤维和碳纤维是目前风电叶片主要使用的增强材料（表 3–18）。玻璃纤维是一种性能优异的新型无机非金属材料，绝缘性好，机械强度高，具有轻质、高强度、耐高温、耐腐蚀等特性，是目前使用最广泛的增强材料。玻璃纤维市

1 海通国际证券：《风电材料行业专题分析：前景广阔，大有可为》，2023 年。

场需求的增长本质上是由技术驱动的，一方面，技术进步使得玻璃纤维的成本下降，使用玻璃纤维的性价比得到了提升；另一方面，技术进步使得玻璃纤维的性能不断提升，应用场景也不断拓展，使得行业需求兼具总量增长和结构优化的双重特性。

表 3-18　增强材料性能特点对比

增强材料	性能特点
玻璃纤维	绝缘性好，高强度，耐高温，耐腐蚀
碳纤维	耐腐蚀，耐高温，低膨胀系数，导电，高比强度，高比模量，低比重

资料来源：海通国际证券《中国石油石化行业深度报告：风电材料前景广阔　大有可为》，2023 年。

风电用碳纤维的前景广阔，但 2023 年整体市场需求出现下降。根据《2023 全球碳纤维复合材料市场报告》，2023 年全球风电用碳纤维需求约 20000 吨。对比 2022 年的 34700 吨有 42% 的降幅，主要原因是一些国际国内风电厂家面临降低成本的压力，玻璃纤维价格的大幅下降，导致碳纤维在风电行业的性价比竞争优势减弱。据预测，随着碳纤维经济性的提升，风电用碳纤维需求将持续增长，预计 2030 年全球风电用碳纤维需求将达 28 万吨。

（3）夹芯材料：通常采用巴沙木、PVC 泡沫、PET 泡沫三种材料，未来需求大。叶片用的夹芯材料主要包括巴沙木、PVC 泡沫和 PET 泡沫三类。根据技术邻的资料，在风电叶片的夹芯材料中，巴沙木的使用比例为 38%，PVC 泡沫的使用比例为 31%，PET 泡沫的使用比例为 25%。

巴沙木供给受限，全球 90% 以上的巴沙木来自厄瓜多尔。巴沙木生长周期较长，需要 5 ~ 7 年才可由树苗长为 90 英寸的树木，因此每次风电需求爆发，巴沙木都会供不应求。风电用巴沙木市场需求不断增长，2010 年，我国巴沙木的需求量为 2.73 万立方米，全球需求量为 8.84 万立方米；到 2021 年，我国巴沙木的需求量增长至 10.68 万立方米，全球需求量增长至 21.08 万立方米。

PVC 泡沫性能优异，已实现国产化，是复合材料夹层结构的理想芯材。PVC 泡沫综合机械性能优异，化学性质稳定，具有很高的性价比，在风电和水上船艇等领域有广泛应用。

发泡配方、专用设备、发泡工艺是 PET 泡沫生产主要壁垒。目前 PET 泡沫产业化的生产技术被国外厂商垄断。我国 PET 泡沫行业起步较晚，从事产品研发以及生产的企业数量较少，行业整体技术水平较为落后，与欧美发达国家还存在较大的差距。根据华润材料招股说明书，华润材料于 2018 年开始对相关技术立项研究，已成功完成关键技术攻关，并针对高性能 PET 泡沫材料进行产业化科研以及投产。

4. 风力发电占比

风电装机量持续增长背景下，风电发电量占全国发电总量的比例逐年攀升，2021 年我国并网风电 6558 亿千瓦时，占全国总发电量的 7.8%。2022 年风电发电量达 7627 亿千瓦时，占总发电量约 8.6%。2023 年，我国规模以上工业发电量为 89091 亿千瓦时，其中风电发电量达 8090 亿千瓦时，占比约 9.1%（图 3–30）。依据“双碳”目标及风力发电占比情况，按照风电年发电量占比每年 8% 的增速发展，我们预测到 2035 年风力发电占比将达到约 10%。

我国海上风能资源丰富，根据国家发展改革委能源研究所发布的《中国风电发展路线图 2050》报告，在我国水深 5 ~ 50 米海域，100 米高度的海上风能资源开发量为 500 吉瓦，总面积为 39.4 万平方千米。我国海上风电行业发展空间巨大，为海上风电专业工程服务行业提供了市场空间。

海上风电是可再生能源发展的重要领域之一，具有资源丰富、可利用小时数高、不占用土地以及适宜大规模开发等特点。结合各省份“十四五”

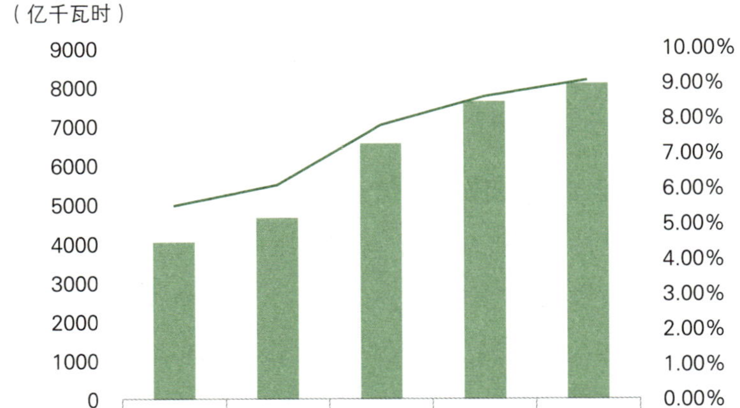

	2019	2020	2021	2022	2023
风力发电量	4053	4665	6558	7627	8090
风力发电量占总发电量比重（右轴）	5.53%	6.12%	7.81%	8.62%	9.08%

图 3-30　2019—2023 年我国风力发电量及占总发电量比重

资料来源：《中国电力行业年度发展报告 2022》《中国电力行业年度发展报告 2023》。

海上风电开发目标与全球风能理事会预测，预计 2027 年我国海上风电装机容量达到 77 吉瓦左右，2022—2027 年复合年均增速为 20%[1]。

我国首部风电行业绿色金融发展蓝皮书——《绿色金融蓝皮书：中国风电行业绿色金融发展报告（2022—2023）》指出，结合国际政治、金融等宏观环境变化，预计未来一段时期海上风电市场份额将呈现逐步增长态势。

“十四五”期间，我国东部沿海地区加快对海上风电产业的培育。随着陆上风电的成熟，目前国家风电产业发展的重点逐步向海上风电转移，在部分省份已经出台的“十四五”规划里，预计将在“十四五”期间建设大量的海上风电项目，并逐步推进海上风电的平价上网。按照已发布规划，新增规模较大的前三个省份是广东、山东和江苏，海上风电新增装机

1　《2023—2028 年全球及中国海上风电行业发展分析》，前瞻产业研究院，2023 年。

规模分别约为 17 吉瓦、10 吉瓦和 9 吉瓦（表 3–19）[1]。

表 3–19　主要沿海省份“十四五”期间海上风电建设规划预期

省份	海上风电建设主要内容	新增装机规模（吉瓦）
广东	到 2025 年底，全省海上风电累计建成投产装机容量力争达到 1800 万千瓦，在全国率先实现平价并网	17
江苏	规划场址共 28 个，规模 909 万千瓦，规划总面积为 1444 平方千米，建设南通、盐城海上风电场，盐城“十四五”规划 9.02 吉瓦近海 + 24 吉瓦深远海风电容量	9
山东	加快开发建设海上风电基地，“十四五”期间，全省海上风电争取启动 1000 万千瓦	10
浙江	“十四五”期间，重点在临海领域及毗连区布局海上风电项目，全省海上风电力争新增装机容量 450 万千瓦以上，累计装机容量达到 500 万千瓦以上	4.5
福建	开发 5000 万千瓦海上风电，打造东南沿海最大的清洁能源基地	5
广西	海上风电核准 800 万千瓦，投产 300 万千瓦	3

资料来源：国家发展改革委、国家能源局。

六、政策建议

本节基于以上分析，针对我国风电产业发展现状、面临问题、未来趋势等，提出明方向、统供需、重技术、推市场四大方面的政策建议。方向层面，要从以陆上风电为主转向陆海风电全面发展；供需层面，要做到兼顾精细策略与全局视角，做好不同地域特征、现状与规划的供需统筹平衡；技术层面，要提高核心技术水平，进而促进产品升级；市场层面，激

1 《主要沿海省市“十四五”海上风电建设规划预期汇总：25年末预计全国新增49 GW》，立鼎产业研究网，2022 年 4 月 26 日。

发企业参与风电开发积极性，鼓励探索分布式增量市场，激发风电市场活力。

（一）明方向：从以陆上风电为主转向陆海风电全面发展

我国地域海域广阔，海岸线长达 1.8 万千米，可利用海域面积 300 多万平方千米，海上风能资源储备量丰富。提升海上风电设备水平，加大对海上风力资源的利用力度，是我国风电产业未来的重要发展策略。应逐步有序推进海上风电新型电站的使用，支持大容量风电机组由近海及远海的应用，推动海上风电运维数字化、智能化发展。

1. 加速标准空白领域全覆盖，建立引领国际的海上风电标准

贯彻落实《国家标准化发展纲要》，加快构建推动高质量发展的国家标准体系。风电标准的制定应以行业的发展需求为核心，以支撑风电产业高质量发展[1]。近年来，我国风电企业在产业发展进程中愈加深刻地认识到标准的重要性。要多角度梳理现有标准体系，从技术水平、协调匹配度、内容结构合理度、应用水平、实施程度等多方位多角度整合已有标准体系；摒弃和废除技术指标落后、与当前产业发展方向不匹配的标准；协调分类和内容重合的标准，聚焦国内外风电行业关注的要点和问题，加紧制定（修订）步伐，逐步建立健全风电标准化体系、“双碳”目标标准体系。

要实现由风电大国向风电强国的转变，从追求速度转向追求品质，从追求总装机量转向追求发电量，从大规模开发转向集中式与分布式开发双管齐下，从以陆基风电为主转向陆上风电与海上风电综合发展，这就要求进一步促进风电标准化管理，加强风力发电质量监管，加快产业调整步

1 钮新强：《凝聚共识 创新作为 做好长江经济带高质量发展水利技术支撑》，《中国水利》，2018 年第 10 期。

伐。强化风电标准化建设力度，建立健全整体产业链标准体系，提升风电装备的技术含量，促进我国风电产业规模化发展，推进我国风电产业合理化进程，推动我国风电产业有序化演变。

2. 通过“以奖代补”等方式，加大海上风电政策支持力度

目前，我国海上风电正处于发展的关键阶段，国家和沿海省份应加强统筹规划，实现集中连片开发。积极推动和落实海上风电大基地规划和建设，统一规划、建设电力送出工程，将成本纳入输配电价。通过“以奖代补”方式，支持重点产品与项目创新开发，推动行业实现降本和跨越式创新。推动成立海上风电发展促进基金，为海上风电项目提供长期贷款支持。随着海上风电项目开始向深远海发展，这些海域属于专属经济区，尚缺少相应的用海政策，应尽快出台针对专属经济区的海上风电开发建设管理办法。

3. 营造良好产业环境，鼓励海上风电企业走出国门

未来，我国必将有更多的海上风电企业走出国门，政府应与国际社会建立开放、共赢的海上风电合作关系。为扩大生产要素参与全球海上风电产业经济循环和全球配置的广度，政府应进一步深化经济体制、管理方式、技术标准改革，为与国际接轨做好平台配套。

（二）统供需：兼顾精细策略与全局视角，协调解决区域供需矛盾

我国风电产业的地域性发展不均衡、消纳能力不匹配问题较为严重，需要兼顾精细策略与全局视角，更好地促进风电产业的高质量发展。对此政府应积极规划整体政策布局，实现产业内均衡发展、产业间协同发展。

1. 不同地域特征的供需统筹平衡

要着重厘清发达地区和欠发达地区、陆地和海洋在产业内部不同发展程度的区别以及适用范围，正确认识不同区域和不同类型风电的发展前景，并科学预测发展规模。统筹兼顾风电产业未来发展方向。与此同时，区域间要积极分享技术成果，加强合作共享，减小地区间风电产业发展差距，强化风电产业配套的电网等基础设施规划建设，进一步完善电网运营管理办法，调节区域间用电供给端与需求端矛盾，助推我国风电产业整体良性发展，实现产业内均衡可持续发展。

2. 现状与规划的供需统筹平衡

在风电产业建设中，需要综合考虑区域现存产业分布及未来规划中的产业建设。这不仅是基于风能资源的考量，更是为了寻求风电产业与其他产业的融合发展机会。通过深入分析区域内各产业的布局和趋势，可以发现风电产业与其他产业的潜在交集，如能源供应、技术创新等方面。因此，应积极探索风电产业与制造业、服务业等产业的融合模式，以推动产业间的协同发展。这不仅有助于提高风电产业的竞争力，还能促进区域经济的整体繁荣，实现更高程度的产业融合发展。

（三）重技术：以技术创新为基点，推动产业链深化发展

1. 加强研发创新，提高核心技术水平

科学技术是第一生产力，是行业发展的核心驱动力。我国风电行业起步晚、技术迭代慢，仍处于业态发展阶段，例如风电机组的核心部件主轴轴承、变桨及偏航轴承等核心部件主要依靠进口，国产核心零部件供给能力不足严重制约了我国风电机组制造自主发展。未来风电产业要实现全

方面、多角度的技术创新，不仅要关注风电高端精密部件的制造，也要关注专用制造装备的技术创新。不仅要从自主化层面提高创新能力，比如核心零部件和整机制造等的国产化，同时也要强化风力预测水平，加强配套技术如机组回收等的研发，提升风力资源预报准确性和风电发电功率预测精度，以退役风电机组回收处理技术的提升促进风电产业绿色化发展。此外，在技术研发过程中，政府可鼓励企业与相关高校、研究院等研究机构开展长期合作，高校、研究院开发出的新技术直接在企业内得到检验，充分激发科研创新活力，推动产学研一体化发展，实现风电产业技术升级[1]。

2. 推动产品升级，促进产业链深化发展

近年来，随着我国风电技术迭代更新速度加快，技术成果产业化效果显著，当前正在使用的组件已经在耐受性、最大功率以及转换效率上全面超越首批机组，在生态保护能力和经济效益方面也是青出于蓝而胜于蓝。由于个别风电产业技术受限，目前精细程度仍不足，在产业链和配套设施方面还有较大的进步空间，退役风电机组回收有较大提升空间[2]。对于在建项目，企业应在充分考量项目环境、发展目标等因素后，选择高效高质的机组，以高质量机组升级促进风电产业整体升级；对于已建项目，在机组达到保质期回收后，企业应及时更换为最新产品，实现风电产业基地产品设备的迭代升级，提高风电产业基地的资源利用率与发电效率。

此外，还需不断完善风电产业配套设施，促进风电产业链延伸。一方面，应加强风电产业配套的电网规划建设，完善电网运营管理机制，提升风电适应电力系统扰动的能力，建立健全电网应急保障体系。另一方面，对于退役风电机组的回收处理工作，应该加强相关技术的研发与应用，以

1　国家发展改革委、国家能源局《关于促进新时代新能源高质量发展的实施方案》。
2　国家发展改革委等部门《关于促进退役风电、光伏设备循环利用的指导意见》。

实现风电机组的回收处理，实现闭环式管理、绿色化发展，推进全产业链深化升级[1]。

（四）推市场：全面激活政策工具箱，释放风电市场活力

1. 落实奖惩补偿机制，激发企业参与风电积极性

在保障能源供应安全和实现气候目标的双重挑战下，绿色可持续发展道路是实现产业高质量发展的必经之路。政府应在普及绿色环保理念的同时加强监管，明确企业环境责任并督促其积极落实，共同促进风电产业的绿色低碳发展[2]。

要建立健全绿色能源消费机制，完善绿色电力证书机制，建立绿色能源消费评价、认证与标识体系，为实现风电产业的高质量、绿色发展提供制度支撑；应对风电产业基地在建期间以及建设完成后的周边生态环境破坏与修复程度作出更明确规定，制定统一标准，加强对基地建设后期的生态环境修复工作的督促与监管；有关部门应积极培养企业的社会责任感与自觉意识，开展绿色环保知识宣传活动，明确企业社会环境责任并督促其积极执行，助推风电产业绿色健康可持续发展。

2. 用好金融政策工具，鼓励企业积极探索分布式增量市场

在未来风电产业的发展路径中，分布式风电市场是扎根于我国广大农村落后地区的低风速风能利用市场，是产业发展的潜在重要抓手[3]。据预测，我国可供开发的低风速资源潜力至少在14亿千瓦，而截至2021年，利用

1 国家发展改革委等部门《关于促进退役风电、光伏设备循环利用的指导意见》。
2 杨长利：《走绿色低碳发展道路 推进清洁能源高质量发展》，《学习时报》2022年11月24日。
3 国务院发展研究中心：《发展分散式风电提高农村能源自给率》，2023年。

率仅仅达到 8%[1]。随着产业技术不断创新，这部分风能资源有望成为风电产业未来发展的有力抓手[2]。

分布式风电由于其自身特征在融资方面存在诸多问题。具体而言，分布式风电融资面临的问题包括：（1）项目单体规模小、数量多，若各环节流程按单体项目推进，融资效率低、建设期付款手续复杂；（2）单体项目发电波动性较大，项目可能因资源条件波动、机组故障检修等因素触发违约风险；（3）项目建成后，多个单体项目的电费管理、账户支付管理等工作成倍增加，资产管理难度较大；（4）受单体项目规模较小影响，项目出售及转让困难。

基于此，在符合土地利用总体规划下，应鼓励各类企业和个人作为项目单位积极开展投资、建设以及经营分布式风电项目[3]。鼓励开展商业模式创新，吸引社会资本参与分布式风电项目开发，充分激发市场活力。特别是针对分布式项目目前在银行贷款上存在困难，要通过创新金融政策解决分布式风电企业资金问题。

---

1 《装机容量突破 3 亿千瓦，连续 12 年全球第一——我国风电还有多大潜力》，中国政府网，2021 年 12 月 5 日。

2 《春季电力报告·风电供给篇丨年度装机创造历史 技术革新挖潜蓝海》，《中国电力报》2021 年 2 月 22 日。

3 崔凯：《风电行业发展趋势》，中国电力企业联合会全国风力发电技术协作网第七届年会，2013 年。

第四章

我国氢能产业高质量发展的路径与对策研究

一、氢能产业发展的内在逻辑

目前，积极应对气候变化、加速能源低碳化转型已经成为全球共识。作为洁净、低碳、高效、安全的二次能源，氢能在有效促进清洁能源消纳、提高终端能效利用、确保国家能源安全、促进产业经济发展等方面具有巨大潜力，将深刻影响未来全球能源竞争格局。

（一）绿氢是实现"双碳"目标和能源安全的关键能源

2022 年 3 月，国家发展改革委和国家能源局联合出台我国首部氢能产业发展中长期规划——《氢能产业发展中长期规划（2021—2035 年）》，政策提出我国 2025 年、2030 年和 2035 年的氢能产业发展目标，并通过多方位布局支撑氢能产业高质量发展。未来，氢能将是我国能源体系的重要组成部分、用能终端实现绿色低碳发展的重要载体以及战略性新兴产业重点发展方向，加快氢能产业发展将对助力我国实现"双碳"目标和保障能源安全发挥重要作用。

1. 氢能是新型能源体系的重要组成部分

当前，能源体系是我国碳排放的主要来源[1]。作为能源消费大国，近年来我国能效水平显著提高，2023 年，全国万元国内生产总值能耗比上年下降 0.5%，万元国内生产总值二氧化碳排放与上年持平[2]。近年来，我国以年均 3% 的能源消费增速支撑了年均超过 6% 的经济增长，单位 GDP 能耗下降 26.8%[3]，能源消费结构明显改善，成为全球能耗强度下降最快的国家之一。但从全球层面看，我国能耗和碳排放强度仍高于世界平均水平，而煤炭等传统能源消费占比过高仍然是造成高碳排放的主要因素。根据《中华人民共和国 2023 年国民经济和社会发展统计公报》，2023 年我国能源消费总量为 57.2 亿吨标准煤，比上年增长 5.7%；其中，煤炭消费量占能源消费总量的 55.3%，比上年下降 0.7 个百分点；天然气、水电、核电、风电、太阳能发电等清洁能源消费量占能源消费总量的 26.4%，上升 0.4 个百分点。加快规划建设新型能源体系，提高以绿色低碳为特征的新能源生产和消费比重是能源转型的必然过程。

氢能来源丰富、能量密度高、储存方式简单，可在确保能源持续供应的前提下实现化石能源比例降低的既定要求，在新型能源体系中发挥着关键作用。一方面，氢能通过直接消纳可再生能源发电，可优化电力供应，稳定电网运行，在实际层面解决新型能源体系所需的零碳、灵活、平衡等具体要求。另一方面，氢液化后可有效利用现有管道储运基础设施，减缓能源基础设施改造与新建压力，推动能源体系的平稳过渡。

在政策层面，已有多份政策文件和产业规划描绘了我国氢能产业未来发展蓝图。2019 年 3 月，氢能和燃料电池首次被写入《政府工作报告》，

1 国际能源署：《中国能源体系碳中和路线图》，2021 年 9 月。
2 国家统计局：《中华人民共和国 2023 年国民经济和社会发展统计公报》，2024 年 2 月 29 日。
3 《我国以年均 3% 的能源消费增速支撑了年均超 6% 的经济增长》，中国能源新闻网，2024 年 6 月 5 日。

提出推动充电、加氢等设施建设；2021 年 4 月，中国氢能联盟发布《中国氢能源及燃料电池产业白皮书 2020》，认为加快发展氢能产业是应对全球气候变化、保障国家能源供应安全和实现可持续发展的战略选择；2021 年 10 月，中共中央、国务院出台《关于完整准确全面贯彻新发展理念做好碳达峰碳中和工作的意见》，明确推进氢能“制储输用”全链条发展；2022 年 3 月，《氢能产业发展中长期规划（2021—2035 年）》出台；2023 年 8 月，国家标准化委员会等六部门印发《氢能产业标准体系建设指南（2023 版）》，等等。从碳达峰到碳中和，氢能将成为未来国家能源体系的重要组成部分。

2. 氢能是国家终端用能实现绿色低碳转型的理想载体

终端用能清洁化、绿色化是助力“双碳”目标实现的重要途径。氢能可为炼油、航运、炼钢、燃料电池、长途卡车运输、供暖等终端应用提供减碳解决方案，对于不适合风、光、水等可再生能源利用的场景，氢能可通过多能互补融合，推动社会绿色转型的用能需求（图 4–1）。此外，绿氢是化工、精炼等工业生产和重型交通运输等领域解决脱碳“最后一千米”问题的必要手段。国际氢能委员会发布的研究报告显示，到 2030 年，氢能可在 22 种终端用能场景中发挥关键作用[1]。

随着技术突破、成本优化以及应用场景的不断丰富，氢能在终端应用的优势也会愈加凸显。《氢能产业发展中长期规划（2021—2035 年）》提出，到 2035 年，要形成氢能产业体系，构建涵盖交通、储能、工业等领域的多元氢能应用生态。国际能源署认为，到 2060 年，工业和交通运输将成为氢能用途的两大主流产业（图 4–2）。《中国氢能源及燃料电池产业白皮书 2020》同样预测，2060 年碳中和情景下，氢能在我国终端能源消费中

1 国际氢能委员会：《氢能洞察：氢能投资、市场开发和成本竞争力透视》，2021 年 2 月。

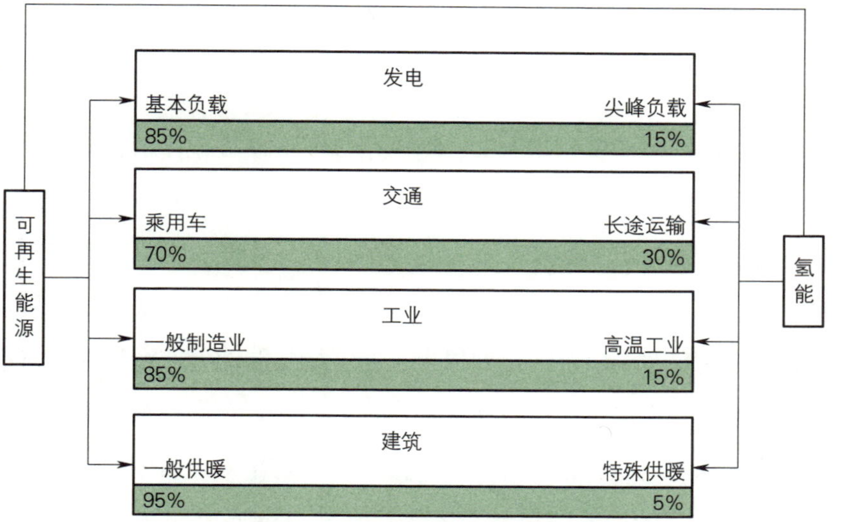

图 4-1　氢能在 2060 年全球能源供给中的终极图景

资料来源：英国合米新能源咨询。

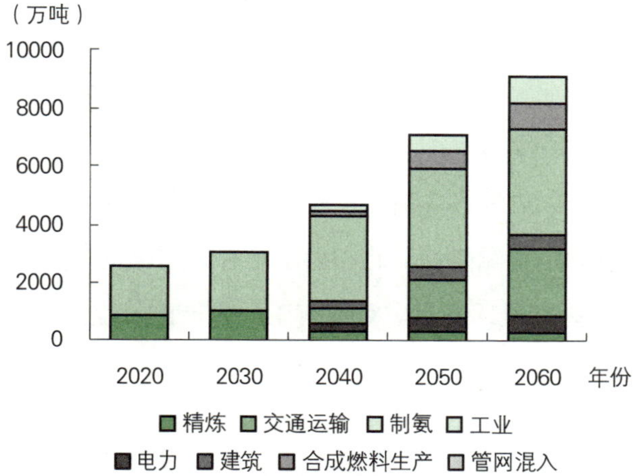

图 4-2　承诺目标情景下中国不同部门的氢能需求

资料来源：国际能源署《中国能源体系碳中和路线图》。

的占比将达 20% 左右。氢能在产业绿色转型发展中将起到越来越重要的支撑作用，成为未来全社会绿色转型不可或缺的理想载体。

3. 氢能产业是推动我国产业实现变革的重要动力

氢能产业链包括氢能制、储、输、用等多个环节，技术含量高，覆盖领域广，具有较大的产业带动潜力。随着关键材料与核心技术的创新、基础设施与平台的完善、制度标准与人才的保障，氢能产业应用规模将逐步扩大，通过市场应用迭代，促进全产业链创新，为我国经济高质量发展注入新动能。国家“十四五”规划提出，在氢能与储能等前沿科技和产业变革领域，组织实施未来产业孵化与加速计划，谋划布局一批未来产业，是“十四五”时期至 2035 年发展的重点任务之一。作为我国战略性新兴产业重点发展方向之一，氢能可涵盖未来产业变革的多个领域，带动交通运输、储能、发电、工业等众多领域绿色化转型，对构建清洁低碳、安全高效的现代能源体系具有重要意义。

同时，氢能具有多元化的技术路线和应用场景，能够与我国不同区域的风光水电能、产业结构、市场消纳潜力等实现耦合联动发展，不仅有望成为产业发展新赛道，而且有助于推动中西部地区新能源资源的开发利用。例如可再生资源丰富的内蒙古、新疆、福建、广东沿海等地区，可结合本地的产业结构实现就地消纳氢能；河北和山东两省利用煤炭合成氨和甲醇的工厂条件以及油气产业集群，可考虑对现有工厂生产的灰氢进行二氧化碳捕集、利用与封存（CCUS）改造。

（二）氢能特点及氢电联动发展

1. 氢能特点

氢能是一种二次能源，具有储量丰富、能量密度高、绿色清洁、便于储运等特点，是加速化石能源高效利用和可再生能源大规模部署的理想媒介。

储量丰富。氢是宇宙中含量最多的元素，大部分存在于水和碳氢化合物中，因此氢能的来源广泛，原料易获取。

能量密度高。氢的能量密度是汽油的 3 倍、酒精的 3.9 倍、焦炭的 4.5 倍。以氢为燃料的发动机具有动力强劲、续航能力强的特点。

绿色清洁。氢燃烧后的最终产物是水，不会产生一氧化碳、二氧化碳、碳氢化合物、粉尘颗粒等对环境造成污染的物质。此外，氢在燃料电池反应、工业原料应用等场景中也不会生成化石能源使用过程中所产生的温室气体和其他污染物。

形态多样，便于储运。氢可以以高压气氢、液氢、液态有机化合物、固态的金属氢化物等多种形式进行存储，能适应储运及各种应用环境的不同要求。

2. 氢能与电能联动

氢能和电能均为重要的二次能源，实现氢能和电能的有效转化和联动，是促进可再生能源完全消纳和零碳电力供给的重要手段。“氢电并举”能够丰富终端应用场景、促进新能源消纳以及优化能源和电力供应，是保障国家能源安全和构建未来能源体系的重要组成部分。

从电到氢，可再生能源电解水制绿氢是重要的技术发展趋势之一。随着可再生能源装机量的不断发展，风光在发电结构中的占比也将逐渐提升，开展可再生能源电解水制氢可有效解决“弃风”“弃光”问题，提高可再生能源的利用效率。目前电解水制绿氢主要包括碱性电解、质子交换膜电解、固体氧化物电解三种技术，三种技术的指标对比如表 4–1 所示。

表 4-1　三种电解水制氢技术对比

	碱性电解	质子交换膜电解	固体氧化物电解
特点	技术成熟、成本低、已基本实现大规模应用	占用面积小、与间歇性电源适配度高、成本较高、处于小规模应用阶段	转化率高、热能可替代部分电能、高温材料选择困难、未商业化
能源效率	60% ~ 75%	70% ~ 90%	85% ~ 95%
能耗	4.5 ~ 5.5 千瓦时 / 标准立方米	3.8 ~ 5.0 千瓦时 / 标准立方米	2.6 ~ 3.6 千瓦时 / 标准立方米
响应速度	较快	快	慢
电堆寿命	60000 小时	5000 ~ 8000 小时	—
电解槽价格	2000 ~ 3000 元 / 千瓦（国产）；6000 ~ 8000 元 / 千瓦（进口）	7000 ~ 12000 元 / 千瓦	—
系统运维	有腐蚀液体、运维复杂、成本高	无腐蚀性液体、运维简单、成本低	尚未进入规模性应用、无须运维
与可再生能源结合	适用于电源稳定、装机规模较大的可再生能源电力系统	适用于波动性较大的可再生能源电力系统	适用于产生高温、高压蒸汽的光热发电系统
到 2030 年在电解水制氢产能中的占比	64%	22%	4%

资料来源：《中国氢能产业发展报告 2020》[1]、《“双碳目标”下可再生能源制氢技术综述及前景展望》[2]、IEA 报告[3]。

从氢到电，燃料电池和燃氢燃气轮机两种技术手段可实现氢能向电能的转化。其中，氢燃料电池通过电化学反应可将燃料中的化学能直接转化为电能。与锂电池不同，氢燃料电池系统更为复杂，主要

1　中国电动汽车百人会：《中国氢能产业发展报告 2020》，2020 年 10 月。
2　李建林、李光辉、梁丹曦，等：《“双碳目标”下可再生能源制氢技术综述及前景展望》，《分布式能源》，2021 年第 5 期。
3　国际能源署：《全球氢能观察 2022》，2022 年 10 月。

由电堆和系统部件组成（图 4–3）。近年来，在国家政策引导下，我国氢燃料电池汽车不断发展，目前主要以氢燃料电池客车和重卡为主（表 4–2）。中国氢能联盟发布的《中国氢能源及燃料电池产业发展报告2022》显示，2022 年，我国氢燃料电池汽车销售量新增 3367 辆，保有量达 12682 辆。另据中国电动汽车百人会数据预测，2035 年，我国商用车氢燃料电池系统价格将下降至 1000 元 / 千瓦，燃料电池汽车的市场渗透率将逐步提升[1]。此外，燃氢燃气轮机将燃气轮机的燃料扩展到氢气，将对电力领域减排发挥重要作用，预计到 2060 年，我国燃氢燃气轮机装机容量有望突破 2 亿千瓦，年发电用氢超过 1000 万吨[2]。

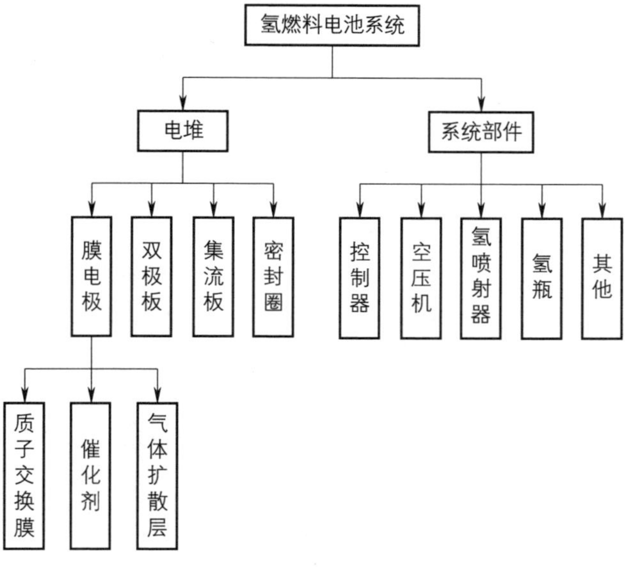

图 4–3　氢燃料电池系统组成

资料来源：欧阳晓平院士团队研究[3]。

1　中国电动汽车百人会：《中国氢能产业发展报告 2020》，2020 年 10 月。

2　全球能源互联网发展合作组织等：《燃气轮机氢能发电全球技术发展蓝皮书》，2022 年 10 月。

3　刘应都、郭红霞、欧阳晓平：《氢燃料电池技术发展现状及未来展望》，《中国工程科学》，2021 年第 4 期。

表 4-2 氢燃料电池汽车市场渗透率预测

汽车类型	2025 年	2035 年	2050 年
氢燃料电池客车	5%	25%	49%
氢燃料电池物流车	<5%	>5%	10%
氢燃料电池重卡	0.2%	15%	75%
氢燃料电池乘用车	0.05%	2%	12%

资料来源：《中国氢能产业发展报告 2020》。

结合不同地区可再生能源禀赋、基础设施条件、氢能产业链布局的差异，氢电联动包含丰富的应用场景，例如可再生能源电解水制氢 + 就近利用、可再生能源电解水制氢 + 氢储运 + 氢发电、分布式可再生电源制氢 + 氢燃料电池热电联供等模式。随着氢能与电能互补协同的不断深入，氢电耦合在促进可再生能源消纳、提升电网稳定性灵活性、推动能量转换与存储、增强能源系统清洁性等方面将发挥重要作用。

（三）氢能产业发展的影响因素

从全球范围来看，发展氢能是大势所趋，但目前氢能发展仍然存在诸多方面制约，其规模化应用还需要在技术创新、产业链构建、基础设施建设、应用场景、配套政策等方面共同发力。

1. 氢能安全性问题引发关注

氢气是一种极易燃易爆的气体，因此安全性是氢能大规模应用的前提。近年来，氢燃料储存罐爆炸、加氢站着火爆炸、氢气高压管束车火灾等事故时有报道，氢能安全利用问题受到广泛关注。与此同时，随着氢燃料电池汽车的发展逐渐提速，为方便其加氢补给，未来加氢站必然要加密布点，甚至向人员密集地区布设，安全性问题将愈加突出。在安全性技术仍未获得有效突破之前，氢能规模化应用前景仍将受到抑制。

2. 氢能全产业链成本居高不下

氢能利用成本过高，是氢能市场化推广面临的重要难题。当前，氢能产业总体上仍处于起步阶段，应用成本相对于风电等新能源还不具备市场竞争优势。以制氢为例，制氢成本低的地区往往距离氢能主要的消费地区较远，比如工业副产氢以及西北地区较为便宜的光伏风电制取的氢气需要长距离运到中东部地区，高昂的运氢成本制约了用氢成本的下降。相比而言，光伏产业在全球范围内基本实现了低成本利用，规模化发展在其中起到决定性作用。从我国乃至全球过去较长时间内氢能无法快速发展的现实来看，氢能产业至今尚未具备大规模商业化运行的能力，全产业链成本还未有明显的市场竞争力。

3. 氢能相关基础设施建设不足

氢能相关基础设施包括加氢站、输氢管道以及相应的工业基础设施。目前，全球的氢能基础设施布局远远滞后于其他新能源，零散的布局无法发挥规模效应，导致制氢、运氢、用氢等各个环节的成本难以下降。同时，基础设施建设不足也导致氢能产业的回报率较低，不利于资本和市场主体进入。“双碳”目标下，氢能产业将成为带动经济全领域发展的核心产业，基础设施投资不足成为限制整个产业链发展的重要因素，进而也影响了氢能全产业链的整体布局速度。

4. 氢能应用场景拓展受限

目前受成本和基础设施的影响，氢能的产业化程度还不够成熟，氢能市场规模和应用场景拓展都处于发展初期，没有发挥出两者相互结合的正向迭代效应。以加氢为例，氢燃料电池汽车的燃料加注需要配套加氢网络，加之额外的运营成本，较普通的电动汽车而言，氢能源电池汽车每千米燃料成本会更高。这也成为氢燃料电池汽车在近期难以实现规模化应用的限制因素。另外，非能源领域的规模化应用也存在发展不足的问题。如在工业、建筑等领域，由于基础设施建设、设备工艺、技术水平等一系列问题，氢能的应用都面临诸多制约。同时，示范阶段的氢能产业一般仅有部分龙头企业参与开发，难以通过全产业的规模化应用拉动产品的迭代升级和成本不断降低。

5. 氢能关键技术水平有待突破

目前氢能项目已在全球范围内大量部署，但在氢能的生产、运输、储存、应用等方面仍有较多技术问题需要突破。对于低排放电解制氢，尽管碱性电解制氢和质子交换膜电解制氢已有一定的应用规模，但与传统的化石能源制氢技术相比仍然缺乏竞争力，需要通过政策、投资和规模化应用等方式进一步推进电解制氢技术突破。对于氢能源的储存、分配和转化，低排放氢基燃料、固体载体、在生物燃料生产中使用氢等技术的创新水平相对不足。此外，当前储氢系统的高重量和体积、与压缩和液化相关的能量损失、存储系统的耐用性和成本等问题也是大规模储运氢面临的技术挑战。

6. 国内外标准和分类法对氢能产业的支撑不足

氢能相关标准的缺失也是制约氢能发展的重要因素。由密封失效、设备失效、操作设计等环节引发的氢安全事故，产品设备可靠性与耐久性的设计验证不足，产品集成化规模化应用指导缺乏等问题均体现出目前氢能标准体系建设的缺失，需要在氢能生产、储运、应用，以及燃料电池的安全、性能、安装及试验方法等领域加强相关规范与标准制定，为基础设施、技术、管理、评价、服务等提供支撑。在标准制定的过程中，要注重发挥企业的市场主体作用，鼓励企业参与氢能国际和行业标准制定，及时反馈运营活动中的经验，形成可促进产业发展的配套标准。

二、国内外氢能产业发展现状

近年来，氢能开发利用的关键技术正在不断实现突破，产业各个环节连接紧密，呈现出广阔的发展前景，受到了全球的广泛关注。

（一）国际现状

从需求方面看，世界能源理事会（World Energy Council）报告显示[1]，全球未来对氢能的需求巨大，到 2050 年，氢能需求范围预计在 2 亿吨至 6 亿吨之间，尤其在中、高气候目标下，氢能需要应用在更多场景和产品中（图 4–4）。

从氢能项目部署看，截至 2023 年 1 月底，全球氢能有关的大型项目提案已超过 1000 个，其中，795 个项目的目标是到 2030 年全部或部分投产。在项目投资金额方面，欧洲在全球氢能项目提案中的占比最多，总投资高达 1170 亿美元，占全球投资的 35%；拉丁美洲和北美其次，各占已宣布投资的 15% 左右（图 4–5）[2]。此外，对于全球氢能企业，2022 年第二届氢能国际（中国 · 南海）主题峰会发布了“2022 GHEE 全球氢能企业 TOP 榜”[3]，其中，前五名企业分别为美国空气产品公司（AP）、林德集团（Linde Group）、法国液化空气集团（Air Liquide）、法国道达尔能源公司（Total Energies）和海克斯康（Hexagon）（表 4–3）。

1　世界能源理事会：《氢能需求和成本动态》，2021 年 9 月。

2　国际氢能委员会：《氢能洞察 2023》，2023 年 5 月。

3　《第二届氢能国际（中国 · 南海）主题峰会线上成功举行 峰会发布 2022 GHEE 氢能企业 TOP 榜》，金融界资讯，2022 年 11 月 16 日。

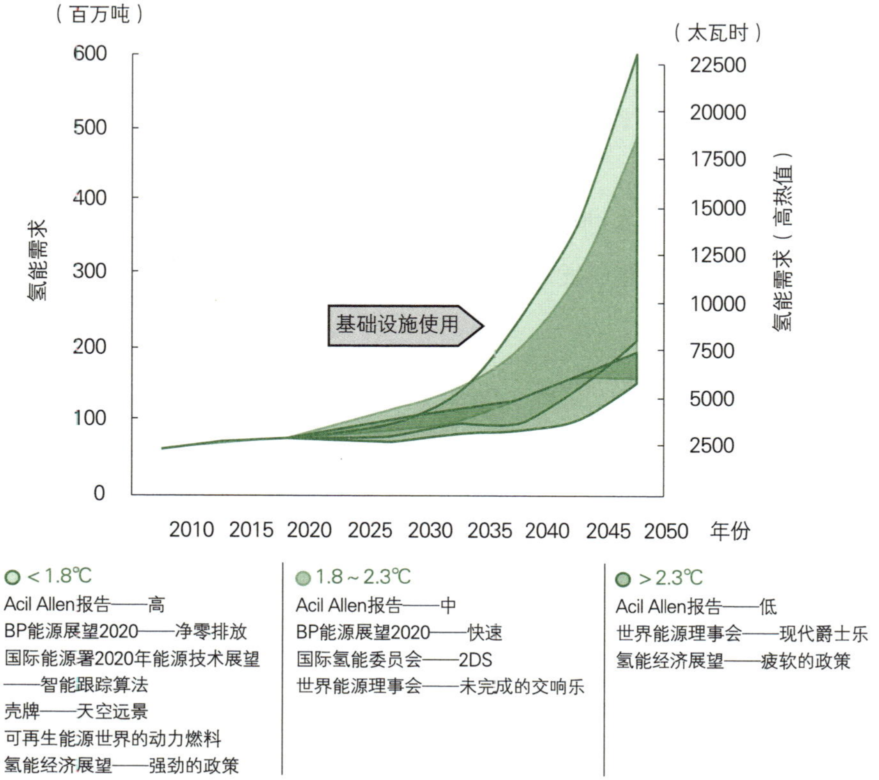

图 4-4　全球氢能需求预测

资料来源：世界能源理事会。

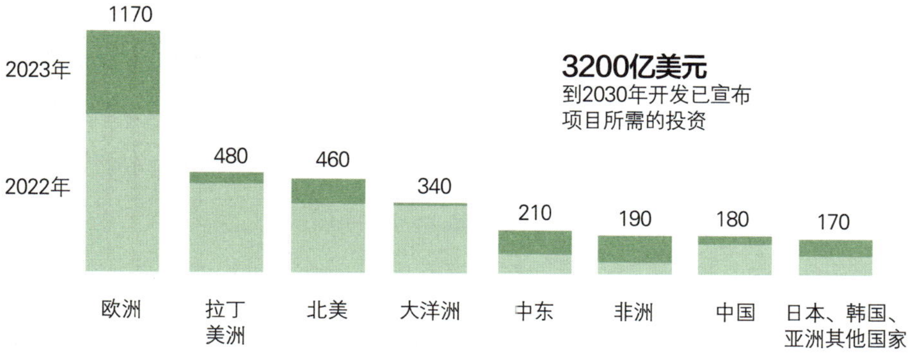

图 4-5　全球氢能已宣布项目的投资金额（单位：亿美元）

资料来源：国际氢能委员会。

表 4-3 “2022 GHEE 全球氢能企业 TOP 榜”前 20 名

排名	企业	排名	企业
1	美国空气产品公司（AP）	11	彼欧集团（Plastic Omnium）
2	林德集团（Linde Group）	12	巴拉德动力（BLDP）
3	法国液化空气集团（Air Liquide）	13	爱尔铃克铃尔（Elring Klinger）
4	法国道达尔能源公司（Total Energies）	14	瑞典燃料电池公司（PowerCell）
5	海克斯康（Hexagon）	15	英国 AFC 能源公司（AFC Energy）
6	日本千代田化工建设株式会社	16	阿尔科拉能源公司（Arcola Energy）
7	韩国 NK	17	德国 SFC 能源公司（SFC Energy）
8	新日铁（NSC）	18	日本丰田
9	佛吉亚集团（Faurecia）	19	日本本田
10	美国昆腾公司（Quantum）	20	韩国现代

资料来源：GHEE 氢能企业研究组。

在未来能源发展战略方面，美国、日本、韩国、欧盟等主要发达国家和地区均有布局，持续加大技术研发与产业化扶持的力度，推动氢能的清洁、经济、可靠发展，不断扩大氢能在终端能源体系中的多元化、规模化应用（表 4–4）。

表 4-4 部分国家氢能布局相关举措

国家	氢能发展举措	具体项目
英国 挪威	蓝氢与 绿氢并举	英国设立 2.4 亿英镑的净零氢基金，支持低碳氢发展。Hynet North West 一期项目计划实现蓝氢年产能 9 万吨； 挪威蓝氢项目 H2H Saltend 计划 2026 年投产，年产能为 15 万吨
美国	绿氢发电	在犹他州将可再生电力以氢的形式存储于地下盐穹，以保障可再生电力的稳定性，同时放弃煤电，改用氢气与天然气混合发电
特立尼达 和多巴哥	绿氢制氨	在 Point Lisas 开展 0.13 吉瓦规模的太阳能电力制氢项目，计划年产 2.72 万吨氢气，为特立尼达和多巴哥国家制氨公司 Tringen 一期二期制氨装置提供原材料，两期装置的氨产能合计达到 100 万吨 / 年
智利 韩国	风电制氢	智利开展 Haru Oni 风电制氢项目； 韩国 Donghae 项目的发电站建成后，将成为全球最大海上浮式风电设施，所发电力将用于制氢

资料来源：根据国际能源署氢能项目数据库及公开资料整理。

在核心技术研发和关键材料方面，全球氢能制取、储运和燃料电池等生产制造不断成熟，上下游产业链发展逐渐完善，市场规模持续扩大，氢能基础设施建设明显提速，终端应用成本呈现一定比例的下降，局部地区的氢能产业规模化推广已经基本具备条件。

1. 制氢环节

国际能源署报告显示，2022 年全球氢气总产量（含合成气）超 9500 万吨，其中纯氢制备产量逾 7900 万吨、工业副产氢气逾 1600 万吨，2030 年产量有望达到 17998 万吨。尽管电解水制氢现有产量较低，但全球已经开始加速部署电解水设施，电解槽产能将在未来几年快速扩大。据已有项目推测，全球电解槽产能在 2025 年前后可能超过 35 吉瓦，并在 2030 年达到 134 吉瓦（图 4–6），其中，欧洲和澳大利亚是电解水制氢项目的领跑者。

采用 CCUS 的化石能源制氢可以为拥有丰富的低成本天然气或煤炭资源、二氧化碳储存能力较强以及可再生能源能力有限地区提供电解制氢选择。目前，甲烷水蒸气重整工艺（SMR）在天然气制氢中应用最广泛，该工艺在一定的反应条件下，使用催化剂促使甲烷的 C–H 键断裂，并重新组合生成新的化学键，具有工艺简单、成熟等优点，且大多数操作设施中配备了二氧化碳捕集装置。

从制氢成本上看，目前，低排放制氢平均成本高于未采用 CCUS 的化石能源制氢。但随着可再生能源与电解槽成本的下降，未来低排放制氢成本将出现显著下降，世界能源理事会综合评估，到 2030 年，绿氢生产价格将大幅下跌至 2 ~ 6 美元 / 千克（图 4–7）。此外，确保氢气供应稳定性可能会进一步增加成本，未来可结合发电用能等多因素条件，通过多能混合电厂、在盐洞或储罐中储存氢气、发展海上风电等方法来平衡氢气产量与供应成本。

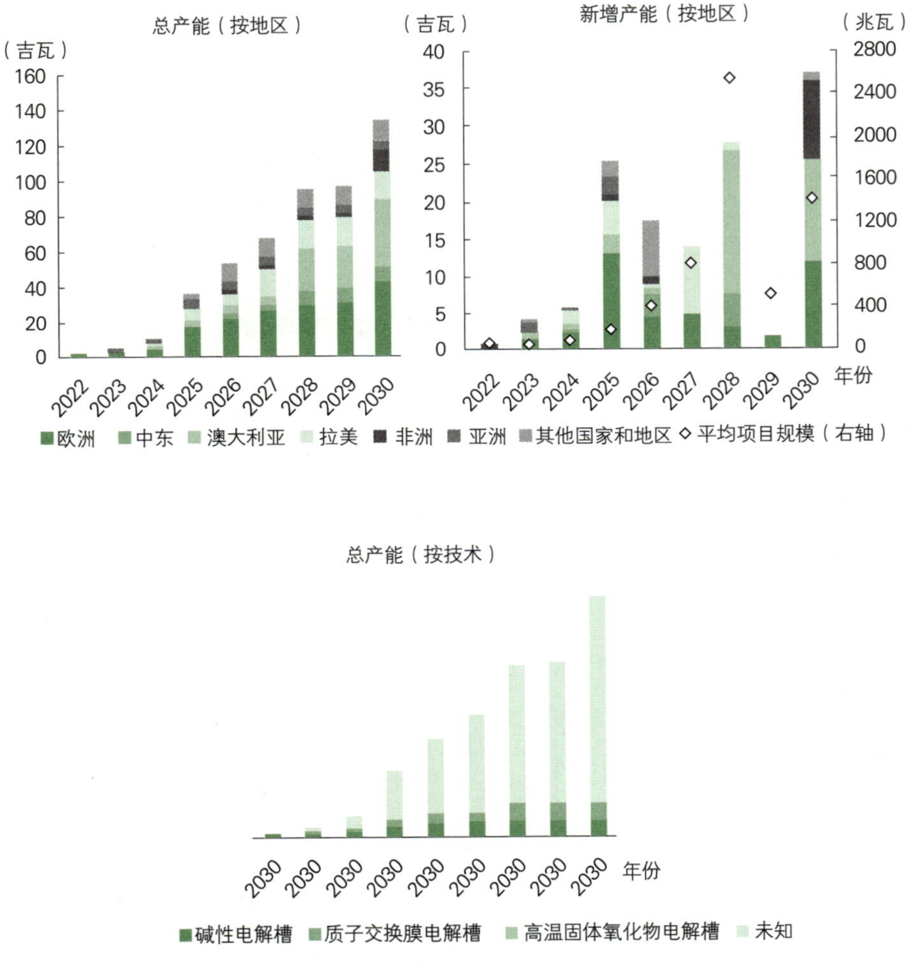

图 4-6　到 2030 年全球电解槽产能分布

资料来源：国际能源署。

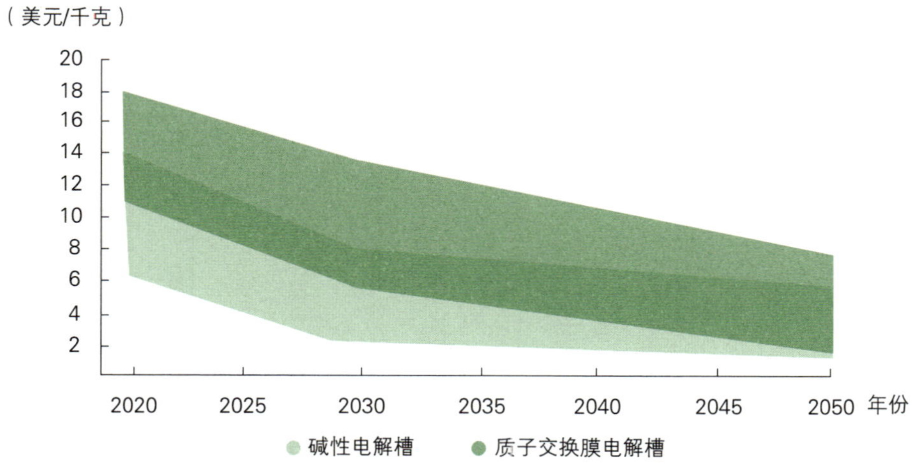

图 4-7 制氢成本预测

资料来源：世界能源理事会。

2. 储运环节

氢能具有氢气、液氢、固氢、有机液态氢、氨、甲醇等多种形态，与不同氢能相适应地可以通过卡车、管道和船舶等在全球运输。《氢能洞察2022》报告显示[1]，到2030年，全球各公司已宣布的氢能基础设施投资约为240亿美元，包括管道、船舶、加氢站等。其中，约50%投向亚太地区，25%投向欧洲，15%投向中东。

综合不同地区的能源禀赋、运输距离、运输量等因素，可选择不同的全球氢能运输方案。对于中短途运输，若管道基础设施较好且用氢需求较高，则可通过管道运输降低成本（可实现500千米以内不超过0.1美元/千克），若需求较少或不稳定，则可考虑卡车运输气态或液态氢；对于长途运输，海底管道运输成本可能低于海上船运。

管道运输上，全球已安装约4500千米的氢气管道，将灰氢输送到工

1 国际氢能委员会：《氢能洞察2022》，2022年9月。

业终端用户，其中，现有天然气输送基础设施有助于推动氢能储运发展。目前全球已安装的天然气运输管道超过 200000 千米[1]，根据氢运输特点重新改造这些管道，优化管道的压缩需求和吞吐量，实现天然气混氢运输或纯氢运输，将有效降低氢能运输成本和缩短基础设施建设时间。德国、法国、荷兰和美国已经测试了 20% 的天然气掺氢比例，2023 年英国政府层面决定将天然气管道掺氢 20%。此外，在天然气管道完全改为纯输氢管道上，荷兰已将一条 12 千米管道成功改造为每年运输超过 4000 吨的输氢管道，丹麦、德国、意大利、西班牙和英国等国家也在计划纯氢管道的改造。

船舶运输上，将氢以液氢、有机液态氢和氨形式运输成为全球氢能贸易的重要方式。液氢运输技术进展方面，日本和澳大利亚开发了世界上第一条运输液氢的国际价值链，项目首先在维多利亚州从煤炭和生物质混合物中生成液态氢，然后由世界上第一艘液化氢运输船 Suiso Frontier 运往日本，最终抵达日本神户 HyTouch 接收站。有机液态氢储运可利用现有石油基础设施。芬兰在 2021 年启用了有机液态氢加氢和储存设施，为燃料电池汽车提供高纯度的氢气；德国计划在 2024 年前建立与海上制氢技术关联的有机液态氢氢化和储存示范工厂。氨每年的全球海上贸易量约为 2000 万吨[2]，是终端直接用氨情况下的最佳运输方法，若终端需求为氢，则需要进一步氨裂解获取氢。英国、德国等国家围绕氨裂解技术需求，已支持开展多个创新项目。

3. 用氢环节

从现有投资数据看，交通运输和工业部门仍是未来氢能应用投资的重点领域。到 2030 年，已宣布的氢最终用途投资约 600 亿美元，其中移动

1　国际能源署：《全球氢能观察 2022》，2022 年 10 月。
2　国际能源署：《全球氢能观察 2022》，2022 年 10 月。

出行和炼钢行业投资各占 30% 左右，氨和炼油行业投资各占 25% 左右[1]。

在交通运输领域，公路运输是氢能应用的主要部门，2022 年全球公路运输的氢能消费量超过 3 万吨，同比增长 45%[2]（图 4–8）。随着氢能列车、渡轮、航空燃料等技术的试验应用，氢能在交通领域的应用场景将更加多元化。从市场看，截至 2023 年上半年，全球公路运输中的氢燃料电池车辆库存已达 7.8 万辆，其中氢燃料电池汽车和货车的库存量占比超过 80%。目前，韩国仍是全球最大的氢燃料电池汽车和货车市场，库存量超过 3.2 万辆，其次分别为美国、日本。企业方面，路虎、长安、丰田、现代等企业近年来陆续公布企业汽车发展计划，包括氢燃料电池技术更新、氢燃料电池车型测试和量产（轻型商用车、轻型卡车、重型卡车等）、加氢站规划等。此外，在非公路交通领域，氢燃料电池客车、移动储氢拖车、氢动力矿车、氢燃料电池材料处理设备等示范应用项目已在多个国家部署，氢燃料在铁路、采矿、物料货物搬运等行业也将发挥重要作用。

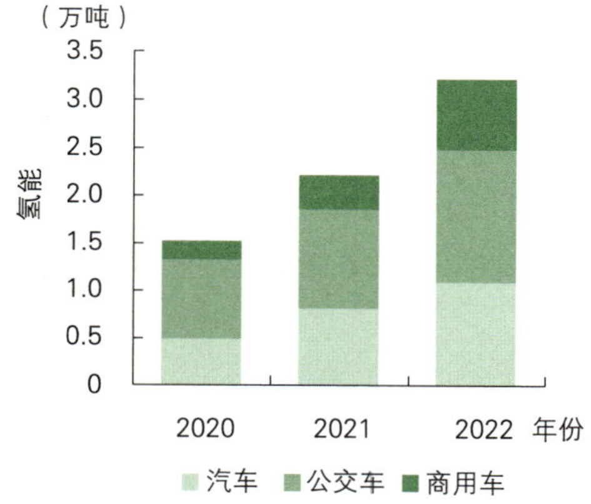

图 4–8 氢能在公路交通领域的消费

资料来源：国际能源署。

1 国际氢能委员会：《氢能观察 2022》，2022 年 9 月。

2 国际能源署：《全球氢能观察 2023》，2023 年 11 月。

在工业领域，氢能应用领域主要包括清洁氨、甲醇和钢铁的生产。2022年，全球工业部门用氢总量达5300万吨，较2021年增长2%，其中约60%的氢用于氨生产、30%用于甲醇生产、10%用于钢铁直接还原铁（DRI）技术。其中，绿氨成为各国争相布局的技术领域，目前全球已布局超过60个绿氨项目[1]，包括美国能源部“再生燃料”（REFUEL）计划、丹麦商业化绿氨工厂、中东“新未来城”（Neom）项目、澳大利亚“亚洲可再生能源中心”（AREH）项目等，全球绿氨规划总产能超过1800万吨/年。同样，甲醇目前也主要从化石燃料中制取，未来低排放制甲醇技术将发挥关键作用。一方面，随着电解水制绿氢技术发展，二氧化碳加绿氢制甲醇技术的经济性有望增加。另一方面，美国、加拿大、法国等国也在加大CCUS技术示范，预测到2030年，全球CCUS项目可提供近30万吨的低排放氢气用作甲醇生产。在钢铁行业，氢可通过在深加工粗钢中取代化石燃料、作为还原剂用于高炉喷吹和直接还原炼铁等方面进一步释放钢铁行业的减排潜力，例如瑞典钢铁公司、德国萨尔茨吉特钢铁公司、奥钢联、西门子等企业已陆续启动氢能炼钢示范项目，为全球钢铁行业减碳脱碳提供技术方案。

（二）国内现状

根据中国氢能联盟数据，2020年我国氢能行业市场规模为3000亿元，预计至2025年和2035年，氢能行业产值将分别达1万亿元和5万亿元规模[2]。中国物流与采购联合会发布的《中国氢能储运与应用发展报告》显示，2022年，我国氢能产业投资达到6800亿元，占新能源整体投资的7.4%[3]。目前，国内氢能产业呈现积极发展态势，氢能产业投资持续加大，氢能产

1　亚化咨询：《中国绿氨产业链年度报告2023》，2023年2月。

2　中国氢能联盟：《中国氢能源及燃料电池产业白皮书2020》，2021年4月。

3　中国物流与采购联合会：《中国氢能储运与应用发展报告》，2023年3月。

业链基本形成，已初步掌握氢能制备、储运、加氢、燃料电池和系统集成等主要技术和生产工艺。全产业链规模以上工业企业超过 300 家，包括上游制氢企业、中游储运企业以及下游用氢企业，集中分布在长三角、粤港澳大湾区、京津冀等区域。

1. 制氢环节

我国是目前世界上最大的制氢国，根据中国氢能联盟统计数据，2023 年我国氢能产量约 3550 万吨。我国制氢技术路线主要包括四类：一是以煤、天然气为代表的化石能源重整制氢；二是以焦炉煤气、氯碱尾气、丙烷脱氢等为代表的工业副产氢；三是电解水制氢；四是太阳能光解水、生物质气化等其他低碳制氢新技术。目前国内氢能大部分来自化石能源，且以煤制氢方式为主。据中国煤炭工业协会统计，2021 年我国煤制氢是最主要的制氢途径，占总量的 62%，工业副产氢、天然气制氢分别占比 19%、18%，仅有 1% 的氢气来源于电解水。

煤制氢技术发展时间长，技术路线成熟，应用广泛，工艺包括气化反应、煤气净化、CO 变换、变压吸附提纯。气化炉是煤制氢的关键装备，按照煤料与气化剂在气化炉内流动过程中的不同接触方式，可划分为固定床气化、流化床气化、气流床气化三类，其中，水煤浆进料式气流床是我国目前煤气化炉的主流发展方向[1]。煤气化制氢在制氢技术中的成本最低，为 0.8 ~ 1.2 元 / 立方米[2]，适合大规模集中制氢。然而，煤制氢过程中会产生大量 CO_2，需要结合 CCUS 技术和装备降低碳排放，这意味着煤制氢技术成本的增加和经济性的降低。随着 CCUS 技术的快速发展和成熟应用，清洁煤制氢技术有望进一步发展。

---

1 曹军文、张文强、李一枫，等：《中国制氢技术的发展现状》，《化学进展》，2021 年第 12 期。

2 王志刚、孙仁金、高潮洪：《成品油与新能源发展报告蓝皮书（2022—2023）》，石油工业出版社 2023 年版。

天然气制氢中，甲烷蒸气重整（SMR）是目前较为主流的技术，技术成本约为 0.8 ~ 1.5 元 / 立方米[1]。天然气价格是决定整体成本的重要因素，因此，在天然气资源相对丰富的新疆、青藏、川渝等地区，可依托现有技术设备优势，发展低成本的天然气制氢技术。

工业副产氢指炼焦企业、钢铁企业和氯碱工业等生产过程中副产的氢气，可用于回炉助燃或化工生产等。此外，可通过吸附、分离等方法进一步提纯焦炉煤气、氯碱副产气、合成甲醇、合成氨驰放气等工业尾气中的氢气，实现工业副产氢的大规模利用。目前，变压吸附技术（PSA）已经得到推广应用，氢气提纯成本仅 0.2 元 / 立方米[2]。作为全球最大的焦炭生产国，2023 年我国焦炭产量超 4.9 亿吨，焦炉煤气产量约 1970 亿立方米，焦炉煤气中含氢量约为 55%，由此测算 2023 年我国潜在焦炉煤气制氢量约为 1084 亿立方米。随着国内焦炭、丙烷、氯碱等行业的发展，工业副产氢产量和市场规模都将不断扩大，技术成本也将更具优势。

电解水制氢可利用核电、风电、光伏发电、水电等清洁电力，具有零碳排放优势，可有效消纳风光电力，解决弃风弃光问题，同时有助于优化电能存储运输和电网建设。电解槽是电解水的核心设备，主要包括碱性电解槽、质子交换膜电解槽和固体氧化物电解槽。其中，碱性电解水制氢发展最为成熟，主要在盐溶液中利用电荷转移将氢与水分子分离，但成本相对较高，综合成本至少达到 1.7 元 / 立方米。

2. 储运环节

氢能的高密度储运是氢能产业链中的关键环节，氢能储运技术研发和装备制造也是我国产业亟待破解的难题。根据相关研究机构梳理数据，

1　王志刚、孙仁金、高潮洪：《成品油与新能源发展报告蓝皮书（2022—2023）》，石油工业出版社 2023 年版。

2　中国氢能源及燃料电池产业创新战略联盟：《中国氢能源及燃料电池产业白皮书 2020》，2021 年。

2021 年国家重点研发计划“氢能技术”重点专项中，储氢技术研发项目占比较 2018—2020 年有大幅提升（图 4-9），提升储运效率、保障储运安全、降低储运成本已成为氢能储运环节的突破重点。

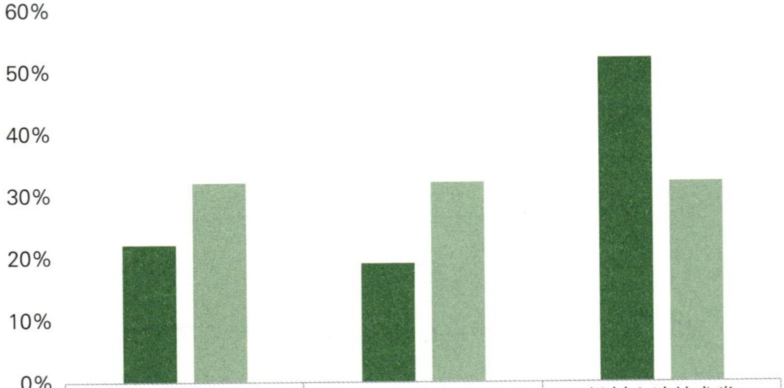

	储氢技术类	制氢技术类	燃料电池技术类
2018—2020年	22%	19%	52%
2021年	32%	32%	32%

图 4-9　2018—2021 年国家重点研发计划“氢能技术”重点专项项目分布变化情况

资料来源：前瞻产业研究院、平安证券研究所。

国内氢能存储技术主要包括高压气态储氢、低温液态储氢、有机液态储氢、固体材料储氢。高压气态储氢技术成熟，充放氢气速度快，是我国使用最多的储氢技术；低温液态储氢在低温条件下将氢气液化，存储于低温绝热真空容器，国内的液氢系统产能已经达到了每天 1.7 吨的水平，甚至可以达到 2.3 吨的最高水平。同时在技术上实现了液氢储罐的自主生产，目前主要应用于航空领域。有机液态储氢通过加氢反应将氢气与甲烷（TOL）等芳香族有机化合物固定，实现氢的存储。2021 年，全国首个有机液态储氢及氢储能研究的综合性实验室落地西安，进一步加速我国有机液态储氢的技术研发应用。固体材料储氢技术材料包括物理吸附型储氢材料和金属氢化物基储氢合金两类，大多数技术仍处在研发试验阶段。2023 年，国家重点研发计划固态储氢开发在广州和昆明同时实现并网发电，成为我国首次将光伏发电制成固态氢能应用于电力系统的成功案例。

氢能运输上，国内较多采用高压气态运输，其中长管拖车技术成熟，运输灵活性高，是气态运输的主要方式，国内加氢站也多采用该运输方式。管道运输方面，当前我国纯氢管道建设处于起步阶段，规模较小，总里程约400千米，主要分布在环渤海湾、长江三角洲等区域，已建项目以化工园区内应用为主。液氢运输方面，国内已陆续实现技术突破，已有企业具备液氢储罐和液氢罐车的样品生产技术，如中国航天科技集团六院101所建成了液氢加氢示范站。此外，海上运输成为地方政府关注重点，浙江2021年出台的《浙江省新能源汽车产业发展“十四五”规划》已开始规划氢能海外输入登陆站。

对于未来我国氢能储运规划，《中国氢能源及燃料电池产业白皮书（2019版）》指出，我国氢能储运将按照“低压到高压”“气态到多相态”的方向发展，由此逐步提高氢气储存和运输的能力。

3. 用氢环节

交通领域，氢能源汽车是未来氢能产业最重要的应用发展方向。目前我国氢能应用最主要的领域是氢能源汽车以及与之配套的加氢站等配套基础设施。相比于传统的燃油车，氢能源汽车可实现真正的零排放无污染；相比于电动汽车，氢能源汽车在补能时间上有巨大的优势，一次补充燃料仅需要几分钟，与燃油车所需时间持平。并且，氢能源汽车还具有能量转换效率高、续航里程长等优势。但因目前氢能源汽车成本较高、相关技术还不够成熟、与之配套的基础设施建设不完善等问题，消费者使用起来并不方便，导致购买意愿不强烈，氢能源汽车还没有得到大范围应用（图4–10）。

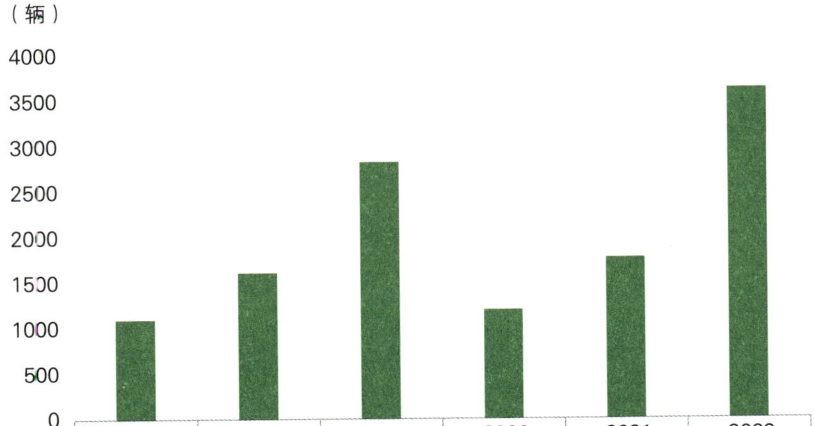

	2017	2018	2019	2020	2021	2022
产量	1103	1618	2833	1204	1777	3626

图 4-10　2017—2022 年我国氢燃料电池汽车产量统计情况

资料来源：中商情报网。

工业领域的氢能消费超过我国氢能总消费的 80%，主要应用于合成氨、合成甲醇和石油炼化等行业，未来绿氢化工、氢冶金、工业燃料等技术应用将有力推进工业领域的深度脱碳。对于化工行业，与绿氢产业耦合示范是减排的关键路径，例如将绿氢引入煤化工过程，通过一氧化碳、二氧化碳与氢气反应合成甲醇，可有效避免高耗能的水煤气过程，有效减少煤炭用量与二氧化碳排放。目前我国已陆续开展中煤鄂尔多斯能源化工有限公司 10 万吨 / 年液态阳光——二氧化碳加绿氢制甲醇技术示范、新疆奇台智慧能源装备产业园绿氢绿色甲醇等多个项目。此外，绿氢合成氨也是化工行业的关键应用场景，中国能建、国能集团、京能集团、吉电股份等多家企业已开启布局，未来扩大绿氢化工应用规模仍需突破绿氢成本降低、化工用氢稳定等方面的关键技术。对于钢铁行业，以氢作为还原剂可大幅降低冶金过程排放，为钢铁冶金提供低碳发展思路。2022 年底，河钢集团张宣科技 120 万吨氢冶金示范工程一期全线贯通，完成全球首例富氢气体零重整竖炉直接还原氢冶金，标志着我国氢冶金技术实现创新性突破。

电力领域，随着我国可再生电力部署加强，氢储能可有效解决风光发电间歇性和供电不稳定性问题，保障未来高比例可再生能源发电系统安全性，同时可以将部分氢能应用到交通运输、工业等其他领域，提高能源利用效率。氢燃料电池作为氢能向电能转化的关键手段，在国内受到较多关注，膜电极、氢气循环泵、空气压缩机、质子交换膜、催化剂等核心组件和关键材料，已实现技术突破和小规模自主生产，例如国网安徽综合能源服务有限公司投资建成国内第一个兆瓦级氢能源储能电站、中国长江电力集团在三峡坝区开展国内首个内河氢燃料电池动力船舶及制氢加氢一体站项目。但整体来看，国内氢燃料电池技术创新仍与国际先进水平有一定差距，相关核心专利在全球占比仅为1%左右[1]。

4. 国际合作

我国氢能产业发展快速，应用市场规模较大，并在近年来积极融入全球绿色氢能合作，在技术创新、绿色氢能贸易、标准规则等多方面推进国际氢能发展。

政府层面，2022年下半年以来，已有巴西、沙特阿拉伯、埃及、法国、纳米比亚等国家元首到访中国，与中国签订多项氢能合作项目。2023年4月，中国和巴西发表关于深化全面战略伙伴关系的联合声明，并将氢能列为能源合作领域之一。此外，国家和地方政府积极筹备举办了国际氢能产业合作大会、中国国际经济交流中心—联合国开发计划署氢能产业高峰论坛、氢能国际创新合作研讨会、中日氢能产业合作交流会等多个国际论坛会议，围绕氢能产业链环节、关键技术创新、标准制定等领域，促进国内外相关学者和企业研讨交流，实现中外氢能发展优势互补，共同促进全球氢能产业发展与技术创新。

1　刘应都、郭红霞、欧阳晓平：《氢燃料电池技术发展现状及未来展望》，《中国工程科学》，2021年第4期。

企业层面，在国家战略和地方政策支持下，具有市场竞争力的企业加速布局海外氢能产业，积极培育中国技术产品的国际市场。目前，中国能建、国家能源、水木明拓氢能源科技、国鸿氢能、国富氢能、中国中车等多家企业已经签订海外氢能项目，涵盖绿氢开发、风光氢储、氢能冶金化工等多个产业环节，合作方包括德国、英国、丹麦、韩国等。

三、国内外氢能相关政策比较

近年来，各国对氢能发展越来越重视，均制定了自身的氢能发展计划，并出台了一系列相关产业政策，凸显出氢能的重要性。

（一）氢能政策发力点不同

欧盟寻求长期脱碳和能源自立，《欧盟氢能战略》、REPowerEU 等规划明确提出至 2030 年在欧盟本土部署 1000 万吨 / 年可再生氢能产能，同时自可靠供应国进口氢能 1000 万吨 / 年的目标。至 2050 年，欧盟将推动绿氢大规模用于难以通过电气化实现零碳排放的领域。

美国发展氢能的目标在于占据战略性新兴技术高地、提升国家综合实力，因此在政策制定中主要将氢能在生产、储存、运输及商业应用过程中的成本和性能作为主要目标，期望通过技术研发催化出跨越性、突破性的技术，实现氢能的经济性并提升国际竞争力。

日本是最早开发氢能的国家之一。受国土资源及地理环境因素制约，日本很早就积极将发展氢能产业、打造氢能社会作为实现能源独立、推动经济发展的核心战略。日本先后发布多个氢能政策文件，规划实现氢能社会战略技术路线，大力推广交通、建筑、重工和石油冶炼等领域的氢能应用，重点推进可大量生产、运输氢的全球供应链建设。

韩国氢燃料汽车和燃料技术属世界一流，但氢能产业尚处于初期发展阶段，因此 2018 年韩国政府将“氢经济”作为创新增长三大战略投资领域，旨在通过发展氢能拉动经济创新增长，创造更多就业岗位。韩国最新氢能政策提出扩大、建立、提升氢能产业，以建立清洁的氢能供应链并培育世界领先的氢能产业为目标，着力打造成为全球氢能发电厂。

我国近年来在“双碳”目标的引导下，对氢能产业发展的关注度日益提升，从国家到地方出台了诸多政策予以支持。国家发展改革委、国家能源局印发了《氢能产业发展中长期规划（2021—2035 年）》，提出要建立“1+N”政策体系，明确氢能战略定位，部署产业发展重点任务。从国家层面来看，主要是通过强化顶层设计、技术攻关、试点示范等措施引导氢能产业发展。从地方政策来看，主要是基于打造氢能新兴产业出台相关规划性文件及支持性政策，重点聚焦于氢燃料电池技术攻关、氢燃料汽车市场推广政策等。

（二）制氢政策目标和路径不同

欧盟采用增强基建、扩大产能、搭建网络、规模应用的渐进式发展路线。《欧盟氢能战略》明确了欧盟 2020—2050 年的战略规划，2020—2024 年，欧盟将在境内建造一批单个功率达 100 兆瓦的绿氢电解设备，全欧的绿氢制备总功率将达到 6 吉瓦，绿氢年产量超过 100 万吨。所有蓝氢和青氢设备将全面完成碳捕捉和储存设施的安装。预计到 2030 年，欧盟的绿氢年产能将超过 1000 万吨，绿氢制备总功率达到 40 吉瓦。2025—2030 年，在继续加大绿氢制备产能的基础上，建成多个地区性制氢产业中心。2031—2050 年的重点是氢能在能源密集产业的大规模应用。

美国采用降低成本、改进性能、创造需求等方式扩大市场与产能，同时推动清洁、经济、可靠的氢能技术研发和规模化应用。2020年美国能源部启动《为地球奋斗氢能计划》（*Hydrogen Earth Shot*），提出10年内将绿氢成本降低至1美元/千克，降幅为80%，将氢需求提升至目前水平的5倍。2022年6月美国总统拜登决议授权美国能源部利用《国防生产法》加速国内包括电解槽、燃料电池和铂族金属在内的五项关键能源技术的生产，以加快清洁能源经济的发展。

日本根据《能源基本计划》不断对氢能源发展目标和路径进行调整优化，总体上致力于通过氢燃料电池终端利用革命、海外氢气资源进口等举措改变能源使用结构。依靠《能源基本计划》，日本推进燃料电池技术研发及项目示范验证，此后发布全球首个国家氢能战略，提出以2030年目标为基础，工业界、学术界、政府共同致力于建设氢能源社会的2050年目标和方向。2021年发布的“第六次能源基本计划”提出围绕应对气候变化与日本能源供需结构转型两大核心目标，力争2030年将氢的成本降低至与化石燃料同等水平，加速商业化应用。

韩国以氢燃料汽车普及的方式扩大用氢市场，打造大规模的氢气需求。2021年12月，韩国政府发布首个《氢经济发展基本规划》，提出到2050年韩国氢能将占最终能源消耗的33%、发电量的23.8%，成为超过石油的最大能源。2022年11月，韩国政府公布氢经济发展战略，计划到2030年普及3万辆氢能商用车，同时通过技术创新确保在氢产业链中掌握各环节核心技术。

我国是政策驱动型的氢能全方位发展路线。2022年3月，我国制定出台了《氢能产业发展中长期规划（2021—2035年）》，明确了氢能作为未来国家能源体系重要组成部分、用能终端实现绿色低碳转型重要载体的战略定位，并提出氢能产业的发展目标。规划提出到2025年初步建立以工业副产氢和可再生能源制氢就近利用为主的氢能供应体系；可再生能源制氢量达到

10 万～20 万吨 / 年，实现二氧化碳减排 100 万～200 万吨 / 年。2023 年国家能源局发布《新型电力系统发展蓝皮书》，提出加大氢燃料电池车、氢储能等应用环节的推广，长期实现电能与氢能等二次能源深度融合利用。

（三）不同环节支持力度有差异

欧盟主要采用了增加投资、提高碳税、成员国共同参与、鼓励私人投资、增加公共基金等措施推动可再生氢的发展，同时给予相关企业优惠的碳许可证、氢能在能源耗费中具有行政性规定配额等措施支持氢能发展。2023 年 3 月 16 日，欧盟委员会发布了欧洲氢能银行计划，并于 11 月启动首批可再生氢能试点拍卖，专项预算为 8 亿欧元（约合 58 亿元人民币），选定的试点项目将以每千克制氢固定溢价形式获得补贴，最长十年。

美国颁布了《基础设施投资和就业法案》，明确提出拨款 95 亿美元氢能专款，用于清洁氢能中心建设、电解制氢研究开发以及清洁氢制取利用。2022 年，美国《通胀削减法案》提出为绿氢提供最高 3 美元 / 千克的税收抵免，帮助实现从灰氢向绿氢的过渡。同时根据氢气生产过程中产生的热氧化碳来发放不同规模的生产税补贴和投资税补贴。

日本推出了 2 万亿日元的绿色创新基金用以建设大规模的绿氢供应链，包括大规模氢供应链建设项目和利用可再生能源等电力电解制氢示范项目，为大型氢供应链建设、可再生能源制氢以及下一代飞机开发、船舶开发、智能出行、燃料制造、塑料制造等氢气应用场景提供资金支持。同时日本对购买燃料电池汽车的消费者提供丰厚的购车补贴。

韩国推出扩大氢能公共汽车和货车的购买补贴，延长购置税、通行费减免等措施，创造氢能需求。2021 年韩国民间企业计划未来 20 年在氢经济领域投资 43 万亿韩元用于发展氢能源生产、存储、运输和应用等氢经济领域产业。

我国针对氢能制取、储运、加注、应用等环节出台了一系列财政、税收、金融等方面的支持政策，比如固定资产投资奖励、可再生能源制氢装备购置补助等，同时不断加强氢能产业的标准制定和监管，鼓励氢能产业发展。制取环节，提出实施低碳原料燃料替代，推动以可再生能源替代煤制氢，提高绿氢利用比例；储运环节，支持探索多种储运方式，逐步构建高密度、轻量化、低成本、多元化的氢能储运体系；加注环节，鼓励探索站内制氢、储氢和加氢站一体化的加氢站等新模式；应用环节，鼓励氢能等替代能源在钢铁、水泥、化工等行业广泛深度应用。

（四）结合本国技术优势制定氢能标准

欧盟氢能标准化工作主要围绕氢能制取、氢储运、基础设施建设、安全、试验规范等方面展开，由欧洲标准化委员会等机构组织实施推进，协调成员国的标准化工作，制定欧洲标准并进行区域性认证，促进欧盟内部的贸易和技术交流。各国标准化工作由各国标准化组织基于国际标准化组织、国际电工委员会等相关技术标准，结合各国技术优势制定符合本国的氢能标准。

美国在规划氢能发展路线初期就将标准化作为重要工作内容予以推进，在氢安全、制氢、氢储运、加氢站、氢能应用领域都制定了配套标准，现已成为氢能技术标准制定最活跃积极、成果最丰硕的国家。特别是美国持续对燃料电池汽车标准体系进行研究完善，并成立了“术语、安全、接口、性能、排放和能耗、可回收”等专项工作组亘点推进相关工作。

日本氢能标准化工作由日本工业标准调查会负责组织实施，目前燃料电池汽车、智能电网及氢储能技术、氢能安全方面的标准已经走在国际前列，尤其在燃料电池领域形成了较为完善的标准和法规体系，支撑其在燃料电池研发、乘用车开发、氢储运和小型化氢能应用领域形成了独具特色的核心技术，成为日本推动氢能产业发展的重要竞争力。

韩国由韩国技术标准署和韩国标准协会等组织开展标准化工作，对标准政策、产品安全、合格评定和技术法规等内容进行统一管理。同时韩国在新能源领域专门设立了“新再生能源中心”，负责新能源技术标准化以及新能源项目评估、管理等。目前韩国氢能领域标准已达 34 项，且主要集中在燃料电池领域，如 2023 年 4 月韩国发布了船舶氢燃料电池标准，旨在推进氢燃料新造船发展。

我国对氢能领域技术标准研究制定工作同样较为重视，目前已取得一定进展和成果。我国由全国氢能标准化技术委员会和全国燃料电池及液流电池标准化技术委员会两大组织负责实施推进。目前，我国氢能标准体系已经覆盖了氢能基础与管理、氢质量、氢安全、氢工程建设、氢制备与提纯、氢储运与加注、氢能应用及氢相关检测等 8 个领域；燃料电池标准体系覆盖基础标准、燃料电池通用标准、固定式燃料电池发电系统标准、便携式燃料电池发电系统标准、驱动和辅助动力用燃料电池系统标准、微型燃料电池发电系统标准、可再生能源电解水制氢储能—燃料电池系统标准以及生命周期评估标准等 8 个领域。

（五）各国氢能政策实施都存在难点

欧盟实现氢能目标面临的挑战较大，电解槽项目能否在预定时间内顺利投产存疑，电解槽装机目标很难实现。可再生能源的产能能否匹配电解槽部署容量所需的电力是值得关注的问题。如果未能实现可再生能源的足够供给，在一定程度上会阻碍电解槽项目的顺利实施。此外，受限于电解槽技术成熟度及高成本，如果没有足够的政府激励和支持，也将对实现电解槽目标产生不利影响。

日本氢能政策实施欠佳，燃料电池汽车销售不佳、加氢站建设不足，家庭氢能发电与热水装备安装进度缓慢，很难支持日本氢能战略提出的既定目标。此外，日本氢能政策中选择了氢的低优先级用途，重视基于化石燃料的灰氢与蓝氢，忽视基于可再生能源的绿氢，导致日本氢能产量与产能稍显落后。

韩国氢能经济政策实施效果相对较好，氢燃料电池汽车消费活跃，新建氢燃料充电站数量处于高位，燃料电池出货量处于国际前列。目前韩国正在氢能战略指引下，探索更多有效的支持性举措助力氢能产业发展。但同时，韩国加氢站安全事故频发是氢能战略实施面临的重点问题之一，而且随着示范经验的积累，事故增长势头并未得到有效遏制。

我国在实施氢能产业政策过程中，产能稳步提高，技术持续发展，应用领域逐步扩大，产业集群化特征开始显现，但仍面临制取及储运技术薄弱、应用场景结构不平衡等问题，减碳效果未能有效发挥，这将影响我国氢能政策目标的实现。

四、我国氢能产业发展面临的问题与挑战

近年来，我国氢能产业取得长足发展和进步，但与国际先进水平相比，仍存在规划和政策体系不够完善、技术创新能力不强、支撑产业发展的基础设施建设滞后、市场体系尚不健全等问题。这些问题都将给氢能产业带来巨大挑战，影响氢能产业可持续健康发展，不利于提升产业国际竞争力。

（一）产业规划和政策体系尚不完善

自2020年以来，我国从中央到地方持续出台氢能领域相关政策，促

进了氢能产业链各个环节的发展。但从实际情况来看，我国氢能产业顶层设计不足、缺乏统筹规划，且配套政策尚不完善，对氢能产业高质量发展还没有形成足够推动力。

第一，与欧美日韩等发达国家和地区相比，我国氢能产业规划出台较为滞后。当前，全球氢能产业发展领先国家早已完成相关战略规划及推广应用，相比而言，我国氢能产业规划和布局呈现“自下而上”的特点，地方政府积极性很高，而国家层面在2020年提出“双碳”目标之后才开始逐步重视氢能产业的发展。2022年3月国家发展改革委、国家能源局印发《氢能产业发展中长期规划（2021—2035年）》，标志着氢能上升至国家战略能源高度，但仍然缺少系统性的政策支持和更具可操作性的实施方案。战略布局的相对滞后导致我国氢能产业发展起步较晚，不利于在全球氢能竞争中占据优势地位。

第二，我国氢能产业顶层设计不够系统和全面，不利于规范和引导氢能产业科学发展。从全国来看，一方面，我国氢能产业顶层设计尚处于宏观布局阶段，在中观和微观层面可操作性的制度设计仍不完善，这将导致氢能产业整体发展路线不明晰，在发展过程中容易出现盲目扩张、产能过剩以及技术空心化等问题。另一方面，我国氢能产业顶层设计重点聚焦于氢燃料电池汽车及其产业链，对氢储运、氢能应用等环节及其配套产业的指导力度有限，这既制约了氢能技术的研发投入，又限制了市场的开发应用，不利于我国通过发展氢能产业实现能源开发利用的“弯道超车”和助力实现“双碳”目标。此外，我国氢能产业顶层设计中关于绿氢制造的发展路线尚不清晰，导致绿氢发展面临较多阻碍。从地方来看，虽然目前全国已有超过20个省市陆续出台关于氢能产业发展的专项规划及配套政策，但由于上位规划在统筹谋划、整体布局以及竞跑规则等方面均不够明确，导致地方氢能产业链布局较为分散，盲目投资、重复建厂、低水平技术引进现象层出不穷，个别地区氢能产业呈现无序发展和恶意竞争态势，长此以往将不利于我国氢能产业链统筹布局、氢能产业关键核心技术攻关与创新以及不同地方之间优势资源互补和协同发展。

第三，我国氢能产业政策支持力度不足，不利于氢能产业技术研发和应用模式创新。与过去风电、光伏、电动汽车等领域产业补贴政策力度相比，目前我国在氢能领域的补贴政策力度较弱。以燃料电池汽车示范城市群补贴政策为例，国家对五个示范城市群三年的补贴总量尚不足100亿元，而且与燃料电池汽车相比，对应用在其他领域的燃料电池和氢能装备没有任何补贴。与此同时，我国缺乏对氢能产业链关键技术突破及产业化应用环节的专项资金支持，导致企业尤其是创新型中小企业热情不高。有限的产业政策在一定程度上限制了氢能产业技术的研发和市场应用的拓展，不利于氢能产业体系建设。

（二）产业关键核心技术存在短板

由于氢能关键材料及设备零部件要求苛刻、工艺复杂、成本高昂，我国氢能产业链的部分关键零部件和产品技术水平尚与全球领先水平存在较大差距，膜电极、空气压缩机、储氢材料、加氢枪与软管等关键零部件仍需要依赖进口，成为制约我国氢能产业高质量发展的重要因素。

第一，在上游制氢领域，从发展趋势来看，绿氢代表着氢能产业链上游的未来，其生产规模是决定氢能产业可持续发展的关键。当前，我国制氢技术仍停留在灰氢层面，煤制氢和天然气制氢占比近八成，工业副产氢占比约两成，可再生能源制氢占比仅约为1%，无法有效支撑国内氢能源可持续发展。从技术上看，电解水制氢是目前制取绿氢最主要的方法，而我国在质子交换膜（PEM）纯水电解制氢技术上与国际先进水平差距较大、国产化水平较低，技术长期以来被国外企业垄断，美国杜邦公司 Nafion 系列质子交换膜在全球市场的占有率超过 90%。这将导致我国在此种制氢技术上很难取得突破，对国外市场具有较强的依赖性。此外，我国在固体氧化物水电解制氢领域尚处于实验室研发阶段，离大规模商业化应用还有较长的距离。

第二，在中游储氢领域，气态储氢是我国最常用的储氢方式，但由于我国在气态储氢基础材料、生产工艺、加氢设备关键器件等方面缺少核心技术，导致无法进行大规模商业化运作，也成为国内氢能产业被“卡脖子”的重要环节。液态储氢在我国主要运用于航天领域，由于脱氢技术复杂、脱氢能耗大，我国在脱氢催化剂技术上同样面临技术瓶颈，液态储氢核心技术一直掌握在国外企业手中，导致国内难以形成规模化、商业化应用。固态储氢技术在我国已取得实质性进展，但由于相关材料主要依托贵金属和重要催化剂来合成制备，目前大部分技术仍处于实验阶段，未能实现规模化应用。

第三，在下游应用领域，燃料电池是氢能下游最关键的应用。当前，我国氢燃料电池系统、电堆、压缩机等已基本实现国产化，并已具备质子交换膜燃料电池系统研发生产能力，但是总体上与国际先进技术相比还存在诸多差距。如我国燃料电池电堆及系统的可靠性、耐久性等与国际先进水平相比存在差距，膜电极及催化剂、双极板、电极板、密封件、燃料电池发动机、空压机组件、氢气再循环泵、碳纸产品等部分核心技术的关键零部件仍需依赖进口。此外，在氢能燃料电池的高端集成、电池寿命、生产成本、批量制造能力等方面，我国也与美国、日本等国家存在明显的技术差距。

（三）基础设施建设难以满足产业发展需要

加氢站、运输管网等基础设施建设是氢能产业高速、高质量发展的关键。但当前我国缺乏充足的基础设施整体布局，面临基础设施建设滞后、配套功能不完善等问题，加氢站、输氢管道、工业副产氢纯化系统等支撑设施严重不足，难以适应氢能产业快速发展的需要。

第一，在加氢站建设方面，截至2023年底，我国建成加氢站407座[1]，数量位居全球第一，但加氢站建设仍存在诸多亟待解决的问题。一是在目前已建成的加氢站中，绝大多数属于场内测试站与撬装站，缺乏具备商业化能力的大容量加氢站，未来随着氢能车辆规模持续增加，现有加氢站将无法满足加氢车辆进场时间随机化以及单次加注体量大、时间短等商业需求，且重建或升级的成本较高。二是虽然我国已具有35兆帕（MPa）加氢站关键技术与装备集成能力，但加氢枪、高压管路及阀门等关键零部件和产品仍然依赖进口，压缩机关键部件需要进口后在国内组装。同时，适用于重卡和乘用车辆的70兆帕加氢站数量较少，与欧美日等国家和地区之间存在较大差距。三是当前我国已建成加氢站全部为高压气态氢加氢站，低温液态储氢站仍在规划中还未开始建设，民用液氢市场尚属空白，这将难以匹配高速发展的氢能产业。此外，我国加氢站建设还存在布局分散、建设成本高、建设审批流程复杂等问题，这些因素也影响了加氢站的建设速度和燃料电池汽车的推广使用。

第二，在运输管网建设方面，当前我国用氢需求主要集中在东部沿海地区，而氢资源富集的区域主要是“三北”地区，氢能供需不匹配问题较为突出。由于目前长距离、大容量、低成本的储运手段和技术尚未实现商业化应用，导致我国尚未形成完善的氢气存储和运输的大型网络通道，这在很大程度上阻碍了氢能产业链上下游形成有效联动。一是目前我国氢气的储运方式主要以20兆帕高压长管拖车高压气态运输方式为主，这种方式能量密度较低，适合150千米内短距离运输，在氢资源丰富且用氢规模较小的情况下可满足需求。但是随着用氢体量的日益增大，这种运输方式将不可持续。二

1 《激发“氢”动力 氢能产业点燃绿色新引擎》，人民网，2024年4月26日。

是作为解决氢储运的重要举措，管道输氢在我国尚处于起步阶段，输氢管道总体规模较小，总里程约 400 千米，其中在用管道仅有 100 千米左右，输送压力为 4 兆帕，与美国 2500 千米、欧洲 1569 千米相比差距很大，极大地制约了储运业务发展。同时，输氢管道建设也面临设计建造标准不明确、建设成本过高等问题，成为氢能基础设施发展的另一个重要障碍。

（四）市场基础较为薄弱

当前，我国氢能市场存在相关机制不健全、氢能技术标准和安全标准不完善、市场应用场景单一等问题，导致我国氢能的价值未能得到有效发挥。

第一，氢能市场机制不完善，市场化水平相对滞后。一是我国氢能产业发展还处于初级阶段，这一阶段主要通过各种形式的补贴以及政府特定的行政和监管手段，才使得氢能产业进入“规模化—降成本—市场化”的量价循环，从而形成商业化竞争发展的局面。目前氢能产业“有效市场”并未形成，服务于产业发展的功能未能发挥应有的作用，导致很多氢能领域企业面临资金和市场的双重压力。二是当前我国氢能市场处于自发发展的态势，缺乏多层次的市场体系，导致不论在市场规模还是发展速度上，都不能满足氢能产业高质量发展的需要。三是氢能产业市场化交易处于起步阶段，氢能的生产和消费活动主要是应用场景主导的，公认的氢定价机制尚未确立，市场化和商品化程度低，严重制约了氢能产业的发展。同时，涉及氢交易及绿氢交易、价格指数、溯源认证、氢储能参与电力市场和氢能碳减排市场化交易机制以及相关交易平台尚未建立，无法充分体现氢能的价值。

第二，氢能技术标准体系较为单一，部分氢能细分领域还存在标准缺失问题。一方面，我国依托全国燃料电池标准化技术委员会（SAC/TC 342）和全国氢能标准化技术委员会（SAC/TC 309）确立并构建的氢能标准体系，为推动氢能产业发展发挥了巨大的作用，但随着材料和工艺的不断更新，与发达国家相比，我国氢能细分领域标准体系仍不完善，如在可再生能源制氢、液态储氢、工业用绿氢等新型氢能领域的技术工艺、装置设备及生产运营环节，缺乏健全的国家或行业标准，导致市场良莠不齐，不利于规范和引导氢能产业市场健康发展，并且也无法与发达国家的相关标准体系形成有效衔接。另一方面，由于氢能储运、关键零部件和设备、氢工程建设等细分领域的国产化程度不高，制定国家标准存在困难，极大制约了氢能产业技术创新和市场规模突破。此外，当前国际氢能技术标准的话语权牢牢掌握在欧美发达国家手中，我国主导制定、参与的国际技术标准数量非常有限，导致我国氢能产业在全球市场中缺乏竞争力。

第三，氢能安全问题突出，在制氢、储氢、输氢等领域缺乏安全标准和相关规范，相关研究测试也缺乏标准。一方面，当前我国在氢能领域存在较大安全隐患，如氢气纯度、压力、质量流量等，同时氢能技术在运输、存储、使用等环节也存在诸多安全隐患，亟须从国家层面建立健全相关安全标准体系。例如，针对氢能与燃料电池汽车的特殊性，我国已建立了车用氢能安全法规标准，但从实际情况来看，此标准缺乏科学性和完整性，缺乏足够的实验数据和必要的安全技术研究支撑。另一方面，我国在氢能安全领域研究基础薄弱、深度不足，缺乏安全可靠性测试方法和检测认证手段，无法为相关标准的制定提供可靠的依据。此外，从现有安全标准体系来看，除了规定氢能领域设备产品的安全性之外，缺乏公共安全和人身安全标准，这将不利于氢能产业彻底市场化并最终实现安全应用。

第四，商业模式创新不足，市场应用场景及规模有限。当前，我国用氢端需求主要集中在氢燃料电池及其交通工具方面，而钢铁冶金、发电、储能、天然气掺氢等应用场景目前尚处于技术研究或早期示范阶段，成熟度偏低、规模不大，这在一定程度上影响了氢能价值和潜力的发挥。

五、我国氢能产业发展趋势与规模展望

为实现 2060 年碳中和目标，预计我国氢能年消费量将从目前的 3500 万吨增加至 1 亿吨左右，氢能在终端能源消费中占比超过 15%。随着深度脱碳的需求增加和低碳清洁氢经济性的提升，氢能将在工业、交通运输、建筑与发电等领域逐步实现规模化应用，供给结构从以化石能源为主的灰氢逐步过渡到以可再生能源为主的绿氢，并将满足 90% 的氢能需求。

（一）氢能消费

1. 交通运输领域

交通运输部门要实现碳中和，需要将道路交通全面电气化，同时航空和船运逐步替换使用零碳燃料。在碳中和目标下，预计到 2060 年交通运输部门氢气消费量约 3000 万吨。

道路交通领域，以氢燃料电池汽车协同纯电动汽车是道路交通实现深度脱碳的重要补充。目前我国汽车电气化率仅为 4%，2035 年前，在轻型道路交通领域，纯电动汽车仍将占据主流；氢燃料电池汽车将在中重型和长途道路交通领域起到至关重要的作用。预计到 2025 年我国加氢站约达 1000 座，氢燃料电池汽车保有量超过 5 万辆；到 2035 年氢燃料电池商用车保有量将达到 100 万辆，加氢站规模近万座；到 2060 年氢燃料电池汽车数量将达到 500 万辆，其中以中重型燃料电池商用车为主，占全部中重型商用车比重约 50%，氢气消费约达 2000 万吨。

船运领域，通过动力电池和氢燃料电池技术可实现内河和沿海船运电气化，通过生物燃料或零碳氢气合成氨等新型燃料可实现远洋船运脱碳。考虑到目前高功率燃料电池技术尚未成熟，燃料电池船舶在早期阶段推广速度相对滞后，但后期随着氢燃料存储优势逐步显现，燃料电池船舶市场渗透率将逐步提升至纯电动船舶水平。预计2030年燃料电池船舶开始市场化推广，到2050年约5%的船运能源消耗将通过氢燃料电池技术实现，氢气消费量约为100万吨，到2060年氢气消费量将达到200万吨。

航空领域，以电制燃料、生物燃料共同实现脱碳。电制燃料是指一种将水电解生成氢后，与二氧化碳、氮气等通过催化反应合成的液体燃料，既可通过发动机燃烧给车辆、船舶或飞机提供动力，也可作为零碳燃料或原料应用于工业减排。以氢为燃料的飞机可能成为中短途航空飞行的主要脱碳路径。电制燃料与化石能源燃料在物理化学性质上并无本质差异，可实现航空领域深度脱碳。预计2060年航空领域氢（含电制燃料用氢）需求将达到800万吨。

2. 工业领域

工业是当前脱碳难度最大的终端部门，化石能源不仅是工业燃料，还是重要的工业原料。工业燃料通过电气化可实现部分脱碳，但是作为工业原料的化石能源，直接电气化的空间十分有限。在氢冶金、工业原料、合成燃料等行业增量需求的带动下，2060年工业部门氢需求量约为5000万吨。

氢气是合成氨、合成甲醇、石油精炼和煤化工行业的重要原料，还有小部分作为回炉助燃的工业燃料使用。合成氨的需求主要来自农业化肥和工业两大方面，其中农业化肥占比达70%左右。随着肥效提高和有机肥替代，未来合成氨在农业领域的消费量将有所下降。非农业领域消费量受环保、新材料、专用化学品等工业消费拉动，合成氨需求将有所增长。合成甲醇方面，传统领域甲醇消费增长较为缓慢，新兴的甲醇消费的增长主要受甲醇制烯烃和甲醇燃料的发展推动。预计2035年后，化工行业氢气消费将提速，从400万吨增加至2060年的2500万吨。

石油精炼氢气主要用于石脑油加氢脱硫、精柴油加氢脱硫以改善航空燃油的品质。随着近期石油消费量的增长和对成品油品质要求的不断提升，石油精炼行业的氢气消费量有望持续增加。但中长期来看，由于油品标准、交通运输部门能源效率和电气化率持续提升，炼厂氢气消费将持续下降。预计到 2060 年我国成品油需求将基本清零，炼油环节用氢量也将基本清零。烯烃芳烃方面，氢基化工将于 2040 年左右迎来快速增长期，烯烃芳烃产品将有约 30% 来自氢基化工，预计到 2060 年石化行业的氢气需求将达到 1000 万吨。

钢铁行业是我国最大的碳排放来源，约占全国碳排放总量的 16%。在钢铁生产过程中，高炉炼铁环节需要使用焦炭作为还原剂，造成近 10 亿吨二氧化碳排放。钢铁作为国民经济的基础原材料，未来仍将保持较大生产规模，尽管电炉钢（废钢路线）比重会持续提升，但考虑到我国是全球制造网络的中心节点，将会有大量钢铁以机械制品、汽车等下游产品形式间接出口到国外，电炉钢比重预计仅能达到 50% 左右的水平，其余 50% 的钢铁生产的碳排放，需要由氢能冶金等革新性技术来解决。氢能冶金可大致分为两条技术路线，一是氢能炼铁，即向高炉注入一定比例氢气作为还原剂，从而减少焦炭使用及所带来的碳排放；二是氢能炼钢，即采用氢基竖炉直接还原铁技术，用氢气作为还原剂，在低于矿石软化温度下，在反应装置内将铁矿石还原成金属铁的方法。两条技术路线之下，不同企业又研发出了不同工艺，实践证明降碳效果为 30% ~ 90%。碳中和目标下，2060 年我国粗钢产量预计为 50 亿吨，其中 50% 为电炉钢，剩下的 50% 将由氢能炼钢（氢基竖炉直接还原铁）、氢能炼铁（高炉掺氢 +CCUS）等工艺路线来生产。预计钢铁行业的氢气需求将从 2035 年开始出现明显增长，2060 年约为 1500 万吨。

3. 建筑领域

随着我国城镇化水平不断提高，建筑部门的能源需求快速增长。建筑部门能源需求主要来自采暖、生活热水、炊事和各种电器设备的消耗。公共建筑将大量采用集中供热、先进节能保温技术，建筑节能率将逐年提高，建筑采暖能耗强度指数将持续降低。建筑部门完全脱碳的难点在于供暖与炊事，尤其在季节性和日间变化的情况下，峰值热需求波动相当大。一方面可以通过集中空调系统供暖、电力烹饪等技术实现建筑电气化，另一方面通过燃氢锅炉和燃料电池等方式与分布式风光等可再生能源结合逐步打造零碳建筑。

对于部分公共及商业建筑，燃料电池热电联产与热泵将是重要的零碳解决方案。2060 年预计 20% 的天然气供暖需求将被纯氢替代，剩余需求可以通过一定比例的掺氢实现脱碳，预计 2060 年建筑供热供电领域氢气消费量将达到 1000 万吨。

4. 发电领域

氢能是电力系统大规模、长周期储能的重要技术方案。当波动性可再生能源在电源结构中占到较大比重时，单纯依靠短周期（小时级）储能将无法满足电力系统稳定运行需要。氢能作为大规模储能介质，能量存储边际成本增速远低于电化学储能，可满足高比例可再生能源系统对大容量、长周期（日、月、季节尺度）储能需求。参与可再生能源电力消纳的绿氢可直接应用于交通运输、工业、建筑等终端用能部门，也可以氢基液体燃料的方式实现长期存储和跨季节发电。长周期储氢的市场规模取决于可再生能源发电规模和成本，不断下降的可再生能源成本和持续提升的电力系统长周期调节需求，将提升氢储能经济性水平。预计到 2060 年，可再生能源发电制氢电量将超过 3 万亿千瓦时，对应制氢规模达到 9000 万吨，其中大部分流入工业、交通运输领域用于清洁原料及燃料，另有超过 10% 的绿氢通过燃料电池以电力形式流回电力系统。

氢能储能技术还可应用于燃料电池备用电源。燃料电池备用电源是一整套备用电源解决方案，目前国内已有多个地区采用。当前弗尔赛能源的固定式备用电源是国内市场应用规模最大的产品，已形成百余套产品在线运行网络，其通信基站备用电源产品已在上海、江苏、厦门等地推广应用。此外，由于我国正在大力推进信息基础设施建设，5G 基站、大数据中心用电量激增给所在地电力供应造成较大压力。“光伏 + 氢储能 + 燃料电池发电”可形成一个分布式能源站，为信息基础设施建设提供能源解决方案。

在碳中和目标下，预计 2060 年电力系统储能及发电领域的氢气消费量将达到 1000 万吨。

（二）氢能供给

为满足不同行业和领域对氢能数量、品质、时间、空间分布的需求，须加快构建高效、经济、低碳的氢能供给体系。本部分将围绕制氢和储运环节，对我国氢能供给格局进行展望。

1. 化石能源制氢

煤制氢是当前我国大规模稳定制取廉价工业氢气的主要途径。传统煤制氢采用固定床、流化床、气流床等工艺，合成气中的 CO_2、CO 等体积分数高达 45%～70%，碳排放较高，且含有硫化物等腐蚀性气体。近年来，新型煤气化制氢技术不断发展，超临界水煤气化技术利用超临界水（温度≥ 374℃、压力≥ 22.1 兆帕）作为均相反应媒介，具有气化效率高、氢气成分组成高、污染少等传统煤气化技术无法比拟的优点，但目前尚未产业化。当前我国煤化工行业发展较为成熟，煤制氢产量大，可以基于当前的煤气化炉装置生产氢气，并利用变压吸附（PSA）技术将其提纯到车用氢能要求。但煤制氢需要大型的气化设备，一次装置投资价格较高，单位投资成本为 10 万 ~18 万元 /kg H_2/h。煤制氢投资与运营成本需在大规模制氢应用下能够得到有效摊销，由于我国煤炭价格较低，在煤价200～1000元/吨时，制氢成本约为7～12元/kg H_2（不含CCUS）。

甲烷蒸汽重整（SMR）在天然气制氢技术中发展较为成熟、应用较为广泛。天然气制氢成本随天然气价格的变化较大，天然气原料成本的占比达到70%～90%，如果利用大型蒸汽重整装置，在天然气价格1.5～4.5元/标准立方米时，制氢成本约7～20元/kg H_2（不含CCUS）；如果利用中型蒸汽重整装置，由于单位成本较高且转换效率相对较低，制氢成本要高出2～4元/kg H_2。天然气制氢过程需要将原料气的硫含量降至百万分之一（1ppm）以下，以防止重整催化剂的中毒，因此制得氢气的杂质浓度相对较低。我国天然气资源供给有限且含硫量较高，预处理工艺复杂，导致国内天然气制氢的经济性远低于国外。

2. 工业副产氢制氢

工业副产氢制氢尽管提纯工艺相对复杂，但具有技术成熟、成本低、环境相对友好等优点，有望成为近期高纯度氢气的重要来源。工业副产氢制氢是指利用含氢工业尾气为原料制氢的生产方式。工业含氢尾气主要包括焦炉煤气、氯碱副产气、炼厂干气、合成甲醇及合成氨弛放气等，一般用于回炉助燃或化工生产等用途，利用效率低，有较高比例的富余。由于副产氢主要作为化工过程的副产品，可作为近期低成本的分布式氢能供应源。工业副产氢的供应潜力与成本还可根据生产企业的下游产品结构与产品收益调整。传统炼化企业可在现有氢气生产装置上加建氢气分离提纯和压缩单元，投入成本低，并且可以提高下游产品的多元性和氢气的经济附加值，是企业转型升级的重要战略途径。目前采用变压吸附（PSA）技术的焦炉煤气制氢、氯碱尾气制氢等装置已经得到推广应用，氢气提纯成本较低，计入综合成本后仍具有明显的经济性优势。

3. 电解水制氢

电解水制氢技术主要包括碱性电解水制氢、固体质子交换膜电解水（SPE）制氢和固态氧化物电解水（SOEC）制氢。

碱性电解技术已经实现大规模工业应用，单槽电解制氢产量较大，易实现大规模应用，国内关键设备的主要性能指标均接近或达到国际先进水平。SPE 技术运行灵活性和反应效率较高，能够以最低功率保持待机模式，与装机规模较小、波动性较大的光伏发电系统具有良好的匹配性，但在技术成熟度、装置规模、使用寿命、经济性等方面国内较国际先进水平差距较大。SOEC 技术的电耗低于碱性电解和 PEM 技术，但尚未广泛商业化，国内仅在实验室规模上完成验证示范。

如果直接采用可再生能源电力直接制氢的方式，则制氢成本将取决于可再生能源电力的发电成本。预计到 2030 年陆上风电和光伏全国平均度电成本分别为 0.30 和 0.24 元 / 千瓦时，2060 年分别为 0.2 和 0.1 元 / 千瓦时，假定 2030 年和 2060 年直接用可再生能源电力制氢的用电成本可低至 0.25 和 0.15 元 / 千瓦时，则制氢成本将分别降低至 15 元 /kg H_2 和 10 元 /kg H_2。

总体来看，各类生产、储运和加注方式的成本都将随时间逐渐下降，进而达到或者低于特定应用场景的成本接受度边界。在各类应用场景中，固定应用场景氢气价格接受度基本保持稳定，而车用氢能因燃料电池技术经济性的变化，其氢气价格接受度在不同时期有所差异。具体来看，重型货运车辆 2030 年的氢气价格接受度约为 40 元 /kg H_2。各类固定应用场景氢气价格接受度为 6 ~ 15 元 /kg H_2，相对车用氢气更低，其平价时间也相对滞后。尽管各类氢能供应方式都包含储运及加注成本，但对于一些工业部门，氢源与消费间的距离往往较短或可通过集中运输降低配送及加注成本。因此，凭借低成本可再生能源电解水和集中储运方式，绿氢也有望于

2050年前在钢铁、合成氨、合成甲醇等行业实现对化石能源消费的经济替代。

结合可再生能源发电成本下降和碳市场激励，绿氢市场竞争力将逐步提升，预计2060年绿氢产量将超过9000万吨，占制氢总量的90%以上。除绿氢外，化石能源制氢+CCUS也将得到发展，预计到2060年产量约达1000万吨，化石能源制氢（不含CCUS）将基本退出市场（图4-11）。

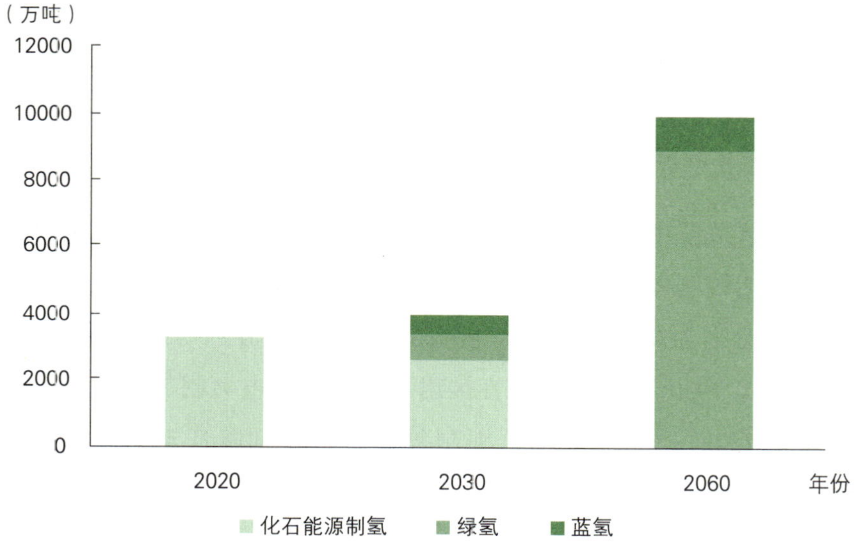

图4-11　碳中和目标下氢能供应结构

资料来源：作者预测。

（三）氢能储运

目前氢能存储主要包括压缩氢气、低温液氢、固态储氢和有机液体储氢等方式。其中固态储氢和有机液体储氢可实现氢气的常温、常压储存，具有较高安全性，但目前固态储氢能量密度较低（重量百分比在2%以下），储氢能量损失偏高，仍处于技术研发和示范环节，商业运营项目较少。压缩氢气、液态氢气储氢方式技术成熟度相对较高。因此各类氢气运输方式的成本随着运输规模和距离差异表现出不同变化规律，压缩氢气长管拖车适合小规模、运距短的应用场景，液氢罐车运输适合长距离运输，管道输氢适合大型工业用户，有机储氢、金属储氢等因安全性优势适合终端短途配送。

除氢气运输外，长距离输电也可实现绿氢输送。在目前输电通道仍有裕度、发用电调峰能力不足导致新能源弃电的情况下，长距离输电结合负荷侧本地制氢经济性较高；而在部分电网通道受限、外送能力不足的地区，可选择就近用氢或长距离输氢方案。长期来看，随着新能源渗透率的提升，电网输电通道利用率下降，单位输电成本面临上涨压力，而氢能基础设施仍有较大降本空间，输氢经济性将有所提升。此外，最终氢能运输方案的选择也取决于用氢产业布局，在新能源资源富集且电网薄弱地区可考虑建立产供销一体化发展模式。

基于上述判断，预计随着市场规模的扩大，管道和长距离输电将成为主要干线运氢方式，而有机液体、固态储氢凭借较高的安全性将逐步成为短途配送的主要方式。

六、政策建议

（一）加强氢能基础设施建设

统筹全国氢能产业布局，合理把握产业发展进度，有序推进氢能基础设施建设，强化氢能基础设施安全管理，加快构建安全、稳定、高效的氢能供应网络。

1. 合理布局制氢设施

结合资源禀赋特点和产业布局，因地制宜选择制氢技术路线，构建低碳、经济、安全、稳定的多元氢能供应保障体系。在风、光、水、电资源丰富地区，推动绿电制氢项目合理布局，开展可再生能源制氢示范，逐步扩大示范规模，探索季节性储能和电网调峰。在焦化、氯碱、丙烷脱氢等行业集聚地区，促进氢源由“灰氢”向“蓝氢”的结构性转变，以不新增碳排放为前提，重点发展氢气提纯和氢气回收技术，提高工业副产氢回收利用率和高纯氢气产能。鼓励就近消纳廉价工业副产氢，降低氢气运输成本。推进固体氧化物电解槽制氢、光解水制氢、海水制氢、核能高温制氢等技术研发。探索在氢能应用规模较大的地区设立制氢基地。

2. 稳步构建储运体系

综合考虑地区氢气需求和供应能力，合理规划储氢基地规模和布局，统筹推进高压气态、液态、甲醇以及液氨储存等多元氢气储存体系建设，提升氢气供应保障能力。构建以高压气态运输、液态运输、固态运输和管道运输方式为主的多元氢气运输体系，提升氢气运输能力。优先发展氢能高压气态运输，提升运输效率、降低运输成本，以安全可控为前提，合理规划高压气态运输线路。探索液态槽车、船舶运输氢气的应用。鼓励加氢站直供输氢管道建设，探索纯氢管道、掺氢天然气管道等灵活运输方式的应用实践。探索从氢源地到加氢站直供氢气的可行商业模式，降低氢气加注成本。逐步构建高密度、轻量化、低成本、多元化的氢能储运体系。

3. 统筹规划加氢网络

综合考虑资源禀赋和市场需求，坚持以需定供原则，统筹布局加氢站，有序推动加氢网络建设，保障氢能示范应用的用氢需求。坚持安全为先，节约集约利用土地资源，支持依法依规利用现有加油、加气和充电站基础设施建设油气氢电综合一体站。不断丰富氢能产业园、钢铁厂区、氢燃料电池汽车生产地等应用场景，积极推动地区加氢站建设，促进氢气就近应用，提升加氢站利用率水平。探索油电气氢综合一体站、制储加氢一体化站等综合型、创新型基础设施建设模式。

（二）稳步推进氢能多领域应用

坚持以市场应用为牵引，有序推进氢能在交通运输领域的示范应用，拓展在储能、分布式发电、工业等领域的应用，加快探索形成有效的氢能产业发展的商业化路径。

1. 有序推进交通运输领域应用

立足当地氢能供应能力、产业环境和市场空间等基础条件，结合道路运输行业发展特点，优先推动氢燃料电池汽车在固定路线、长途运输、高载重等特殊场景的应用示范，逐步建立燃料电池电动汽车与锂电池纯电动汽车的互补发展模式。鼓励新增城市公交车、环卫车和中重型货运车辆使用氢能。鼓励有条件的风景旅游区、会展中心等使用氢能接驳客车，探索在工矿区、港口、物流园、重点产业区示范应用其他类型的氢动力作业车。积极探索氢燃料电池和氢燃料混合动力在轨道交通、船舶等领域的应用，推动大型氢能航空器、无人机领域研发，不断提升交通领域氢能应用市场规模。积极探索氢能在交通运输领域的商业化路径，支持各地结合实际出台氢燃料电池汽车购置和运营补贴政策，不断提升氢能在交通领域的市场应用规模。

2. 重点开展电力领域应用

充分利用氢燃料电池发电和热电联供技术效率高、可靠性强、使用寿命长等优势，针对绿色建筑、产业园区、港口等场景用能用热需求，结合氢能技术发展趋势，适时开展氢燃料电池分布式发电热电联供示范项目建设，逐步实现氢燃料电池供热发电技术的商业化、产业化转型。充分发挥氢储能技术调节周期长、储能容量大、受地形影响小的优势，结合水、风、光等可再生能源发电出力特性，适时开展氢能在可再生能源消纳、跨长周期电力调峰等场景的示范应用。积极探索可再生能源发电与氢储能相结合的一体化应用模式，逐步实现氢储能与抽水蓄能、电化学储能等现有电力系统储能体系的有机融合，为构建以新能源占比逐渐提升为目标的新型电力系统提供重要储能调节支撑。鼓励在通信基站、数据中心、铁路通信站点、电网变电站等基础设施场所使用氢能作为应急备用电源，提升设备供电可靠性。

3. 积极探索工业领域应用

在经济性可承受的基础上，以钢铁、化工、冶金、炼化等高耗能行业为重点，探索利用氢能替代化石能源提供高品质热源，有效扩大工业领域能源消费清洁替代，实现产业再电气化和深度脱碳，促进高耗能行业绿色转型发展。支持现有用氢较为集中的石化、化工项目有序实施 CCS“蓝氢”和可再生能源“绿氢”替代，支持合成氨、合成甲醇等传统化工企业新增电解水制氢装置或新建绿氢化工项目，实现绿色化工示范。鼓励开展以氢作为还原剂的冶金技术研发应用，探索建设气基还原工厂进行氢能炼钢，降低传统冶金工艺中碳还原导致的二氧化碳排放。

（三）加强氢能产业技术创新

围绕氢能高质量发展重大需求，准确把握氢能产业创新发展方向，建立完善更加协同高效的创新体系，聚焦短板弱项，实现核心技术突破，抢占战略制高点。

1. 提升关键核心技术水平

对标国内外先进技术，围绕氢能产业薄弱环节，加快推进高效可再生能源制氢、高回收率氢气纯化、氢燃料电池、安全高效储氢、氢冶炼和氢能安全监测保障等关键技术研究，夯实产业创新发展基础。开展高效率、低成本、大规模电解水制氢技术攻关，进一步降低制氢综合成本。开展高效、清洁、经济的副产氢提纯技术攻关，提升工业副产氢资源利用率，实现“灰氢”向“蓝氢”加速转变。突破低成本、高效率、长寿命质子交换膜电解制氢技术。开展氢燃料电池关键材料、核心零部件、系统集成技术等领域技术攻关，突破高回收率氢气纯化、甲醇重整制氢和生物质、甲酸、氨气定向分解制氢关键技术研发和应用。积极探索氢气储存、运输、工业替代、建筑供热等领域关键技术创新，推动氢能商业化、规模化应用进程。加大氢能安全利用相关技术创新力度，提升氢能利用安全性。

2. 打造产业创新支撑平台

聚焦氢能产业重点领域和关键环节，汇聚重点科研机构、高等院校和龙头企业的创新资源，打造高水平、多层次、多元化创新平台，加快集聚人才、技术、资金等创新要素。推进以院校为支撑、企业为主体、市场为导向、产学研相结合的产业创新中心、工程研究中心、技术创新中心、重点实验室和前沿交叉研究平台，构建高效协作创新网络，开展氢能应用基础研究和前沿技术研究，支撑行业关键技术开发和工程化应用。鼓励行业优势企业、服务机构牵头搭建氢能创新创业孵化和成果转化、知识产权运营、产品检测认证、废弃氢能产品回收处理、氢能安全战略联盟等支撑平台。支持“专精特新”中小企业参与氢能产业关键共性技术研发，培育一批自主创新能力强的单项冠军企业，促进大中小企业协同创新、融通发展。

3. 推动建设氢能专业人才队伍

立足氢能产业创新发展需要，支持引进和培育高端人才，提升氢能基础前沿技术研发能力。加快培育氢能技术及装备专业人才队伍，夯实氢能产业发展的创新基础。建立健全人才培养培训机制，加快推进氢能相关学科专业建设，壮大氢能创新研发人才群体。支持高校开设氢能相关专业，加快氢能技术创新型人才培养，支持院校、研究机构和企业建立研究中心，夯实氢能产业发展的专业人才基础。

4. 积极开展氢能技术创新国际合作

鼓励长三角、粤港澳大湾区、京津冀等氢能创新资源集聚区推进关键共性技术联合攻关和应用研究，支持中西部地区在东部沿海创建科创飞地，开展项目合作与技术引进。鼓励开展氢能科学和技术国际联合研发，推动氢能全产业链关键核心技术、材料和装备创新合作，积极构建国际氢能创新链、产业链。探索与共建“一带一路”国家开展氢能贸易、基础设施建设、产品开发等合作。加强与氢能技术领先的国家和地区开展项目合作，共同开拓第三方国际市场。

（四）完善氢能发展管理体系

牢固树立安全底线，完善标准规范体系，加强制度创新供给，着力破除制约产业发展的制度性障碍和政策性瓶颈，不断夯实产业发展制度基础，保障氢能产业创新可持续发展。

1. 建立健全氢能政策体系

加强氢能发展的顶层设计，聚焦产业引导和管理重要问题，在氢能规范管理、氢能基础设施建设运营管理、氢能产业多元应用试点示范等方面制定出台相关政策，构建覆盖氢能技术创新与产业化、氢能供给体系、终端应用、安全与应急管理等领域的“1+N”政策体系。加强产业发展和投资引导，完善氢能产业化推进、财政扶持、土地规划、金融支撑等方面政策支持，引导氢能产业规范有序发展。完善氢能基础设施建设运营有关规定，注重在建设要求、审批流程和监管方式等方面强化管理，提升安全运营水平。研究探索可再生能源发电制氢支持性电价政策，完善可再生能源制氢市场化机制，健全覆盖氢储能的储能价格机制，探索氢储能直接参与电力市场交易。

2. 完善氢能全链条标准体系

围绕氢能制备、储存、运输、加注、应用等全产业链环节，加快推进相关标准研制，建立健全涵盖氢能全产业链环节的标准体系。重点推动氢气提纯、储存、运输，加氢站建设和运行，燃料电池，氢能工程机械，交通运输、储能等氢能应用，推动氢能安全管理等领域标准制定，增加标准有效供给。鼓励龙头企业积极参与各类标准研制工作，支持有条件的社会团体制定发布相关标准。在政策制定、政府采购、招投标等活动中，严格执行强制性标准，积极采用推荐性标准和国家有关规范。建立健全从氢源端到应用端全产业链检测服务体系，为氢能产品规模化推广应用提供支撑。

3. 加强全链条安全管理监管

建立健全氢能产业安全管理制度，加强氢能全产业链环节安全监管，强化氢能企业安全生产意识，落实地方政府氢能产业发展属地管理责任，落实企业安全生产主体责任和部门安全监管责任。强化氢能利用全过程安全风险管控能力，建设项目安全运营监管平台，全面推行项目安全风险分级评估，完善风险防范措施，提升安全风险管控水平。建立氢能项目应急处理体系，完善应急处理措施，提升处理各类紧急情况能力。利用互联网、大数据、人工智能等先进技术手段，及时预警氢能生产储运装置、场所和应用终端的泄漏、疲劳、爆燃等风险状态，有效提升事故预防能力。

附录 4-1 氢能技术概况

1. 制氢技术

绿氢制备是指利用可再生能源电解水制备氢气。绿氢制备技术具有清洁低碳的优势。电解水制氢包括碱性电解槽（ACK）、质子交换膜电解槽（PEM）和高温固体氧化物电解槽（SOEC）三条技术路线。该类技术的用电成本占绿氢成本的 70%～80%，随着可再生能源发电成本的下降、电制氢技术的进步和化石能源制氢碳排放交易价格的上涨，预计到 2030 年前后，绿电制氢将成为主流的制氢方式。下一步研发的重点将集中于高效大功率碱性电解技术、低成本质子交换膜电解技术和长寿命高温固体氧化物电解技术等。

2. 储氢技术

储氢是将氢气置于密闭性好的容器内储存，以方便进行不同距离的运输，解决不能及时使用当地绿氢的问题。储氢技术主要包括气态储氢、液态储氢和材料储氢等。其中，高压气态储氢技术具有技术成本低、能耗小、易脱氢的特点，是目前发展最成熟、应用最广泛的储氢技术，在大规模固定式储氢领域，优先选用该技术。低温液态储氢和固态储氢材料对应于空间要求较高的场合。在材料储氢技术中，液氨储氢、有机液体储氢等具有储氢质量分数高和储氢条件温和的优势，主要用于氢的远途运输。当前，储氢技术的研发方向包括氢液化技术、高压氢储罐技术和固态储氢材料技术等领域。

3. 输氢技术

输氢是指通过对氢气的运输，实现对氢气非本地使用的输送技术。目前，主要输氢技术包括管道输氢、陆路交通输氢、水路交通输氢以及输电代输氢等。各类输氢技术可以满足不同的应用场景需求。依据距离不同，对于小规模近距离的路上输氢，如城市内部或区域之间的中短距离氢气配送，主要以气氢拖车运输为主；对于小规模中距离的路上输氢，主要以液氢槽车为主；对于大规模远距离输氢，如从大规模绿氢生产基地向城市门户的氢气输送，将结合管道输氢和输电代输氢两种方式。当前，输氢面临的主要问题是运输成本高、规模化效益不明显。随着技术发展，到 2030 年纯氢管道制造技术、减压和调压技术趋于成熟，届时运输成本问题有望得到解决；随着材料科学的进步，到 2050 年，纤维增强聚合物复合材料等新型输氢管道投入商业应用，网损率的下降有望进一步降低运输成本。

4. 用氢技术

绿氢的应用可以视为绿电的延伸，也是实现化工、冶金、航空、工业高品质制热等行业间接电能替代的重要途径。用氢技术是氢气在应用领域的具体使用技术。在化工领域，用氢技术的用途主要是合成氨、甲醇、甲烷等产品制造和能源使用，替代传统工艺中的灰氢作为燃料或原材料。该领域技术成熟，当前的主要障碍在于碳约束政策和绿氢经济性。在冶金应用上，绿氢可以作为还原剂直接还原铁，氢冶金是钢铁行业实现脱碳的重要解决方案。在发电应用上，绿氢将以燃料电池和氢燃气轮机利用为主，目的在于提供长时间尺度的调节能力和供电安全保障。在交通运输领域应用上，绿氢主要用于公共交通、重卡、轮船、飞机等难以直接电气化的领域，以氢燃料电池公交车和氢燃料电池卡车为代表。今后，用氢技术的主要研发方向包括：氢燃料电池和燃气轮机技术，绿氢制氨、甲醇、甲烷等绿氢化工相关技术，氢燃料电池汽车、氢能飞机、氢能轮船等氢能交通相关技术，纯氢钢铁冶炼技术以及氢制热技术等。

附录 4-2 地方氢能产业规划

表 4-5 部分省（自治区、直辖市）氢能产业规划目标

地区	规划名称	氢燃料电池汽车保有量（辆）	加氢站保有量（座）	产业总规模（亿元）	备注
北京市	《北京市氢燃料电池汽车车用加氢站发展规划（2021—2025年）》	10370	74	1000	—
上海市	《上海市氢能产业发展中长期规划（2022—2035年）》	10000	70	1000	—
广东省	《广东省加快建设燃料电池汽车示范城市群行动计划（2022—2025年）》	10000	200	1200	广东省未提出具体的产值规划，其省级产业规模是根据其下辖的广州、佛山、中山、珠海、深圳等市的产值规划统计测算
河南省	《河南省氢能产业发展中长期规划（2022—2035年）》	5000	50	1000	规划中未明确加氢站具体数量，表中省级加氢站数量是根据其下辖各地具体规划情况统计测算
河北省	《河北省氢能产业发展“十四五”规划》	10000	100	500	—
山东省	《山东省氢能产业发展工程行动方案》	10000	100	1000	—
山西省	《山西省氢能产业发展中长期规划（2022—2035年）》	10000	100	1000	规划中未明确加氢站和产业规模，表中数据是根据吕梁、长治和大同等市规划统计测算出的大体数据

续表

地区	规划名称	氢燃料电池汽车保有量（辆）	加氢站保有量（座）	产业总规模（亿元）	备注
陕西省	《陕西省“十四五”氢能产业发展规划》	10000	100	1000	—
安徽省	《安徽省氢能产业高质量发展三年行动计划》	2000	30	500	—
湖南省	《湖南省氢能产业发展规划》	500	10	1000	规划中未明确产业规模，表中数值是根据岳阳、株洲等市规划产值测算得出
吉林省	《“氢动吉林”行动实施方案》	500	10	100	—
福建省	《福建省氢能产业发展行动计划（2022—2025年）》	4000	40	500	—
宁夏回族自治区	《宁夏回族自治区氢能产业发展规划》	500	10	未明确	规划中未明确提出产业规模，也没有辖区内其他城市规划产值可参考
贵州省	《贵州省“十四五”氢能产业发展规划》	1000	15	未明确	规划中未明确产业规模
辽宁省	《辽宁省氢能产业发展规划（2021—2025年）》	2000	30	600	—
浙江省	《浙江省加快培育氢燃料电池汽车产业发展实施方案》	5000	50	1000	规划中未明确产业规模，表中数值是根据其下辖的嘉兴、宁波、平湖、舟山、金华、绍兴等市规划的产业规模统计测算得出

续表

地区	规划名称	氢燃料电池汽车保有量（辆）	加氢站保有量（座）	产业总规模（亿元）	备注
内蒙古自治区	《内蒙古自治区“十四五”氢能发展规划》	5000	60	1000	—
四川省	《四川省氢能产业发展规划（2021—2025年）》	6000	60	1000	规划中没有明确产业规模，表中数值是根据其下辖的成都、攀枝花、内江等市规划的产业规模测算得出
重庆市	《重庆市氢燃料电池汽车产业发展指导意见》	1500	30	未明确	规划中未明确产业规模
江苏省	《江苏省氢燃料电池汽车产业发展行动规划》	10000	50	1000	规划中没有明确产业规模，表中数值根据其下辖的苏州、无锡、张家港、昆山、扬州、南通等市规划的产业规模测算得出
天津市	《天津市氢能产业发展行动方案（2020—2022年）》	—	—	—	因为其规划只到2022年，无2025年相关规划目标值
湖北省	《湖北省氢能产业发展规划（2021—2035年）》《关于支持氢能产业发展的若干措施》	50000	未明确	未明确	—
甘肃省	《关于氢能产业发展的指导意见》	未明确	未明确	100	—
青海省	《青海省氢能产业发展中长期规划（2022—2035年）》	150	3～4	300	规划中未明确产业规模金额，根据项目列表测算得出

续表

地区	规划名称	氢燃料电池汽车保有量（辆）	加氢站保有量（座）	产业总规模（亿元）	备注
江西省	《江西省氢能产业发展中长期规划（2023—2035年）》	500	10	300	—
海南省	《海南省氢能产业发展中长期规划（2023—2035年）》	200	6	未明确	—
广西壮族自治区	《广西氢能产业发展中长期规划（2023—2035年）》	500	10	未明确	—
新疆维吾尔自治区	《自治区氢能产业发展三年行动方案（2023—2025年）》	1500	未明确	未明确	—
合计		166220	1219	15100	

资料来源：各地方政府网站。

第五章

储能推动新能源发展的新机制研究

一、储能产业发展逻辑

储能是新能源发展必不可少的一环。由于风光等新能源发电具有间歇性与波动性特点，因此新能源的大规模应用和与现有电力系统的协调必须要通过储能技术进行调节。“新能源 + 储能”协同发展是推动新能源大规模应用和技术创新的必然趋势。

（一）储能产业发展的必要性

1. 新型电力系统发展需要配套储能设备

电力系统是我国当前主要的碳排放源之一。依据各国应对气候变化的目标，未来的电力系统将主要通过构建以新能源为主体的新型电力系统实现碳中和。从构成来看，风电、光伏、水电、核电等无碳能源将逐步取代高碳的化石能源成为新型电力系统的主力。风电、光伏等能源虽然具有绿色低碳的特点，但是受日照、风力等自然因素影响，产生的电力具有随机性、间歇性和波动性特点，无法满足并网后稳定输出电力的需要。因此，需要为以可再生能源为主体的新型电力系统配备储能设备，以解决新型电力系统面临的电力调节问题。

2. 电力系统的辅助服务功能需要储能设备

除满足调节需求外，储能还可以对电力系统的安全供电等辅助功能提供保障。在大规模新能源发电环节，储能系统通过功率变换装置，可以及时进行有功 / 无功功率吞吐，保持系统内部瞬时功率的平衡，维持系统电压、频率和功角的稳定，提高供电安全性。在常规能源发电环节，储能系统通过替代部分昂贵的调峰机组，既可以实现调峰的功能，还能解脱被迫参与调峰的基荷机组，有效提高系统效率。在输配电环节，储能系统通过增强电网的抗冲击能力，可以提高调节幅度，更好地实现供需平衡。在终端用户的储能系统中，储能系统可以通过电力储放来提高供电可靠性，尤其是在发生非预期停电等事故的情况下。同时，终端用户的储能系统还将起到提高分布式电源电能上网质量、平滑输出等作用。

3. 储能技术进步有助于降低综合供电成本

电力价格是市场化的产物，世界各国的电价普遍存在峰谷电价的差异。依托储能设备的储存电力的基本功能，用户端可以通过谷价充电、峰价放电有效降低用电成本。对于家庭用户，可以利用储能系统的低谷时储能和高峰时放电功能，从而降低电网的整体负荷率，最终实现容量的有效降低。在电价较低时给储能系统充电，在高电价时放电，不仅可以通过“低存高放”来降低整体用电成本，而且还不用改变用户的用电习惯，即使在电价最高的时候用户也可以按照自己的需求使用电能。而对于用电大户的工业部门，容量管理可以在不影响正常生产的情况下，促使用户选择降低最高用电功率的方式，推动生产要素的最优配置。

（二）储能产业发展的可行性

1. 政策推动产业扩大规模、加速发展

各国为了推动储能行业的发展已经陆续出台了一系列政策。国际上储能产业政策大致包括减税补贴、一次性投资补贴、参与商业化电价竞争、电价补贴等。通过补贴和退税政策，企业能够有效降低处于关键技术研发期的生产成本，让更多的储能企业熬过创业寒冬，尽早实现盈利。而通过试点示范，则可以推动某项技术尽快完成从试验到产业化的进程。此外，标准等行业文件作为政策的一部分，也可以促进储能技术高质量、高水平、规范化发展。如储能装置的设计、招投标、制造、验收、接入试验与调试、设备交接以及运行维护等标准，都将有力推动储能产业扩大规模、加速成熟。

2. 技术路线丰富

近年来，储能技术呈现多元发展的良好态势：抽水蓄能发展迅速；压缩空气储能、飞轮储能，超导储能和超级电容，铅蓄电池、锂离子电池、钠硫电池、液流电池等储能技术研发应用加速；储热、储冷、储氢技术也取得了一定进展。在各类储能技术中，抽水蓄能技术成熟可靠、全生命周期储能成本低，是当前储能装机中的主力。截至2023年底，我国储能累计装机规模达到86.5吉瓦，抽水蓄能累计投产规模突破5000万千瓦，新增投产抽水蓄能515万千瓦。同时，新型储能技术的发展可以解决抽水蓄能无法满足新型电力系统电力调节的灵活性和多元化需求的问题。随着技术的不断发展，未来电力系统将呈现成熟的“新型储能”与抽水蓄能“并驾齐驱”的格局，为电力系统“源—网—荷”的各类应用场景提供系统调节和安全保障。

3. 成本下降潜力巨大

当前发展储能亟待解决开发成本过高的问题，而经济性是保证储能实现规模化、国产化发展的关键。随着新能源装机量的提升，储能设备的规模也在不断扩大，规模化将有望带动成本降低。以光伏行业为例，组件价格从10年前的每瓦30元降至1元左右。在一些光照条件好的区域，光伏发电技术成本已经能够低于每度电0.2元[1]。随着短期光伏产业链整体价格的回落，储能将直接受益于此，同时中长期光伏技术迭代带来的度电成本下降，还会持续为储能成本的转移提供动力。从实际业绩看，2022年储能行业超八成的公司已经实现了业绩的正增长[2]。另外，技术的发展也将推动储能成本进一步下降。以储能电池为例，锂离子电池组价格在2013年高达780美元/千瓦时，到2023年价格已下降至139美元/千瓦时。美国国家可再生能源实验室（NREL）发布的2021年度技术基线报告显示，到2030年，电池储能系统成本将会大幅降低，并将继续呈现快速下降的趋势。

二、国内外储能产业发展现状

随着技术的不断发展，储能技术展现出传统与新兴技术相结合、新兴技术引领整个行业向前发展的新格局。以美欧为代表的全球储能产业在新型储能、户用储能等领域发展态势良好，产业布局逐步清晰，龙头企业的引领作用更是不容忽视。我国在全球储能行业发展中占据重要地位，同时在国家政策的支持下表现出稳定的发展态势。

1　《中国光伏新增装机量保持全球领先》，人民网，2020年11月26日。

2　《储能行业超八成公司去年业绩实现正增长》，中国电力网，2023年2月7日。

（一）国外储能产业发展现状

1. 全球储能技术分类

伴随着电力系统的发展，最早的储能技术距今已有200多年的历史。储能主要分为物理储能、电化学储能、化学储能、储热、电磁储能等类型，具体可细分为抽水蓄能、压缩空气储能、飞轮储能、液流电池、钠硫电池、氢气储能、固态锂离子电池等。抽水蓄能是当前最主要、最成熟的储能方式，但随着新型电力系统的发展，以电化学储能为主体的新型储能系统将逐步成为主流的储能技术[1]（图5–1）。

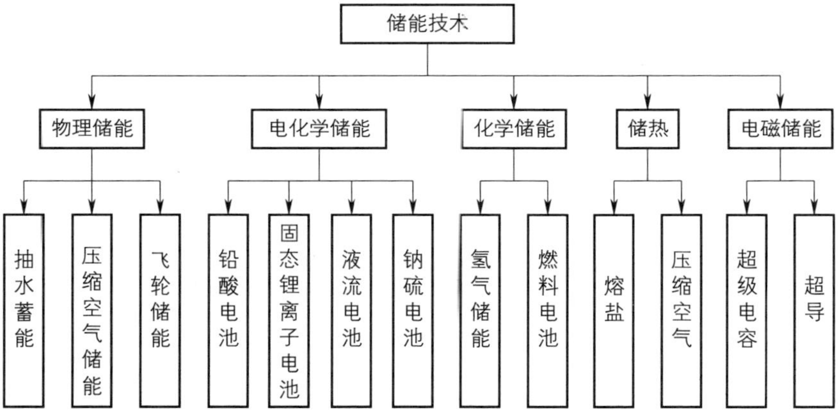

图5–1 储能技术分类

资料来源：作者整理。

各种储能技术中，抽水蓄能仍为当前经济性最优的能量型储能技术。压缩空气和重力储能的储能成本与抽水蓄能接近。锂离子、钠硫、液流储能的成本是抽水蓄能的2~3倍。氢气的储能成本最高。

1 《储能技术发展现状与趋势》，中国科学院文献情报先进能源知识资源中心，2020年11月6日。

储能发展路线表现为：锂离子电池技术不断成熟，低成本的钠离子电池逐步得到应用；液流电池将提高全钒液流电池的额定工作电流密度，有效降低成本；压缩空气储能将进一步提升系统性能、降低系统成本，以及完成产业链的构建，尤其是下游市场的培育与创新；飞轮储能处于工程样机开发、示范应用验证阶段，将呈现增加单机储能容量而将充放电时间由分秒扩展到分时级的发展趋势；抽水蓄能前期在建设条件优良的站址已经优先建完，后续开发复杂地质条件及多元运行方式的站址时，需解决更多由此产生的技术问题；氢气储能将实现氢的经济零碳制备、便捷高效储运和安全有效利用。

2. 全球储能发展现状

（1）总装机规模。2019—2022 年，全球储能累计装机和新增装机均实现持续增长。2022 年全球储能累计装机规模 237.2 吉瓦，年增长率为 15%；新增投运电力储能项目装机规模 30.7 吉瓦，同比增长 98%[1]。在各国对储能产业的相关支持政策陆续出台的背景下，储能市场投资规模正不断加大。同时，在全球能源形势日趋紧张、越来越多国家和地区作出碳中和承诺的背景下，储能作为全球能源转型的重要环节，其市场需求将伴随能源转型进程的不断深入而扩大。

2022 年，全球已投运电力储能项目累计装机中，抽水蓄能占 79.3%，同比下降 6.8%；锂电储能占新型储能累计装机的 94.4%；其他新型储能技术累计装机占比从高到低分别为铅蓄电池、钠硫电池、压缩空气储能、飞轮储能、液流电池等（图 5–2）。近年来，以抽水蓄能技术为代表的传统储能技术发展相对停滞，而锂离子电池、液流电池、钠离子电池、压缩空气储能、重力储能等多项新型储能技术取得实质性突破，国内储能产业进入以锂离子电池为主体的多元化增量发展阶段。

1　《储能产业研究白皮书 2023》，中国能源研究会储能专委会、中关村储能产业技术联盟，2023 年 4 月 7 日。

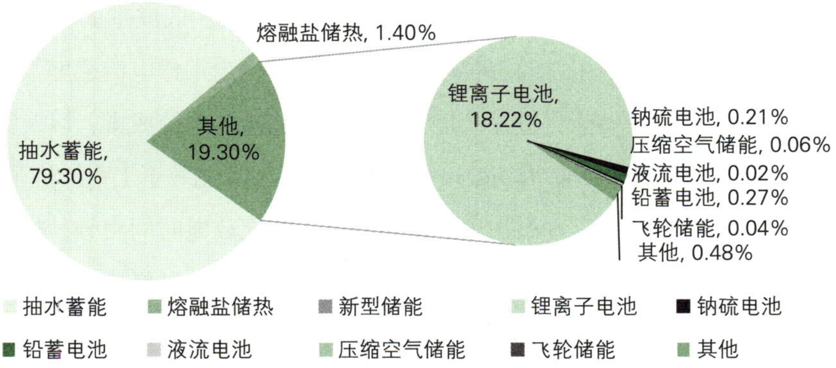

图 5-2　2022 年全球储能装机类型

资料来源：中关村储能产业技术联盟。

（2）欧美国家储能总量布局。截至 2020 年，美国储能总装机容量约为 22.5 吉瓦，总装机容量快速增加。其中，抽水蓄能占比 80%，但 2004 年以来没有新增抽水蓄能设施。2020 年新增储能装机容量达 1.46 吉瓦；加州为美国最大的储能市场。电化学储能新增 1.1 吉瓦，是主要的增长动力，同比增长 207%；锂离子电池占电化学储能的 90% 以上[1]。

截至 2020 年，欧洲储能总装机容量为 52.48 吉瓦。抽水蓄能累计装机容量达到 48.38 吉瓦，其中德国的抽水蓄能规模最大，意大利、西班牙和英国紧随其后。根据欧盟的预测，未来抽水蓄能仍会有增长，其中，到 2050 年德国将拥有最大的抽水蓄能市场；西班牙紧随其后，成为欧洲第二大抽水蓄能市场。2020 年欧洲电化学储能新增装机约 3 吉瓦，同比增长 45%；德国和英国占据欧洲电化学储能市场的主导地位，占比分别为 52% 和 24%[2]。欧洲户用储能累计装机容量为 1.6 吉瓦，市场规模居全球第一。锂离子电池占电化学储能的比例很高，以德国为例，截至 2020 年运行的大型储能系统（>100 千瓦）的累计装机容量中，锂电池占 81%。

1　《美国储能市场：政策驱动，商业模式成熟》，东方证券，2022 年 3 月 7 日。

2　《欧洲储能市场：蓄势待发》，东方证券，2021 年 9 月 25 日。

（3）欧美国家户储布局。2022 年受乌克兰危机催化，欧美市场对户储产品接受度提升，市场空间正在持续增长。虽然欧美市场的户储市场都在增加，但是驱动因素却并不相同。美国是补贴驱动市场需求带来的户储增长；欧洲是受乌克兰危机影响而电价上涨，对比之下户储的经济性凸显而形成的；而澳洲户储市场的增加则是能源价格提升、分布式光伏快速增长与虚拟电厂建设的多重因素作用结果。

从数量来看，欧洲市场是户储增量的主体。2020 年，欧洲家庭储能新增装机容量 639 兆瓦 /1179 兆瓦时，同比增长 90%，占新增市场的 52%。截至 2020 年，欧洲家庭储能累计装机容量 1.6 吉瓦，市场规模居全球第一。其中，德国、意大利、英国、奥地利、瑞士 5 个国家就占到欧洲户储市场新增装机容量的 90% 以上，而仅德国就占据了三分之二以上的市场[1]（图 5–3）。

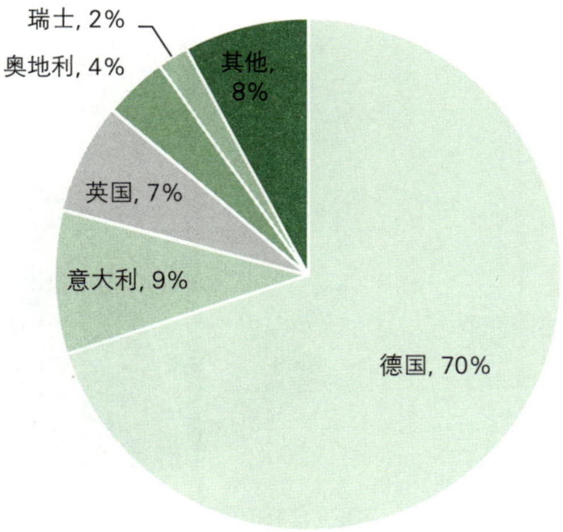

图 5–3　2020 年欧洲各国家庭户储新增装机容量份额

资料来源：东方证券。

2020 年，美国和澳大利亚的新增家庭储能装机相对较小，分别为 409.5 兆瓦和 48 兆瓦，但两国具有发展户用储能的良好条件，未来仍有巨大的发展空间。

1 《海外家庭储能：高增持续，渠道为王，未来可期》，东方证券，2022 年 7 月 27 日。

全球储能市场总体呈现出三大特点。一是全球储能存量市场以抽水蓄能为主，但增量市场主要依靠电化学储能，尤其是锂离子电池；二是美欧国家的储能存量和增量市场有所差异，美国的抽水蓄能市场停滞，主要依靠电化学储能，但是在欧洲两者均有发展空间；三是户储发展仍有巨大潜力，乌克兰危机是带动欧洲户储市场份额激增的最主要原因。此外，政府补贴和虚拟电厂的建设也对户储市场的增长有促进作用。

3. 全球主要储能设备生产企业

依据储能市场的发展趋势，美国的大储即将迎来爆发，欧洲户储将持续兴盛，2023 年以后储能有望迎来黄金发展期[1]。全球储能企业的市场集中度较高，CR3 为 43%，CR10 为 71%（图 5-4）。

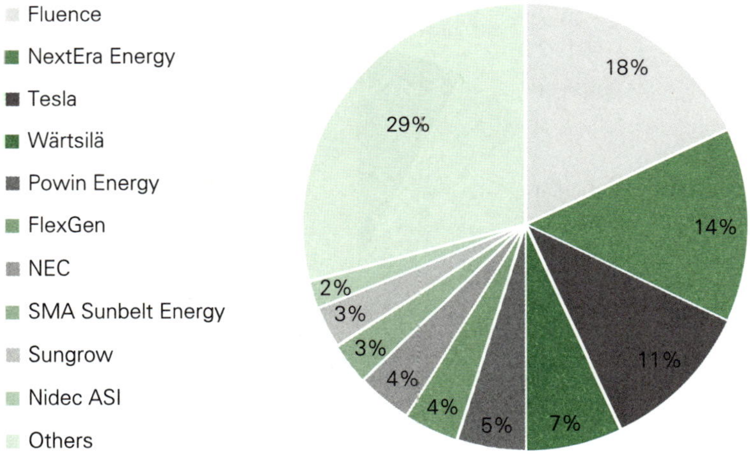

图 5-4　2021 年按功率容量排序的全球前 10 大储能集成商

资料来源：东吴证券。

全球前三大储能设备生产企业分别为 Fluence、NextEra Energy、特斯拉（Tesla），由可再生能源开发业务发展而来；瓦锡兰（Wärtsilä）、NEC、尼得科

1 《中美欧三大市场齐爆发，储能迎来黄金发展期》，东吴证券，2023 年 1 月 1 日。

安萨（Nidec ASI）属于电网技术与设备公司；阳光电源（Sungrow）、SMA Sunbelt Energy 擅长电力电子技术，Powin Energy 以前的主营业务为软件。前十大储能企业拥有客户资源优势，部分企业通过并购补齐技术短板。NextEra Energy、AES（Fluence 母公司）、Tesla 技术成熟，FlexGen 和可再生能源开发商 Broad Reach Power 关系密切；Powin Energy、LG Energy Solution 依靠并购实现技术跨越，尤其是电力电子技术。此外，如比亚迪、科陆电子、东方日升（双一力）、天合光能、科华数据等国内企业也在积极参与美国储能市场建设，在产业链和成本价格上优势明显，因此与国际公司存在竞合关系，也提供代工服务。

（二）我国储能产业发展现状

1. 我国储能发展现状

2019—2023 年，我国储能累计装机和新增装机均实现持续增长。截至 2023 年底，我国储能累计装机规模达 86.5 吉瓦。其中，新型储能累计装机规模为 34.5 吉瓦，占比接近 40%，抽水蓄能累计装机 51.3 吉瓦。新型储能中，锂离子电池占比达到 97.3%，市场占比进一步提升（图 5-5、图 5-6）。

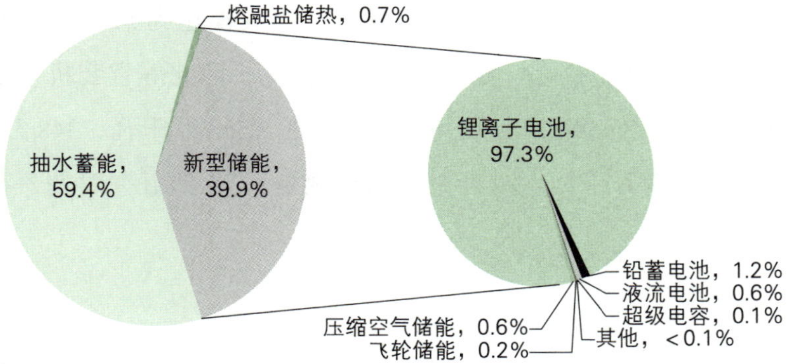

图 5-5　我国已投运电力储能项目累计装机分布（截至 2023 年 12 月底）

注：新型储能包括抽水蓄能以外的电储能技术。

资料来源：中关村储能产业技术联盟。

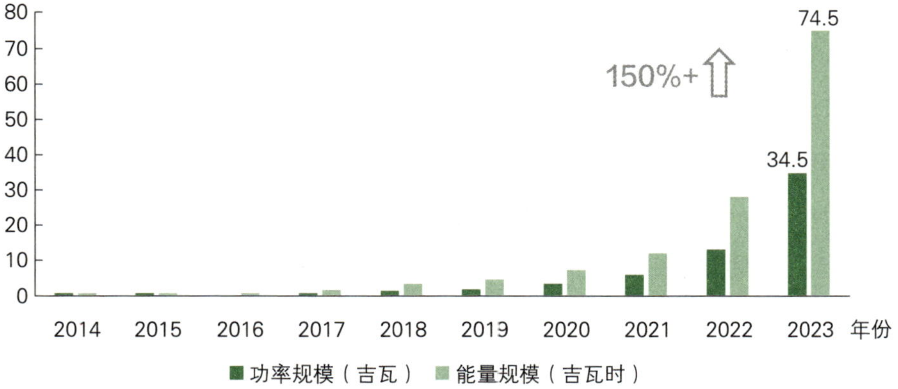

图 5-6 2014—2023 年我国已投运新型储能项目累计装机规模

资料来源：中关村储能产业技术联盟。

2. 我国储能产业的布局

我国《“十四五”可再生能源发展规划》提出，对新型储能和抽水蓄能都要因地制宜、加快建设，有 25 个省份在 2023 年政府工作报告中对此进一步加以落实[1]。

抽水蓄能是我国“十四五”至 2035 年远景时期重要的规划内容[2]。截至 2023 年底，我国已建抽水蓄能电站总装机规模达到 5130 万千瓦，居世界首位。2021 年，广东、浙江、安徽、江苏、河北等省装机规模排名前五，合计占比 75.38%，分别为 798 万千瓦、563 万千瓦、348 万千瓦、260 万千瓦、187 万千瓦（图 5-7）。依据规划，“十四五”时期，我国抽

1 广东、福建、浙江、陕西、山西、青海、辽宁、吉林、河南、湖北、甘肃 11 地提出既要建设抽水蓄能，又要重点发展新型储能；河北、黑龙江特别提及抽水蓄能；云南、四川、重庆、山东、宁夏、新疆、江西、湖南、贵州、内蒙古、西藏重点强调要发展新型储能。

2 国家能源局：《抽水蓄能中长期发展规划（2021—2035 年）》，2021 年 8 月 6 日。

水蓄能电站将进一步增多，主要应用于“水风光蓄一体化”“风光蓄一体化”“风光水火储一体化”等多种场景[1]。

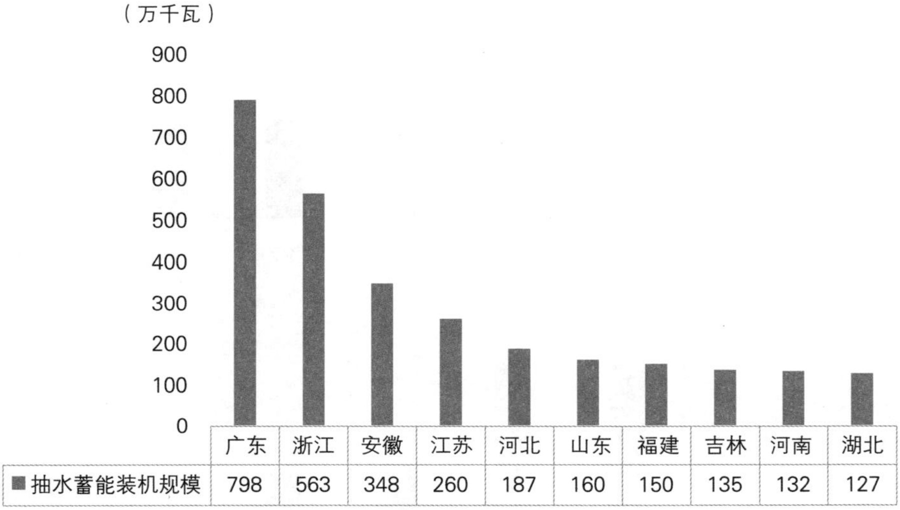

图 5-7　2021 年中国抽水蓄能装机规模排名前十位省份

资料来源：国家能源局。

新型储能是“十四五”和“十五五”时期重点规划的产业[2]。截至 2022 年底，累计装机规模排名前五的省份分别为：山东（1.55 吉瓦）、宁夏（0.9 吉瓦）、广东（0.71 吉瓦）、湖南（0.63 吉瓦）、内蒙古（0.59 吉瓦）。2022 年新增装机规模排名前五的省份分别为：宁夏（0.89 吉瓦）、山东（0.89 吉瓦）、湖北（0.53 吉瓦）、湖南（0.50 吉瓦）、内蒙古（0.33 吉瓦）[3]（图 5-8）。政策驱动下，山东、宁夏两地的新型储能系统存量和增量均领先全国其他区域。

1　《2022 年中国抽水蓄能市场回顾及 2023 年发展前景预测分析》，中商产业研究院，2023 年 2 月 27 日。

2　国家发展改革委、国家能源局：《“十四五”新型储能发展实施方案》，2022 年 1 月 29 日。

3　《2022 年中国新型储能产业发展现状数据分析》，中商产业研究院，2023 年 3 月 21 日。

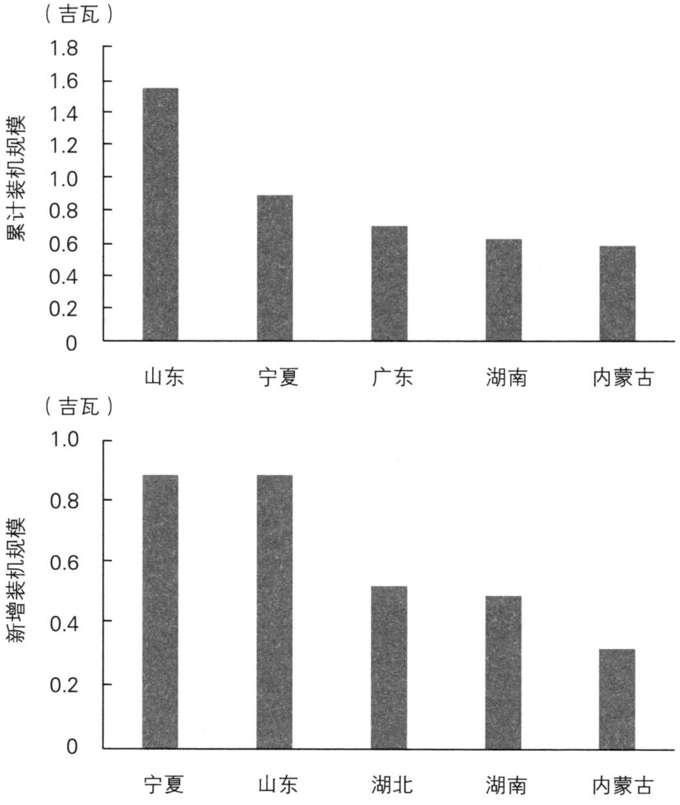

图 5-8　2022 年新型储能累计装机和新增装机规模前五位

资料来源：中商产业研究院。

3. 我国主要储能设备生产企业

我国重点规划的储能产业类型主要有抽水蓄能和新型储能两种类型。

（1）抽水蓄能企业。在抽水蓄能电站的建设中，主要涉及公司可分为投资商、承包商和设备商[1]。

投资商方面，主要企业为国家电网下属的国网新源控股有限公司、南

1 《抽水蓄能万亿级投资加速落地，产业链上都有哪些公司？》，界面新闻，2022 年 6 月 28 日。

方电网下属南网调峰调频发电有限公司。此外，五大电力公司、三峡集团等也建设运营了少量抽水蓄能电站；其中，华电集团抽水蓄能开发最积极。值得注意的是，中广核集团、中核集团、湖北能源（000883.SZ）、皖能电力（000543.SZ）、豫能控股（001896.SZ）、浙江新能（600032.SH）、申能股份（600642.SH）、宁波能源（600982.SH）等，也在积极开展或参股建设抽水蓄能电站。

承包商负责电站设计和建设工作。主要企业包括中国电建（601669.SH）、中国能建（601868.SH）和广东建工(002060.SZ)。其中，中国电建在国内的抽水蓄能规划设计方面占比约九成，且承担的建设项目占比约80%。

设备商负责水轮机、水泵、发电机、盾构机和其他设备的生产制造。水轮机主要生产企业为哈尔滨电气（01133.HK）、东方电气（600875.SH）和浙富控股（002266.SZ）。水泵主要生产企业为凌霄泵业、大元泵业和泰福泵业。发电机主要生产企业为国投电力（600886.SH）、湖北能源（000883.SZ）、华能水电（600025.SH）、川投能源（600674.SH）和桂冠电力（600236.SH）等。

（2）新型储能企业。新型储能企业中，主要涉及公司为储能技术提供商、PCS提供商、系统集成商[1]。

储能技术提供商主要负责大型储能电池（不含基站/数据中心备电类电池）的生产。2023年，我国企业储能电池全球出货量为198.9吉瓦时，占全球储能电池出货量的91%。主要企业为：宁德时代、比亚迪、亿纬储能、瑞浦兰钧、海辰储能、国轩高科、力神、中创新航、远景动力、鹏辉能源。

家储技术提供商主要负责户用储能电池（不含便携式储能）的生产。

1　《权威发布丨2023年度中国储能企业系列榜单》，华夏能源网，2024年4月11日。

2023 年度，在中国企业全球户用储能电池出货量排名中，出货量排名前十的储能企业依次为：新能安、瑞浦兰钧、鹏辉能源、亿纬储能、派能科技、赣锋锂电、力神电池、德赛电池、兰钧新能源、楚能新能源。

基站 / 数据中心备电类电池提供商主要负责基站 / 数据中心备电类电池的生产。主要企业为：双登、南都电源、昆宇电源、欣旺达和亿纬储能。

储能变流器提供商主要负责储能变流器 PCS 的生产。主要企业为：科华数能、上能电气、索英电气、盛弘股份、汇川技术、株洲中车时代电气、南瑞继保、英博电气和禾望电气。

储能系统集成商主要负责根据终端客户需求设计适用于各场景的储能系统，并负责组装成型，确保高效、可靠运行。主要企业为：中车株洲所、海博思创、新源智储、远景能源、电工时代、融和元储、金风零碳、平高、许继和智光储能。

三、国内外储能相关政策比较

（一）各国对储能发展定位存在差异

美国将储能发展定位为实现能源新政与支撑新能源发展的战略性技术。2011 年美国能源部发布《2011—2015 储能计划》，从储能系统、技术研发、示范项目、设施工业设计及产业化生产等方面明确相关规定；2020 年美国能源部发布《储能大挑战路线图》，进一步提升了储能发展的战略地位，提出美国在储能领域致力于打造以终端使用为目标、研发和产业相结合的完整的储能产业链，最终构建并维持美国在储能技术领域的全球领先地位。

欧盟将储能发展作为维护欧洲能源安全和减少碳排放的关键，始终坚持将电池储能作为促进欧洲可再生能源扩张的关键，并出台了一系列关于电池储能产业的发展战略规划和技术路线图，如《电池 2030+》《电池战略研究和创新议程》等，旨在巩固欧盟在前瞻技术研发的优势地位，建立电池供应链体系，强调电池全生命周期可持续性、低碳性和安全性的同时，不断降低产品碳足迹，持续提升新型储能的战略地位。

日本储能政策明确指向要推动日本社会实现可再生能源发电。2022 年 9 月发布的《蓄电池产业战略》提出，储能电池对于日本实现 2050 年碳中和的目标至关重要。

韩国将储能作为支持国家经济发展的重要战略技术和战略性产业。2021 年 7 月，韩国政府发布《2030 二次电池（K- 蓄电池）发展战略》，明确将储能电池核心技术确定为与半导体并列的国家战略性重点技术，将储能电池产业确定为引领韩国工业经济和对外输出的未来重要增长点。

2017 年 10 月我国国家能源局印发《关于促进储能技术与产业发展的指导意见》，首次提出储能的定位，明确储能是智能电网、可再生能源高占比能源系统、“互联网 +”智慧能源的重要组成部分和关键支撑技术，是推动电力体制改革和促进能源新业态发展的核心基础。2021 年 7 月，国家发展改革委、国家能源局发布《关于加快推动新型储能发展的指导意见》，提出我国新型储能是支撑新型电力系统的重要技术和基础装备，对推动能源绿色转型、应对极端事件、保障能源安全、促进能源高质量发展、支撑应对气候变化目标实现具有重要意义。

（二）各国政策内容侧重点不同

美国对电化学储能技术支持力度较大，制定了一系列计划、投资和补贴政策以扶持电化学储能产业的发展。同时，近年来美国更加重视新型储能供应链安全问题，2022 年先后发布《可持续的储能供应链政策指南》和《电网储能供应链深度评估报告》，总结其储能产业的供应链安全风险并提出相应保障措施。

欧盟储能政策聚焦于新型储能技术的研发，同时出台新的电池法规，增加了电池关键原材料回收率、电化学性能与耐久性、可拆卸性和可替换性、安全、标签和信息、电池废弃物管理以及电子信息交换的强制要求。

日本主要集中投资和发展全固态电池技术和氢燃料电池技术，并从加强锂电池投资、提升全球竞争力、发展下一代电池市场三个方面制定了具体的支持举措。2021 年 4 月发布《能源环境技术创新战略 2050》，提出要重点发展新一代蓄电池，主要是研发低成本、安全可靠的快速充放电先进蓄电池（全固态电池）技术，大幅提升能量密度的同时降低生产制造成本；此外，要研发先进的制氢、储氢和氢燃料电池发电技术，逐步扩大使用范围，发展大规模氢能供给技术，推动构建零排放的"氢能社会"。

韩国重点发展的储能技术类型是基于锂离子电池的锂电储能。2011 年起，韩国知识经济部投入大量资金用于储能技术开发和储能市场构建。为培育储能全产业链供应商，韩国的储能技术研究领域贯穿上游的电池和元器件生产技术以及下游的工程 EPC、项目开发和软件开发等。

我国储能政策相对比较全面。2017 年 10 月国家能源局印发《关于促进储能技术与产业发展的指导意见》，首次提出储能的定位，明确规定储能是推动电力体制改革和促进能源新业态发展的核心基础。2021 年 7 月，国家发展改革委、国家能源局发布《关于加快推动新型储能发展的指导意见》，提出我国新型储能是支撑新型电力系统的重要技术和基础装备，对推动能源绿色转型、应对极端事件、保障能源安全、促进能源高质量发展、支撑应对气候变化目标实现具有重要意义。2022 年 2 月，国家发展改革委、国家能源局印发《“十四五”新型储能发展实施方案》，从电源侧、电网侧、用户侧三个方面明确了新型储能规模化发展的思路和措施，并在市场体系、价格机制、商业模式等方向进一步加快新型储能市场化步伐。2022 年 6 月，国家发展改革委办公厅、国家能源局综合司发布《关于进一步推动新型储能参与电力市场和调度运用的通知》，进一步明确新型储能市场定位，提出建立完善相关市场机制、价格机制和运行机制，引导新型储能行业有序发展。

（三）各国采取多元化方式促进储能发展

美国主要采取投资税收抵免政策促进储能发展。2006 年美国联邦政府提出投资税收抵免政策（ITC），鼓励用户安装可再生能源发电系统，后又将此政策拓展至新能源与储能的混合项目。2022 年 8 月美国总统拜登签署了总价值为 7500 亿美元的《通胀削减法案》，延长了投资税收抵免政策的期限，强化了税收抵免力度，并首次将独立储能纳入投资税收抵免范围，进一步推动了美国储能发展。此外，美国发布第 841 号命令，明确将电池储能作为独立的主体参与电力辅助服务和电力批发市场，清除了储能进入容量、能量和辅助服务市场的障碍，帮助建立了电池储能的营利模式。2023 年 3 月，美国能源部提出将投资 3000 万美元，用于推动新型储能技术突破与商业化落地。

欧盟国家主要采取资金补贴、税收抵免、研究计划等政策措施推动储能产业发展。2017 年欧洲电池联盟启动电池研发系列项目，法国、德国、西班牙、瑞典等 12 个国家政府共同出资 29 亿欧元对此项目进行资金支持。2020 年意大利投入 4000 万欧元直接补贴“分布式光伏 + 储能”项目以及为已安装的光伏系统配置储能设施。2022 年德国发布《年度税收法案》，提出从2023年开始不超过30千瓦的户用光伏系统将不再需要为发电量缴纳所得税，装机规模不超过30千瓦的自用光伏系统和储能系统的进口采购和安装将不再征收增值税。

日本主要通过资助重大项目的方式扶持电池储能企业发展，如为储能技术的研发提供直接资金拨款、为储能技术推广提供费用补贴。日本政府不仅在钠硫电池前期研发阶段提供无偿资金支持，从技术、市场、示范项目等多个方面进行扶持，而且在其投入商业化运作后，仍继续给予补贴。韩国政府通过加大产业政策扶持力度、鼓励加强投资、出台财税优惠政策以及强化人才培养和激励政策的支持，以确保本国在全球电池储能领域占据一席之地。

我国主要从电价机制、政府补贴层面推动储能发展。2021年7月，国家发展改革委发布《关于进一步完善分时电价机制的通知》，提出科学划分峰谷时段，建立尖峰电价机制，健全季节性电价机制。2021年12月，国家能源局发布《电力并网运行管理规定》以及《电力辅助服务管理办法》，明确将用户侧新型储能纳入提供辅助服务的主体范围，并在原有调频调峰的基础上，增加了爬坡、黑启动等辅助服务品种。部分省份采取小范围的政府补贴激励政策，补贴期普遍为2～3年。

四、我国储能产业发展面临的问题与挑战

近年来，在一系列政策措施的鼓励支持、新能源消纳需求提升以及商业模式优化等多重因素影响下，我国储能行业取得了长足发展。从目前情况来看，我国储能行业已进入快速发展的新阶段，并初步具备了产业化的基础。但与此同时，影响储能行业发展的产业政策、关键技术以及市场

环境等均面临着诸多困境，“新能源＋储能”也面临多重挑战与障碍，这些问题成为制约储能行业快速发展的阻力，不利于储能行业高质量可持续发展。

（一）储能政策体系和相关规划尚不完善

近年来，国家和地方政府部门关于储能的政策层出不穷，对于储能特别是新型储能的发展具有重要的指导作用。但是从实际情况来看，我国储能政策体系尚不健全，还未形成自上而下比较完整的政策制度体系，对储能发展支持力度不够。与此同时，缺乏对于储能行业发展的整体统筹规划，从而无法有效引导储能行业有序高质量发展。

第一，储能相关政策体系不健全，不能满足当前储能发展的形势和需要。一是从现有储能系列政策中可以看出，我国出台的储能相关政策以鼓励性的指导意见为主，政策的可行性不足，政策的落地还缺乏具体实施细则。如由于无法准确进行评估和计量，“按效果付费”“谁受益、谁付费”等提法并不能完全落实；由于实施细则和配套措施尚不明晰，“新能源＋储能项目激励机制”等提法当前仍处于概念阶段。同时，相关管理部门和能源系统尚未形成有效的协同机制，导致政策执行存在困境。二是政策名目众多，但衔接不足。从现有储能系列政策来看，我国储能政策存在逻辑不清晰、层次不分明等问题，部分政策之间存在交叉重叠甚至矛盾。三是地方政策和国家政策存在差异。例如，关于储能配置的要求，有关部委出台的文件中只提出了原则性要求，并未涉及强制性要求；而从地方出台的政策来看，超过一半的省（区、市）出台了新能源按比例配置储能的强制政策。虽然这些政策更容易执行，但在初期会给电网企业、新能源企业等相关企业带来不利影响，同时也与国家发展改革委出台的关于鼓励可再生能源发电企业自建或购买调峰能力增加并网规模的政策存在冲突。四是促进技术和商业模式创新的政策不足。一方面，从现有政策来看，促进产业关键技术研发和装备制造水平提高的财税、金融等相关支持政策不足，导致技术创新受阻；另一方面，除用户侧峰谷电价套利、火电调频以及个别新技术储能示范有电价支持外，其他储能项目的商业模式暂无相关政策支持，从而导致现有商业模式单一，盈利水平有限。

第二，储能行业缺乏统筹规划，间接增加了相关问题的发生率，在一定程度上阻碍了储能行业的长远发展。一是缺乏新型储能的统筹规划。目前，我国尚未对新型储能进行系统规划，未来电力系统将面临转动惯量不足、调节资源缺乏、支撑能力不足等问题，需要通过统筹规划，引导储能在发电侧、电网侧和用户侧发挥作用，从而解决系统问题。二是“新能源 + 储能”发展政策缺乏具体规划。目前我国明确新能源配置储能项目需求的省份超过半数，新能源配置储能已经是大趋势，然而由于缺乏具体规划，新能源配置储能尚无相应的准入门槛以及技术要求，从而较容易造成安全事故，甚至出现“劣币驱逐良币”的现象。

（二）储能技术经济性仍存在短板

技术创新是推动储能行业发展的核心动力，是化解储能行业面临的成本、寿命、安全等难点痛点问题的重要手段。近年来，我国储能行业呈现多元发展的良好态势，储能技术总体上已经初步具备产业化的基础，但仍存在基础性研究不足、成熟度不高、标准体系不完善等问题，严重影响了技术的推广应用，不利于储能行业的商业化、规模化发展。

第一，我国储能关键技术基础性研究与原始性创新不足。目前，我国在储能领域的基础性和关键共性技术研究不足，对储能转化的相关机理、技术及系统的研究还不够成熟，导致我国在全球领跑的先进技术并不多，仅在电化学储能的锂离子电池、铅炭电池和全钒液流电池等方面的研发和应用处于国际先进水平。在其他方面，我国则处于并跑或落后阶段，如在新型压缩空气储能方面，我国与国外的科研机构处于并跑阶段；在热熔岩储能装置研发以及工程应用方面，我国与美国、西班牙等国家的先进水平相比仍有 5～8 年的差距，导致我国在国际储能技术领域缺乏话语权。

第二，各类储能技术成本偏高。当前，我国各类储能技术成熟度总体不高，技术相对成熟的电化学储能仍然存在经济性和安全性问题。同时，随着能源系统低碳转型，“风光水储一体化”“源网荷储一体化”的基地建设，以及分布式能源发展，大容量、低成本、高效率、高可靠性与高安全性的适用技术还有待突破。此外，以新能源为主导的新型电力系统可能会出现极端天气导致的新能源长时间出力受限的情况，目前储能技术还无法完全有效解决该问题。受技术经济性的限制，目前全球长时储能技术尚未能够实现大规模应用。

第三，我国储能的技术标准体系尚不完善，制约了行业良性发展。储能的种类、应用场景多样，但目前储能标准体系不完善，造成储能产品的技术规格和参数在设计、运输、安装、调试、运维等环节出现不匹配现象，从而无法保证储能产品质量与安全，直接影响储能行业健康快速发展。此外，标准体系的缺失也会造成使用者对储能系统性能指标认识模糊，管理者也难以实现对标准规范的监督，并引发相关安全问题。

第四，我国储能的系统集成技术不够成熟。为满足大容量的储能应用需求，需要对小容量的电化学储能等进行集成应用，具体包括状态监测、系统控制、设备优化匹配、电池健康及安全联动保护管理等多个环节。而从目前的情况来看，储能行业存在以动力电池代替储能电池、非专业集成、堆砌拼凑、非一体化设计、未全面测试验证等乱象，不仅造成系统效率低下，还形成安全隐患。如何做到高安全、低成本、智能化和模块化，是目前储能系统集成技术亟待解决的问题。

（三）储能市场发展环境尚不成熟

近年来，随着储能鼓励政策的不断出台，独立储能市场主体地位逐渐明确，储能行业正迈入规模化发展新阶段。然而，受多种因素影响，当前我国储能市场仍以政策驱动为主，缺乏长效的市场化机制，导致储能的多重价值无法体现。

第一，缺乏体现储能价值的市场机制。当前，虽然储能独立市场主体的身份已明确，但真正反映及实现其价值的市场机制并不完善，无论是电源侧、电网侧还是用户侧，实现储能价值的市场机制尚不健全。与水电、燃气轮机等传统机组相比，储能在高频短时调频服务、提升传统电力系统灵活性、降低能耗损失、优化能源系统结构方面具有明显优势，但不少储能项目只能依靠短期调峰调频及峰谷电价套利，并具有较强不确定性。这是由于我国目前尚未建立成熟的电力辅助市场机制及市场化体系，难以合理核定出各类电力辅助服务的价格，从而造成储能参与电力服务、降低系统成本等方面价值尚未完全得到市场认可，最终导致出现储能价值收益难以得到合理补偿等问题。

第二，储能价格机制尚不明晰。当前，我国仍处于电力市场建设的初始阶段，全国性的储能价格机制还未形成共识，明确的、系统的、稳定的价格机制仍然缺失，这成为储能行业规模化发展的症结所在。目前新型储能尚未落实容量补偿机制，体现电网替代价值的储能成本也还未纳入输配电价。此外，调峰调频等辅助服务成本也未能充分传导，限制了储能的市场收益。在当前尚未形成完善的价格形成机制情况下，大规模储能电站依托市场机制发展面临巨大挑战。

第三，储能项目市场投资风险高。一方面，虽然近年来储能系统成本大幅下降，但仍面临盈利水平不高的困境。另一方面，由于目前储能项目商业模式稳定性不强、储能价值尚未得到充分体现以及市场应用场景储能系统效率变化带来储能项目投资收益风险，储能项目融资渠道非常有限，社会资本进入储能市场的收益空间尚未打开。

（四）“新能源＋储能”存在发展障碍

当前，“新能源＋储能”已成为全球储能领域发展的重要方向之一。在我国，随着国家及地方相关支持政策的出台，目前有将近30个省份积极推动新能源配储能发展，但总的来看，“新能源＋储能”仍存在配置的合理性及规模缺乏科学论证、利用率低、成本高、商业模式单一等问题。

第一，“新能源＋储能”的合理性及规模缺乏科学论证。新型储能种类繁多、功用不一、技术成熟度和经济性差异大，而多地采取“一刀切”式的配置标准，部分地区还将配储能作为新能源建设的前置条件，但对储能如何参与调度并没有明确，并且对调度频次、充放电次数以及放电深度也缺乏科学的核定。同时，当前分散的配置方式无法体现规模效益，存在运营成本高、效率低等问题，难以充分发挥储能作用。第二，“新能源＋储能”利用率不高。在多种储能应用方式中，新能源配储能在调用频次、等效利用系数、利用率等方面均低于火电厂配储能、电网储能以及用户储能。例如在调用频次方面，新能源配储能采用“一充一放”的运营模式，电网侧、用户侧配储能多为“两充两放”的模式，而火储的调用更加频繁。第三，“新能源＋储能”成本较高，缺乏疏导渠道。新型储能成本高于火电灵活性改造、抽水蓄能等技术，新能源配储投资成本无法满足收益率要求，且投资回报机制模糊。同时，当前新能源配储能的投资成本主要由新能源企业内部消化，叠加锂离子电池成本上涨，给新能源企业带来了较大的经营压力。第四，“新能源＋储能”商业模式仍显单一，电价机制有待完善。当前，新能源配储能收益主要来源于电能量转换与辅助服务，商业模式略显单一。同时，电价机制仍不健全，部分储能项目可利用分时电价价差实现一定盈利，但电源侧和电网侧的储能项目仍缺乏盈利模式，从而导致社会投资的积极性较差。

五、储能市场发展和减碳空间的定量分析

（一）储能行业市场规模与发展趋势

电力系统的储能需求受政策、技术、安全等多重因素影响，而在“双碳”目标时间尺度上，最终决定新型储能规模和技术路线的根本因素仍是经济性水平。新型储能整体应用规模取决于可再生能源渗透率和电力系统传统储调能力。在碳达峰前，火电灵活性改造、气电、需求响应以及抽水蓄能和新型储能已纳入国家相关政策规划，发展目标相对明确。对于碳中和阶段，可再生能源增速、传统火电规模以及新型储调技术经济性等不确定性较大。因此本节将基于近中期侧重政策规划、中远期侧重模型分析的思路，分阶段评估新型储能发展路径。

截至 2021 年底，我国煤电装机容量 11.1 亿千瓦、发电量 5.04 万亿千瓦时，分别占总装机容量、总发电量的 46.7% 和 60.1%。煤电机组下调幅度普遍在 50% 左右，常规机组的最小技术出力较高、爬坡速率较慢，灵活性改造空间很大。2021 年 11 月国家发展改革委、国家能源局发布《关于开展全国煤电机组改造升级的通知》，明确提出存量煤电机组灵活性改造

应改尽改，“十四五”期间完成2亿千瓦，煤电机组纯凝工况最小发电出力一般要求达到35%额定功率。天然气发电具有较强灵活性调节能力，无论是简单循环还是联合循环机组，热态启动时间都在1小时以内，不仅可用于深度调峰，还能够启停调峰，从而使其调节范围扩大至0~100%。根据中国电力企业联合会预测，到2025年国内气电装机将达到1.5亿千瓦，相比“十三五”末增加约5000万千瓦，可向系统注入大量新增灵活性。

除发电侧外，需求响应也是性价比颇高的灵活性资源。目前仅广东、上海、江苏、山东等地开展了区域性、非常态化的需求响应试点，国内需求响应市场仍有巨大潜力。2020年6月，国家发展改革委、国家能源局印发《关于做好2020年能源安全保障工作的指导意见》，提出引导和激励电力用户挖掘调峰资源，形成占年度最大用电负荷3%左右的需求响应能力。按照3%的需求侧机动调峰能力估算，当前全国电力需求响应理论容量约4000万千瓦，其中南方区域约600万千瓦。《“十四五”现代能源体系规划》提出，到2025年，需求响应能力达到最大负荷的3%~5%，其中华东、华中、华南等地区达到最大负荷的5%左右。若假设2025年全国最大负荷达到15.4亿~16亿千瓦，按照5%估算，全国的需求响应能力将达到7700万~8000万千瓦。

当前我国抽水蓄能在电力系统调峰方面相比新型储能仍具有一定竞争力，容量电价等政策也有力保障了抽水蓄能项目工程的快速上马。根据2021年9月国家能源局发布的《抽水蓄能中长期发展规划（2021—2035年）》，到2025年，抽水蓄能投产总规模将达6200万千瓦以上，相比于2020年增加超过3000万千瓦。到2030年，抽水蓄能装机规模将进一步增加至1.2亿千瓦。

2022年国家发展改革委、国家能源局印发的《关于加快推动新型储能发展的指导意见》提出，到2025年新型储能装机规模达30吉瓦以上。如果在成本疏导机制建立和推动情景下，考虑“十四五”末现有规划、在建、招标新型储能项目容量全部建成，则到2025年底全国新型储能累计装机容量或将达70吉瓦（不含抽水蓄能）。2023年考虑到原材料供应紧张问题逐步缓解、各地新能源配储能政策逐步完善、独立储能商业模式不断优化，储能电站建设需求有望持续保持高速增长。

在用户侧，国家发展改革委2021年7月发布的《关于进一步完善分时电价机制的通知》要求，各地合理确定峰谷电价价差，上年或当年预计最大系统峰谷差率超过40%的地方，峰谷电价价差原则上不低于4：1，其他地方原则上不低于3：1，为用户侧储能峰谷价差套利营造更大空间。2023年1月，国家发展改革委办公厅发布的《关于进一步做好电网企业代理购电工作的通知》指出，要进一步逐步优化代理购电制度，各地要适应当地电力市场发展进程，鼓励支持10千伏及以上的工商业用户直接参与电力市场，逐步缩小代理购电用户范围，用户侧储能需求有望进一步加大。

除集中式储能电站外，近年来分布式光伏增速加快，部分地区配电网电流倒送压力加大，将带动分布式光伏配储能市场需求。同时伴随着新能源发电渗透率的提升和现货市场交易的开展，部分省份陆续出现午间电力净负荷低谷现象，午间电力供大于求致使电价下降，也为用户侧储能创造更多充放电盈利机会。

综合上述因素，2023—2025年我国新型储能装机容量合计新增接近60吉瓦（不含抽水蓄能），到2025年装机容量有望达到70吉瓦左右（图5-9）。其中，锂离子电池储能装机容量超过6吉瓦，压缩空气储能装机容量达到2吉瓦，液流电池、飞轮及钠离子电池储能装机容量超过2吉瓦。

中长期而言，需要基于2025—2060年对总体能源发展的判断以及对主要类型可再生能源发电的技术经济性、资源条件、配套电网优化运行、环境影响等因素的分析，并参考我国现有规划政策和目标，对我国未来电源结构以及电力流向的发展目标和布局进行分析。

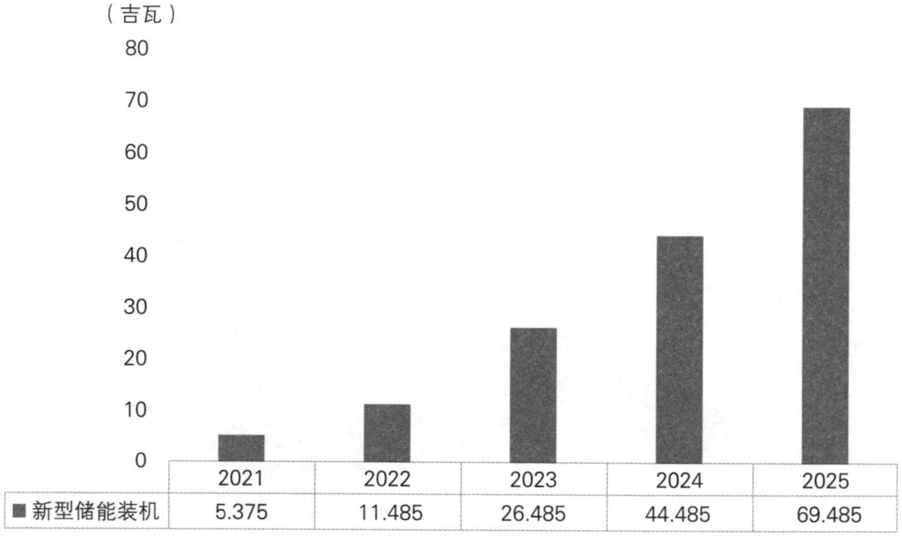

图 5–9　2021—2025 年我国新型储能装机容量

资料来源：作者预测。

2021—2060 年全国发电装机结构中，光伏发电、风电装机增速较快，两者在全部电源装机中的占比预计将从 2021 年的 27.8% 上升至 2030 年的 46% 和 2060 年的 85%，对应发电量也从 2021 年的 12.1% 上升至 2030 年的 24% 和 2060 年的 74%。与之相对，煤电装机从 2021 年的 11 亿千瓦下降至 2060 年的 1 亿千瓦，燃气发电装机约 2.3 亿千瓦，化石能源发电占比约 4.5%。此外，核电、生物质发电、光热发电等非化石发电装机约 2.5 亿千瓦，电力系统灵活性需求显著增长（图 5–10）。

为满足不断上升的灵活性调节需求，预计到 2030 年新型储能装机容量将超过 1 亿千瓦，到 2040 年将上升至 6.5 亿千瓦，2050 年达到 11.2 亿千瓦，2060 年达到 15 亿千瓦（表 5–1）。叠加常规水电、核电、煤电、天然气发电及可调节可再生能源发电资源，2060 年各类电源负荷高峰顶峰能力将超过 30 亿千瓦。

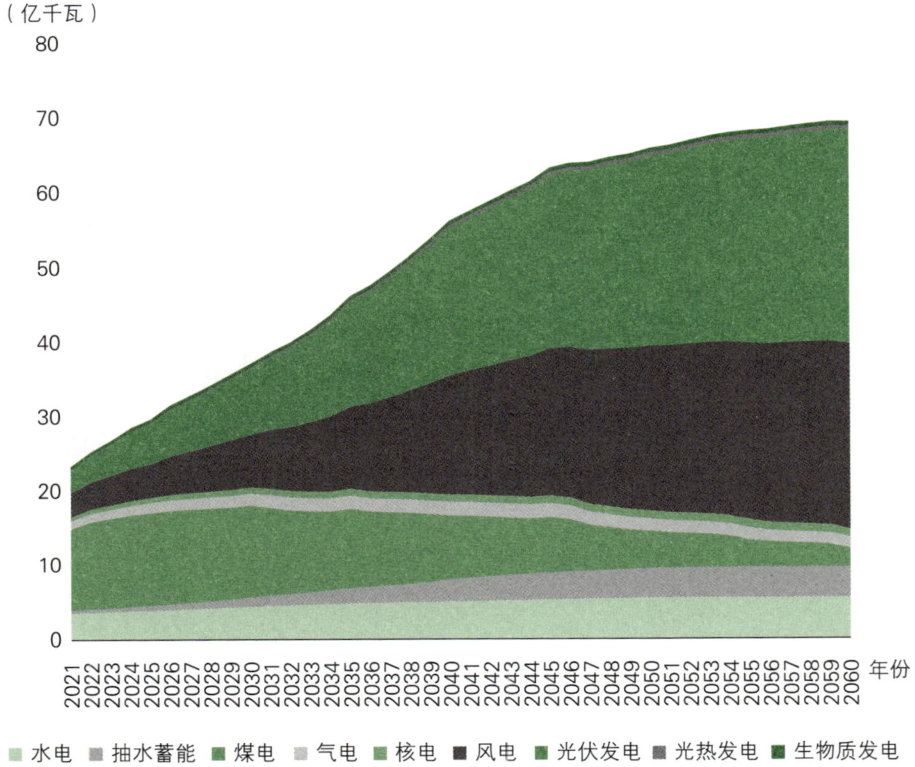

图 5-10　2021—2060 年我国发电装机结构预测

资料来源：国家发展改革委能源研究所《中国能源转型展望（2022）》。

表 5-1　碳中和目标下新能源及电力系统调峰容量

	2030 年	2040 年	2050 年	2060 年
风电装机（吉瓦）	760	1834	2781	3138
光伏发电装机（吉瓦）	978	2351	3116	3500
VRE 装机占比（%）	46	72	81	85
VRE 电量占比（%）	24	52	69	74
负荷高峰（亿千瓦）	15	25	28	33
电解水制氢（万吨）	436	2182	5657	9090
制氢电量占比（%）	2.1	8.4	17.5	23.4

续表

	2030年	2040年	2050年	2060年
抽水蓄能（吉瓦）	120	300	409	421
新型储能装机（吉瓦）	107	646	1121	1500

注：电力结构中波动性可再生能源发电。

资料来源：作者预测。

（二）储能技术的发展前景和减碳贡献

随着波动性可再生能源发电渗透率的提升，储能运行方式也将发生变化。由于大量光伏发电呈现日内波动特点，传统的负荷峰谷时间分布发生变化，电力净负荷（用电负荷 –VRE）低谷由凌晨变为午间，储能午间充电、傍晚放电的日内规律性充放电特征将日趋明显。此外，系统在日出、日落时段的爬坡需求大幅提升，储能平均放电时长也相应增加。

新型储能技术特性各异，在电力系统不同应用场景中的经济性（竞争力）决定了其市场规模。投资成本、使用寿命、转换效率等是衡量各类储能技术经济性的重要指标。投资成本方面，截至 2020 年底，铅炭电池成本约 500 元 / 千瓦时，储能系统成本约 1000 元 / 千瓦时，使用的是投资成本最低的电化学储能技术；磷酸铁锂电芯成本已降至 600 元 / 千瓦时，对应储能电站成本约 1500 元 / 千瓦时；全钒液流电池系统成本约 3500 元 / 千瓦时，且钒电解液具有可循环利用的优势；压缩空气及储氢系统功率转换单元成本接近甚至高于 10000 元 / 千瓦，但其能量存储单元成本较低，尤其在长时间充放电应用场景下具有较高经济竞争力。使用寿命方面，全钒液流储能系统充放电循环寿命可达到 1 万次以上，磷酸铁锂电池储能也可达到 6000 次，铅炭电池循环寿命较低，一般在 2000 次左右。能量转换效率方面，电化学储能相对较高，其中锂离子电池储能系统转换效率达到

88%，铅炭电池及钠硫电池约为85%，全钒液流电池为82%。压缩空气及储氢（电—氢—电）能量转换效率偏低。

目前，锂离子电池储能充放电平准化成本约0.5元/千瓦时，全钒液流电池、铅炭电池、钠硫电池为0.6~1.2元/千瓦时。锂离子电池在未来十年有望一直保持综合成本最低的电化学储能技术优势，而长期来看钠离子电池凭借丰富的资源和材料成本优势具有更大的成本下降空间，并有望在2035年后成为成本最低的短周期储能技术。到2060年，锂离子电池平准化度电成本降低至0.1元/千瓦时，钠离子电池及压缩空气储能平准化成本有望降至0.07元/千瓦时。随着放电时长的增加，抽水蓄能、压缩空气等物理储能以及氢储能的经济性优势提升，其在储能装机结构中的占比也将相应增加。

储能技术的减碳效果取决于其应用场景。随着新能源发电规模的不断提升，越来越多的新型储能将直接或间接地服务于新能源消纳与利用。若储能充电量都源自电力系统难以消纳的高波动性可再生能源发电，则其放电量也可近似等同于对传统化石能源发电替代量。表5–2列出了碳中和情景下，新型储能与抽水蓄能发展规模及运行情况。预计到2060年新型储能装机容量将达到15亿千瓦，平均放电时长7小时，每年储能电量达到3.15万亿千瓦时。同期抽水蓄能装机规模达到4.21亿千瓦，平均放电时长达到9小时，每年储能电量达到7578亿千瓦时。假设储能充放电量80%用于新能源消纳，则2060年各类储能技术可通过与新能源协同实现减碳25亿吨/年。

需要注意的是，储能的全生命周期减碳效果也取决于储能设备生产过程排放情况。各类储能技术碳足迹差异明显，由于电化学储能生产环节能耗强度高，对应排放强度相对更大。锂离子电池生产工艺极其复杂，主要分为四个部分，包括原材料生产、单体制造、附属件制造和电池包组装，不同正极材料锂离子动力电池生产工艺和流程基本相同。单体是动力电池的基本单元，正负极材料制浆后涂覆在由金属箔片制成的载流体上制作成极片，而后经过卷绕后放入壳体内注入电解液装配成电芯，而后经过密封、化成等工序制成合格的电池单体。电池包生产环节主要是将各个电池单体通过串联或并联的方式连接在一起，而后与冷却系统、电池管理系统（BMS）和外壳等配件组装成储能电站。

表 5-2　新型储能与抽水蓄能发展规模、运行及减碳潜力

储能类型		2030 年	2040 年	2050 年	2060 年
新型储能	装机容量（吉瓦）	107	646	1121	1500
	放电时长（小时）	4	5	6	7
	循环频次（次 / 年）	300	300	300	300
	充放电效率（%）	85	85	85	85
	储能电量（吉瓦时）	128400	969000	2017800	3150000
抽水蓄能	装机容量（吉瓦）	120	300	409	421
	放电时长（小时）	6	7	8	9
	循环频次（次 / 年）	200	200	200	200
	充放电效率（%）	76	78	80	82
	储能电量（吉瓦时）	144000	420000	654400	757800
储能减碳量（亿吨 / 年）		1.7	9	17	25

资料来源：作者预测。

正极材料是影响锂电池生产环节碳排放的关键因素。由于不同摩尔配比的镍钴锰（NCM）正极材料化石能耗和温室气体（GHG）排放强度接近，因此以 NCM622 型三元正极材料为例进行对比分析。总体来看，各类锂电池生产阶段碳排放为 20～25kg CO_2/kg，其中磷酸铁锂（LFP）碳排放强度略低，约为 20kg CO_2/kg。目前储能领域以磷酸铁锂技术为主，按照能量密度 120Wh/kg 计算，则单位千瓦时锂电池储能生产阶段碳排放为 167 千克。假设额定容量 1 千瓦时储能循环寿命 6000 次，充放电效率 88%，末期可用容量为额定容量 80%，煤电机组平均碳排放因子 800 克 / 千瓦时，则单

位千瓦时锂电池储能运行环节减碳量为3.38吨二氧化碳。因此结合生产与使用环节，锂电池储能生产环节碳排放量约为使用环节减碳量的5%，1千瓦时锂电池储能生命周期可减排3.2吨二氧化碳。综上所述，主流储能技术生命周期减碳量都明显高于生产过程排放量，压缩空气、抽水蓄能等物理储能技术在建设阶段排放能耗强度低、使用寿命长，减碳效果更为突出。

六、政策建议

（一）加快推广应用，推动储能规模化发展

持续优化建设布局，推动新型储能与新能源、常规电源协同优化运行，充分挖掘常规电源储能潜力，提高系统调节能力和容量支撑能力。合理布局电网侧新型储能，着力提升电力安全保障水平和系统综合效率。实现用户侧新型储能灵活多样发展，探索储能融合发展新场景，拓展新型储能应用领域和应用模式。

1. 积极发展电源侧新型储能

发展“常规电源＋储能”。鼓励燃煤电厂合理配置新型储能，与燃煤机组协调配合参与调频调峰等辅助服务，提升电厂运行特性和整体效益。在调峰需求大的区域合理布局“燃气电厂＋储能”项目，满足电力系统不同时间维度的调峰调频需求，提高系统灵活性和可靠性。探索利用退役火电机组既有厂址和输变电设施建设新型储能或风光储设施。推动系统友好型新能源电站建设。充分结合电力系统运行和新能源开发需求，在新能源资源富集地区，如内蒙古、新疆、甘肃、青海等，以及其他新能源高渗透率地区，配合大型风电光伏基地开发，积极推广“新能源＋储能”的新

能源电站，推动高精度长时间尺度功率预测、智能调度控制等创新技术应用，实现储能与新能源发电的深度融合、联合运行，保障新能源高水平消纳利用，提升新能源并网友好性和容量支撑能力。

2. 因地制宜发展电网侧储能

科学配置电网关键节点或区域新型储能，在大规模新能源汇集、分布式光伏集中开发、调峰调频困难和电压支撑能力不足的电网枢纽站点及重点区域科学布局储能，充分发挥储能调峰、调压等调节支撑作用。在电网大容量关键输电通道近区合理配置新型储能，为电网安全稳定运行提供保障。支持电网替代性储能项目建设，支持在用电负荷增速较快、输变电走廊（站址）资源紧张或建设难度大、季节性临时性负荷增长等地区依托既有土地资源或输变电设施建设储能项目，延缓或替代输变电设施投资，降低电网基础设施建设成本。围绕保障重点负荷需求，建设一批移动式或固定式储能设施，提升应急供电保障能力。鼓励电网末端布局储能设施，结合农村电网巩固提升工程，在偏远地区的电网末端、海岛等，合理布局电网侧新型储能或风光储电站，提高末端电网供电能力。加强缺乏网间联络的独立供电区储能建设，通过新型储能提高电力供应保障水平、促进可再生能源开发利用。

3. 引导用户侧储能灵活发展

鼓励分布式供能系统储能应用，围绕大数据中心、5G 基站、工业园区、公路服务区等终端用户，依托分布式新能源、微电网、增量配网等配置新型储能，探索智慧电厂、虚拟电厂等“新型储能 +”多元融合应用场景和商业模式，提高用能质量，降低用能成本。支持重要负荷用户储能建设，鼓励工业、通信、金融、互联网等对供电可靠性、电能质量要求高的电力用户，根据优化商业模式和系统运行模式需要配置新型储能，提升用户电力自平衡能力，降低对大电网调峰调频压力，提高综合用能效率效益。鼓励在工业集聚区布局新型储能，积极支持钢铁、化工、有色、建材等高耗能用户结合实际用能需求集中建设新型储能设施，利用分时电价机制引导用户削峰填谷，优化区域电网负荷特性，降低用户综合用电成本。鼓励分散式储能应用，积极推动不间断电源、充换电设施、农牧业基础设施、家庭等用户侧分散式储能设施建设，探索推广电动汽车双向互动智能充放电技术应用，提升用能灵活性，降低用能成本。

4. 优先发展集中式独立储能电站

围绕服务大电网、助力新能源高效消纳、保障电力安全供应等功能，科学有序布局新型独立储能电站。鼓励新能源发电企业及各类市场主体，通过自建、合建等方式建设集中式独立储能电站，积极发挥新型储能在电力运行中调峰、调频、系统备用、爬坡、黑启动等多种作用，为电网安全高效稳定运行提供服务。在重点区域布局一批集中共享储能示范项目。探索试点建设大型新型储能调峰电站。

（二）积极试点示范，鼓励储能产业化发展

聚焦各类应用场景，关注多元化技术路线，开展新型储能试点示范，加强示范项目跟踪评估。加快重点区域试点示范，鼓励各地先行先试。

1. 开展多元技术路线试点示范

重点开展钠离子电池、全钒液流电池等低成本、长寿命储能技术试点示范应用。推动飞轮储能、超导储能、超级电容储能等功率型储能技术示范应用。拓展氢储能应用领域，开展可再生能源制储氢、氢能发电等试点示范，探索储热、储冷、制氨等多种形式和更长时间周期储能技术应用。以需求为导向，推动多种储能技术联合应用，探索多技术路线复合型储能试点示范。鼓励结合电力系统需求推动多种储能技术联合应用，开展复合

型储能试点示范。积极开展首台（套）重大技术装备示范、科技创新（储能）试点示范和项目跟踪监测与分析评估。

2. 推进源网荷储一体化协同发展

制定关于推动源网荷储一体化发展的政策措施，公平、无歧视引入电源侧、负荷侧、独立电储能等市场主体，在能源资源富集区、产业园区等地区谋划一批源网荷储一体化项目，因地制宜建设“源网储+冶金/化工/建材”“源网储+大数据中心等新产业”“余热余压等能源资源回收及综合利用”等能源一体化综合利用工程，推动电、热、冷多能协同供应和能源综合梯级利用。在重点地区鼓励源网荷储一体化项目内部联合调度，鼓励电网企业联合社会资本建设以大规模共享储能为支撑的区域性“虚拟电厂”。

（三）强化科技创新，推动储能多元化发展

积极开展前瞻性、系统性、战略性储能关键技术研发，加速实现核心技术自主化，推动产学研用各环节有机融合，加快创新成果转化，提升新型储能领域创新能力。

1. 加强先进技术攻关

探索实行“揭榜挂帅”“赛马制”等制度，鼓励企业、高校及科研院所等加强新型储能理论、关键材料、单元、模块、系统、储能安全等技术攻关，开展新一代储能电池关键技术和工程化应用研究。开展先进储能技术研发，推动锂离子电池、液流电池、铅炭电池、压缩空气、飞轮储能、储氢等关键核心技术、装备和集成优化设计研究，加快钠离子电池、超导、超级电容等储能技术攻关，积极研发储备液态金属电池、固态锂离子电池、金属空气电池等新一代高能量密度储能技术。加大电化学储能系统

安全预警、高效灭火及防复燃、储能电站整体安全性设计、储能电池寿命检测和状态评估等全过程安全技术投入力度。研究规模化储能主动支撑控制技术、储能集群协同优化运行技术、分布式储能聚合互动技术等智慧调控技术。积极应用大数据、云计算、人工智能、区块链等技术，开展储能多功能复用、需求侧响应、新能源主动支撑、虚拟电厂、云储能、市场化交易等领域关键技术研究。

2. 推动产学研用融合发展

加快建立以企业为主体、市场为导向、产学研用相结合的储能技术创新体系。支持产学研用体系和平台建设，吸引更多人才、技术等高端要素向新型储能产业聚集，促进教育链、人才链和产业链的有机衔接和深度融合。加快推进新型储能技术创新中心、工程研究中心、重点实验室等创新平台建设，鼓励申报创新平台，加大对创新平台的支持力度，加速成果转化。鼓励政府、企业、金融机构、技术机构等联合组建新型储能发展基金和创新联合体，优化创新资源配置，推动技术和商业模式创新。鼓励高校加强学科建设，支持相关企业、科研院所等持续开展新型储能应用布局、商业模式、政策机制、标准体系等方面的工作，为新型储能行业发展提供科学决策。完善新型储能技术人才培养专业学科体系，深化多学科人才交叉培养，培养一批新型储能专业人才和复合人才。

3. 加快全产业链建设

培育和延伸新型储能上下游产业，以“链主”企业为核心，以建链为重点，壮大具有自主知识产权和核心竞争力的国内龙头企业队伍，重点打造以上游储能电池新材料、中游高效电池组及集成、下游配套服务与电池回收为核心的全产业链，推动新型储能产业向成套化、高端化、智能化方向发展。促进电化学储能与新能源汽车动力电池产业链上下游贯通协同，增强产业链供应链韧性。结合资源禀赋、技术优势、产业基础、人力资源等条件，推动建设一批国家储能高新技术产业化基地，促进新型储能产业实现规模化、市场化高质量发展。吸引更多人才、技术、信息等高端要素向新型储能产业集聚，着力培育和打造储能战略性新兴产业集群。

（四）完善市场机制，加快储能市场化步伐

研究建立新型储能价格机制，促进储能成本合理分摊和疏导，推进储能参与电力市场体系建设，加快推进新型储能商业模式创新。

1. 建立健全储能市场交易机制

完善电力中长期、辅助服务市场，加快推进电力现货市场建设，探索现货市场运行期间由现货电能量市场代替调峰市场，形成有效激励储能调峰的市场化分时价格信号。研究新型储能参与各类型电力市场的准入条件、交易机制、技术标准和价格形成机制等。加快建立完善适应独立储能参与的相关市场机制，符合国家相关标准规范要求的独立储能电站可作为独立主体参与市场交易，鼓励新型储能以独立电站、储能聚合商、虚拟电厂等多种形式参与电力辅助服务。鼓励配建新型储能与所属电源联合参与电力市场，鼓励探索同一储能主体可以按照部分容量独立、部分容量联合两种方式同时参与市场交易的模式，通过市场化方式形成收益。因地制宜完善“按效果付费”的电力辅助服务补偿机制，丰富电力辅助服务交易品种，研究顶峰、调峰、调频、爬坡、黑启动、惯量支持等辅助服务模式。

2. 健全储能价格机制

建立用户侧储能发展价格机制。根据电力供需实际和经济高质量发展需要，进一步完善分时电价政策，适时适度拉大峰谷分时电价价差，引导电力市场价格向用户侧传导，为用户侧储能发展创造空间。建立与电力现

货市场相衔接的需求侧响应补偿机制，增加用户侧储能的收益渠道。鼓励用户采用储能技术减少供配电设施增容投资，节约用户侧用电成本。完善电网侧新型储能价格机制。以支撑系统安全稳定高效运行为原则，合理确定电网侧储能发展规模。为保障调峰容量电源的合理收益，研究推进电网侧独立储能电站市场化调峰电源补偿机制，对发挥系统调峰作用的新型储能，经调峰电源能力认定后，研究参照抽水蓄能管理并享受同样的价格和能耗政策。根据替代的火电和电网投资，对满足条件的各类大规模独立储能电站，结合不同储能时长给予差异化的容量补偿；探索储能电站商业化电价机制，逐步推动储能电站参与电力市场交易，科学评估新型储能替代输变电设施的投资效益，研究探索将电网替代型储能设施成本收益纳入输配电价回收。

3. 拓展储能商业模式

探索推广共享储能模式。鼓励新能源电站以自建、租用或购买等形式配置储能，发挥储能“一站多用”的共享作用。鼓励可再生能源发电企业与储能电站等签订新增消纳能力的协议或合同，明确市场化调峰资源的建设、运营等责任义务，经电网企业按程序认定后，可安排相应装机并网。积极支持各类主体开展共享储能、云储能等创新商业模式的应用示范，试点建设共享储能交易平台和运营监控系统。研究开展储能聚合应用。鼓励不间断电源、电动汽车、充换电设施等用户侧分散式储能设施的聚合利用，通过大规模分散小微主体聚合，发挥负荷削峰填谷作用，参与需求侧响应，创新源荷双向互动模式。充分发挥新能源汽车在电化学储能体系中的重要作用，加强新能源汽车与电网能量互动，提高电网调峰调频、安全应急等响应能力。

4. 创新储能投资运营模式

鼓励有实力的新能源投资企业、储能运营商、电网企业等联合投资建设集中式新型储能项目，通过市场化方式合理分配收益。积极引导各类有意愿的社会资本投资建设新型储能项目，建立健全社会资本建设新型储能公平保障机制。创新储能合作投资模式，鼓励投资主体采用多种合作模式实现电站共建、服务共享。探索源网荷储一体化和多能互补项目协调运营和利益共享机制。

附录 5-1　主要储能技术简介

压缩空气储能：在用电低谷时，将空气压缩储存于储气室中，将电能转化为空气能存储起来。在实际应用中，通常是寻找矿洞来作为天然的储气室，因此压缩空气储能的成本较低。目前压缩空气储能的效率约为70%，与效率较高的电池（85%～90%）相比相对较低，且响应速度较慢，负荷从0～100%的正常响应时间需要3～9分钟。

飞轮储能：利用电动机带动飞轮高速旋转，实现电能和动能的双向转换，能达到毫秒级的快速响应。飞轮储能技术主要应用于“有轮子”的场景，如城市轨道交通车站。列车在制动（也就是人们常说的“刹车”）过程中会产生数量可观的能量，具有回收利用价值。

电化学储能：本质上就是把电能储存成化学能，再用化学电池的机制释放出来，放到电网中变回电能。电化学储能目前被提及较多的是铅酸电池储能、锂离子电池储能、钠离子电池储能、氢储能、液流储能等技术。电化学储能技术是目前应用率仅次于抽水蓄能的储能技术。

①铅酸电池储能：我们日常使用的电瓶车、电动三轮车以及摩托车使用的就是铅酸电池，铅酸电池的储能成本低，可靠性好，效率较

高，是我国早期大规模电化学储能的主导技术路线，但铅酸电池用于大型电站时存在寿命较短的缺点，且对环境影响较大。

②锂离子电池储能：锂离子电池储能是目前电化学储能中最耀眼的一种，技术成熟、响应速度快、寿命长，目前很多电化学储能电站都是以锂离子电池为主。其充放电原理，简单来说就是利用锂离子的运动。当对锂电池进行充电操作的时候，电池正极会有锂离子生成，锂离子可以通过电解液运动到电池的负极，到达负极的锂离子数量越多，则充电时的电池容量也会变得更高。根据正极材料的不同，锂离子电池又分为钴酸锂、锰酸锂、磷酸铁锂和三元电池等，其中磷酸铁锂电池能量密度适中，安全性、使用寿命均优于其他电池类型，且成本相较于其他锂离子电池更低。

③钠离子电池储能：钠离子电池的放电时间、效率以及循环寿命与锂离子电池相似，不同的是依靠钠离子在正极和负极之间移动来运作，替代了锂离子。相比较于锂离子电池，钠离子电池性价比更高，原材料成本是锂电池的一半。且因为没有过度放电的特性，钠离子电池的安全性也比锂离子更高。但钠离子电池目前最致命的缺点也是寿命较短，锂离子电池回收寿命为6000次，而钠离子电池回收寿命只有1500次。

氢储能：氢储能指的是通过环保可循环能源制氢，通过能量在不同载体的转换，例如燃料电池系统进行发电并网，实现调峰调频。氢储能最直接的应用是将多产生的电力用来制造可储存的氢气，能储用较长时间，1标准立方米氢气大约可产生1.25千瓦时电能。氢储能具备元素资源丰富、储能时间长、能量密度大等优势，是未来最具备优势的储能方案。但目前成本较高，且技术不够完善，尚未实现大规模商用。目前来说，氢能就像 5 ~ 10 年前的锂离子电池和光伏，虽然还未大规模商用，但从技术进步和商用进展上，正处在爆发前夜。

各种储能技术在不同应用场景的适用度见表 5-3。评价储能系统的技术经济参数主要包括：设计功率 / 能量、初始投资成本、全生命周期运维成本、循环次数、循环效率、放电深度、年平均循环衰退率以及全生命周期平准化度电成本等。

表 5-3 几种新型储能技术当前的技术经济参数水平

技术名称	经济技术性参数	
锂离子电池	能量密度：150 ~ 350W · h/kg 储能效率：90% 储能时长：1 ~ 2 小时 响应时间：秒级 功率：10^2kW ~ 10^2MW	初投资：1500 ~ 2000 元 /(kW · h) 建设周期：3 ~ 6 个月 循环寿命：3000 次 储能成本：0.6 ~ 0.7 元 /(kW · h)
抽水蓄能	能量密度：0.27 ~ 1.5W · h/L 储能效率：75% 储能时长：6 ~ 12 小时 响应时间：秒级 功率：GW 级	初投资：1000 ~ 1500 元 /(kW · h) 建设周期：5 ~ 6 年 循环寿命：30000 次 储能成本：0.25 元 /(kW · h)
压缩空气蓄能	能量密度：50 ~ 100W · h/L 储能效率：50% 储能时长：4 小时至数日 响应时间：分钟级 功率：10^2MW	初投资：1500 ~ 2000 元 /(kW · h) 建设周期：6 ~ 12 个月 循环寿命：20000 次 储能成本：0.3 元 /(kW · h)

续表

技术名称	经济技术性参数	
重力蓄能	能量密度：N/A 储能效率：85% 储能时长：4 小时至数日 响应时间：秒级 功率：10MW ~ 10^2MW	初投资：4000 ~ 5000 元 /（kW · h） 建设周期：8 ~ 10 个月 循环寿命：30000 次 储能成本：0.3 元 /（kW · h）
钠离子电池	能量密度：100 ~ 200W · h/kg 储能效率：90% 储能时长：1 ~ 2h 响应时间：秒级 功率：10^2kW ~ 10^2MW	初投资：<2000 元 /（kW · h） 建设周期：3 ~ 6 个月 循环寿命：2000 次 储能成本：0.6 ~ 0.7 元 /（kW · h）
液流电池	能量密度：20 ~ 70W · h/L 储能效率：75% 储能时长：4 小时至数日 响应时间：秒级 功率：10^2kW ~ 10^2MW	初投资：4000 ~ 6000 元 /（kW · h） 建设周期：6 ~ 12 个月 循环寿命：12000 次 储能成本：0.6 元 /（kW · h）
氢储能	能量密度：350W · h/kg 储能效率：30% ~ 40% 储能时长：数日 ~ 数月 响应时间：秒级 功率：10^2kW ~ MW	初投资：14000 元 /（kW · h） 建设周期：12 ~ 18 个月 循环寿命：10000 次 储能成本：1.2 元 /（kW · h）

资料来源：《新型储能技术及产业研究报告——能源转型深度报告》。

第六章

新能源电力消纳的路径与机制研究

一、我国新能源电力消纳的基本情况

（一）重要意义

新能源发电具有随机性、波动性、数量众多、布点分散等天然特点（“双峰双高”和“双侧随机性”），大规模新能源消纳一直都是世界性难题，加之我国新能源资源集中、规模大、远离负荷中心，进一步加大了就地消纳的难度。在“双碳”目标下，风光发电将实现大规模高比例发展，接网消纳则是当前的薄弱环节。促进新能源消纳，是化解新能源供需时空不均、促进产业健康发展、实现可再生能源在电力消费和能源消费总量占比中长期目标的关键保障。

一方面，新能源消纳是解决新能源供需时间不均、实现“削峰填谷”的关键。受制于风力、光伏条件，新能源输出电力不稳定，具有波动性、随机性、间歇性等特点，发电高峰与用电高峰不同，通过“源—网—荷—储”一体化，提升新能源消纳比例，可以缓解高峰季节、高峰时段的用电紧张状况，从而实现“削峰填谷”的作用，助力实现碳中和目标。

另一方面，新能源消纳是解决新能源供需空间不均、实现“安全保供”的关键。我国的风电与光电存在明显资源分布不均衡问题，西北地区风光电资源较为丰富，沿海地区主要发展海上风电，内陆省份风光资源相对匮乏且主要集中在“三北”地区。而用电负荷主要位于中东部和南部地区，通过远距离送出消纳新能源，能够有效解决新能源供需空间不均的问题，从而实现全国的能源平衡。

（二）行业特点

1. 两种方式并重：就近消纳和远距离送出

新能源电力的消纳方式有两种：一种是以就近消纳为导向，以分布式光伏和风电为基础的分布式电站形式；另一种是以远距离送出为导向，以大型风光电基地为基础的集中式电站形式。总的来看，由于我国风光资源富集，相较于分布式新能源建设，基地化、规模化建设风光电基地更利于短期放量、节约成本。风电和太阳能发电具有随机性和波动性特点，电力供需实时平衡和安全稳定运行难度较大，确保新能源正常输送，要以特高压等跨区域输电线路和储能的配套建设为主。同时，需要充分发挥市场在电力资源配置中的基础作用，研究适应新能源发展的消纳和交易机制，为新能源可持续发展创造良好的市场环境。

2. 四个环节协同：源（发电）网（供电）荷（用电）储（储电备电）一体化

新能源供给消纳体系贯穿于电源侧、电网侧、负荷侧、储能侧等方面，其中“源”指的是由化石能源转为新能源，其随机性、波动性加大，系统惯量减小，分布式电源增多；“网”指的是由交流电网为主向交直流混合电网发展；“荷”指的是由原来的单性电力消费逐步转变为荷源储融合；“储”指的是储能由原来主要作为电网少量调节上升为支持新型电力系统运行的基础性和关键性支撑，在当前负荷备用、事故备用、检修备用基础上，需要增加为防范发生重大新能源供给风险（如长期阴天、无风天造成新能源长期断供）的战略备用。

源网荷储一体化，主要包含“发得出”“供得上”“用得好”“储得精”等内容。其中，“发得出”是指加大力度规划建设大型风光电基地和分布式能源，“供得上”是指配套建设输电通道和调峰能力，“用得好”是指加强需求侧响应，“储得精”是指构建供给和消纳融合体系。

3. 五个方面配合：布局、调节、渠道、考核、市场有机配合

第一，合理规划布局是基础。风光水火储多能互补，合理配比火电、水电、风电、光伏发电、储能装机容量以及输送容量，科学规划建设进度。特别是大型新能源基地，需要配合一定数量的常规电源才能稳定送出和高比例消纳。

第二，增强调节能力是关键。一方面，加强供给侧灵活性改造，包括对存量火电机组进行灵活性改造、新建抽水蓄能、调峰燃气电站。我国电力系统中可选的调峰电源主要有水电、气电、储能和煤电等，但抽水蓄能电站受站址资源和审批等约束，发展速度慢、总量有限；气电调峰能力强，但我国天然气资源缺乏、成本高，且气电多为热电联产，调峰容量有限；储能装置调峰技术可行，但仍面临经济成本高、占地广、电池回收难等问题；煤电作为调峰电源具有技术经济性，但要解决电量下降带来的容量成本回收问题，且需对煤电进行必要的灵活性改造，以适应调峰调频需要。富余的新能源发电通过制氢生产出其他二次能源如甲醇等，是解决新能源储能问题的一种思路，从理论和技术上看是可以实现的，但当前由于商业模式不确定，且相关基础产业配套不完善，只能因地制宜适当开展。

另一方面，加强需求侧响应，主要包括电动汽车、绿色建筑、工业负荷、波动性电源与电网的互动。随着未来电动交通的普及，我国大规模的废旧动力电池将足以支撑电网储能的需求，从而可以很好地解决终端可再生能源电力的间歇性、不稳定性问题。此外，建筑、工业可以发挥储热、储冷等作用，消纳波动的风电、光伏发电。

第三，扩大传输渠道是有效途径。一方面，打破隔墙不能售电的问题，支持新能源发电企业与附近工业园区、产业园区建立直接交易售电，促进新能源的就近消纳；鼓励可再生能源企业与大用户直接交易，扩展新能源消纳渠道；建立风光水互补协调控制运行机制，扩大新能源就近消纳规模。另一方面，对于太阳能、风能资源丰富地区，通过鼓励扩大新能源外送通道提升新能源消纳能力。此外，从电力投资趋势看，电网投资饱和程度尚不及电源投资，我国在可再生能源消纳能力和供电可靠性等方面仍然亟须持续投资电网建设。

第四，实施消纳考核是重要保障。为解决新能源消纳难题，需切实完善和落实新能源消纳的考核机制。一方面，加强新能源消纳责任权重的评价考核，将其纳入地方经济社会发展考核体系。另一方面，将考核结果作为压实党政领导班子和领导干部主体责任的有效手段，与地方领导干部年度考核等次和比例挂钩，与干部选拔任用和职级晋升挂钩。

第五，完善市场机制是长效手段。我国先后于 2002 年和 2015 年两次启动电力体制改革，电价市场化形成机制一直是两轮改革的核心目标。但近 20 年来，电价改革并不顺利，其中调峰电价形成机制至今未有大的突破。电力现货市场的完善有利于引导风电光伏项目的合理布局，调动电网侧、电源侧、用户侧的各种灵活性资源参与电力市场，从而消纳更多的风电、光伏发电。

（三）主要历程

2010年以来，我国可再生能源发展速度位列全球第一，发展成就有目共睹。然而受系统调峰能力不足、市场机制不健全等因素影响，我国可再生能源一直存在比较突出的限电、弃电问题，这些问题严重制约可再生能源的持续健康发展。从新能源消纳情况看，主要可分为三个阶段。

1. 2010—2012年：风能装机高速增长带来的消纳困难阶段

2010—2012年，受风能装机的高速增长和早期电网建设的滞后影响，我国新能源消纳较为困难，弃风限电的现象较为明显。随着电网建设规模逐步扩大，弃风限电现象有所减少。

2. 2015—2020年：电力需求增速放缓带来的消纳困难阶段

2015—2020年，由于经济增速放缓，国内的电力需求下降。电力供给的过剩使得弃风限电现象再次加剧，尤其在“三北”地区表现得更为明显。通过国家相关政策的制定与实施，新能源消纳情况有明显好转，主要表现在以下两个方面。

一是新能源开发布局得到优化调整。“十三五”期间，新能源开发布局的主导因素由资源条件转向消纳条件。消纳条件较好的中东部地区，新能源装机占比持续提升。“十三五”期间，中东部地区的新能源装机占比由26%稳步提升至38%。

二是新能源消纳形势逐步好转。据统计，我国风电平均利用率由2016年的83%提升至2020年的96.5%；光伏发电平均利用率由2016年的90%提升至2020年的97.95%。2020年，全国非水电可再生能源电力消纳量为8562亿千瓦时，占全社会用电量比重为11.4%，同比增长1.2个百分点。

此外，直流特高压输电线路输送可再生能源情况方面，2020 年 22 条特高压输电线路输送电量 5318 亿千瓦时，其中可再生能源输送电量 2441 亿千瓦时，同比提高 3.8%，可再生能源输送电量占全部输送电量的 45.9%。

3. 2020 年至今："双碳"目标背景下新能源快速大量替代带来的消纳困难新阶段

"双碳"目标下，新能源迎来快速增长期，电力结构中的风电、光电占比持续提升，在今后相当长的一段时期内，各界对消纳问题的关注将持续升温。然而支撑新能源持续高效消纳利用的基础还不牢固，主要表现在三个方面。一是目前我国电力系统调节能力建设总体处于滞后状态。当前全国具有灵活调节能力的电源不足 20%。"十三五"期间，火电灵活性改造、抽水蓄能、调峰气电的规划新增目标，分别仅完成了 40%、50%、70% 左右；"三北"地区规划火电灵活性改造 2.1 亿千瓦，提升调节能力 4500 万千瓦，实际仅分别完成目标的 38%、33%。二是新能源跨省区输送比例偏低。部分跨省跨区通道的新能源电量占比低于 30%，跨省区消纳能力还有待提升。三是电力市场建设还相对滞后。跨省电力交易主要是通过省级政府间送受电协议进行，市场主体自发形成的市场交易机制和电价形成机制尚未真正建立起来。

（四）最新进展

1. 国家层面

2023 年，全国风电利用率为 97.3%，光伏发电利用率为 98%，达到了世界一流水平。在电源侧，我国统筹推进新能源开发建设和配套调节能力建设，加大煤电改造力度。2023 年底，95% 以上煤电机组实现了超低排放。分布式光伏占比逐步提高。2023 年，我国分布式光伏新增装机达到

96.286 吉瓦，占光伏总装机比例为 44.5%，有利于光伏的就近消纳。在电网侧，统筹推进新能源和电网送出工程建设，加大优化新能源跨省跨区输送运行方式，加快配电网的改造和升级。在负荷侧，充分挖掘需求侧响应能力，以及发挥虚拟电厂作用等。在储能侧，加快抽水蓄能电站的核准建设速度，采取新能源配套储能。在市场机制方面，电力现货、绿电交易等方式对新能源的消纳发挥了积极作用。

2. 地方层面

（1）新疆。多年来，新疆电力部门通过不断完善和补强电网网架、做好新能源并网、创新新能源消纳模式等为新疆新能源产业高质量发展探寻路径。2023 年，新疆新能源装机规模突破 2000 万千瓦，达到 2011.8 万千瓦，是 2022 年的 5 倍，新能源新增装机规模在全国排名第一，约占西北电网的 42%。

政策支持方面，2022 年 4 月新疆维吾尔自治区发展改革委印发《完善我区新能源价格机制的方案》，将 2021 年起投产的新能源平价项目发电量全部纳入电力市场，通过市场交易、大工业用电顺价均摊等方式，实现目标上网电价 0.262 元 / 千瓦时。2023 年 2 月，新疆维吾尔自治区发展改革委发布《关于 2023 年新疆电网优先购电优先发电计划的通知》，以支持新能源消纳。

推动新能源消纳方面，新疆坚持“就地消纳为主、外送为辅”，现已建成哈密千万千瓦级新能源基地，并在北疆昌吉州、乌鲁木齐市、吐鲁番市、阿勒泰地区、塔城地区等地建成了百万千瓦级新能源集聚区；同时积极推动疆电外送，截至 2023 年底，新疆累计新能源外送电量超过 2100 亿千瓦时，占总外送电量的比重接近三成。

（2）内蒙古。内蒙古可再生能源资源丰富，风能资源技术可开发量 14.6 亿千瓦、约占全国的 57%，太阳能资源技术可开发量 94 亿千瓦、约占全国的21%。2023年全区新能源装机规模突破9000万千瓦，占电力总装机规模的44%，新增装机规模达到3000万千瓦，增量创历史新高，超额完成年度目标500万千瓦以上。

从政策支持来看，2022年8月，内蒙古自治区能源局发布2022年版源网荷储一体化、燃煤自备电厂可再生能源替代、风光制氢一体化示范、工业园区绿色供电、全额自发自用新能源及火电灵活性改造消纳新能源这六类市场化并网消纳新能源项目实施细则，加快推动新能源高比例消纳。

从具体举措来看，近年来，内蒙古紧抓"双碳"机遇，坚持本地消纳场景化，重点规划了风光制氢、源网荷储、零碳产业园区、自备电厂绿电替代等六种应用场景，通过场景的引入让新能源发电和负荷侧供需平衡，以最大程度来消纳新能源。

（3）宁夏。宁夏于2012年成为我国首个新能源综合示范区；2019年，宁夏成为国内首个风、光发电负荷超过用电的省份；2020年，清洁能源产业被确定为九个重点产业之一。截至2023年底，宁夏新能源装机达到3600.15万千瓦，成为单位国土面积新能源装机开发强度最大的省份，其中光伏装机达到2136.5万千瓦，储能规模达到286.5万千瓦，最大充电电力228万千瓦，提升新能源利用率1.4个百分点。

为推动新能源消纳，2021年初，宁夏制定并出台了《自治区九大重点产业高质量发展实施方案》。对于清洁能源产业，方案中明确提出，力争到2025年，可再生能源电力在区内消纳和外送比重均达到30%以上。同时，为实现新能源高比例生产及高比例消纳，目前宁夏正在积极推动新增以输送新能源为主的宁夏至湖南直流外送通道规划建设，并启动"源网荷储"一体化和多能互补发展示范工程规划研究。

（4）青海。青海水能资源理论蕴藏量达2187万千瓦，风能可开发量超过7500万千瓦，太阳能可开发量超过30亿千瓦，综合开发条件居全国首位，是我国重要的战略资源储备基地和能源基地。截至2023年底，青海电源总装机和清洁能源装机分别达到5497.08万千瓦、5107.94万千瓦，清洁能源装机规模突破5000万千瓦，较2022年底增长23.77%，清洁能源发展保持强劲势头。青海全力保障清洁能源并网消纳，持续优化光伏、风力、水力发电联合控制策略，采取风光互补、大工业峰谷分时响应等举措深挖清洁能源消纳潜力，通过中长期跨省跨区、跨省调峰辅助服务交易等手段积极组织清洁能源外送，打造国家清洁能源产业高地。2022年，青海首次举办绿电交易，为新能源消纳开创全新的交易方式。同时，依托绿电交易构建“坚强智能电网+风光水储一体化电源+绿电溯源认证”的绿电供应方案，促进清洁能源就地消纳。2023年，青海新能源发电量首次超过水电成为省内第一大电源，在全国率先实现新能源装机和发电量占比“双主体”。

（5）甘肃。甘肃风光资源禀赋突出，为促进能源高质量发展，甘肃多措并举促进新能源消纳，并取得明显成效。2023年，甘肃新能源与新型储能装机5492万千瓦，同比增长54.8%，占比为61.3%；新增新能源并网1943.22万千瓦，新能源发电量684亿千瓦时，同比增长29.8%，占比32.73%；跨省外送新能源253.2亿千瓦时，占外送电量的48.5%，排名全国第二。

主要举措包括：一是先后印发了《甘肃省电力中长期交易实施细则（试行）》《甘肃省电力辅助服务市场运营规则（试行）》等一系列政策，形成了配套完整、运转协调的甘肃电力市场规则体系；二是全面落实国家相关政策，规范电力交易；三是抢抓“十四五”时期新能源大规模发展机遇，高效统筹消纳、外送、调峰、并网，督促加快实施“陇电入鲁”等国家重点能源项目。

3. 企业层面

（1）发电企业。碳中和政策背景下，我国五大发电集团相继公布了“十四五”清洁能源电力装机目标，其中国家电投集团的目标为到2025年清洁能源装机占比达到60%以上，华能集团、华电集团、大唐集团的目标均为到2025年实现清洁能源装机占比50%以上，国家能源集团的目标为到2050年可再生能源新增装机占比达到40%。

从目前情况来看，五大发电集团清洁能源装机规模保持增长态势。2023年，国家电投集团清洁能源装机约1.7亿千瓦，占比为69.89%，比2022年提高了约4个百分点，位于五大发电集团之首。2022—2023年，其他发电集团清洁能源装机占比也呈现不同程度的上涨（表6–1）。

表6–1　五大发电集团清洁能源装机占比情况

发电集团	2022年	2023年
国家电投集团	65.87%	69.89%
华电集团	47.20%	51.40%
大唐集团	42.00%	46.24%
华能集团	41.00%	47.00%
国家能源集团	31.00%	35.50%

资料来源：五大发电集团官方网站。

（2）电网企业。自国家提出构建新型电力系统以来，我国电网企业以最大化消纳新能源为主要任务，正在积极建设新型电力系统。从国家电网方面看，截至2023年底，国家电网累计建成34项特高压工程。“十四五”期间，国家电网将持续完善特高压和各级电网网架，力争2025年公司经营区跨省跨区输送电量中，清洁能源电量占比达到50%以上。与此同时，国家电网在运抽水蓄能总装机2806万千瓦，抽水蓄能业务快速发展。对比“十三五”时期，国家电网“十四五”时期抽水蓄能投资将同比增加约

43%。从南方电网方面看，储能主营业务为抽水蓄能、新型储能和调峰水电，主要业务覆盖南方五省区（广东、广西、云南、贵州、海南），截至 2023 年底，公司抽水蓄能投产装机总规模 1028 万千瓦，在建抽水蓄能电站 4 座，总装机容量 480 万千瓦。

（3）需求侧企业。面向终端用能新模式新业态，我国探索开展了电动汽车灵活充电及 V2G、大数据中心智能调度等虚拟电厂示范，以促进电网削峰填谷。根据国家电网测算，通过火电厂实现电力系统削峰填谷，满足 5% 的峰值负荷需要投资 4000 亿元；而通过虚拟电厂，在建设、运营、激励等环节投资仅需 500 亿 ~ 600 亿元。与此同时，虚拟电厂还能实现对于清洁能源的有效消纳。目前，部分上市公司已参与虚拟电厂相关示范工程案例。如国电南瑞已承建山西、浙江、江苏、福建等省的虚拟电厂示范项目；国网信通的虚拟电厂运营平台已接入华北辅助服务市场，天津、上海虚拟电厂参与电网调节；东方电子已完成国内规模最大的南方电网虚拟电厂建设和上线市场化运营，同时参与国网湖北综合能源公司虚拟电厂建设，并完成虚拟电厂业务的区块链能力引擎研发和应用。

二、国家政策支持情况

（一）2012—2015 年以限制规模为重点

自 2010 年起，我国新能源进入规模化发展阶段，并网装机容量快速增长。但由于新能源发电的间歇性、波动性、随机性等特点，加上电网建设和消纳机制滞后，“弃风弃光”开始出现，2012 年起国家能源局开始发布加强新能源电力消纳工作的系列政策文件，主要包括就地消纳的试点和示范、限制建设规模、加强电网管理等方面。

一是开展就地消纳试点和示范工作。2012 年国家能源局发布的《关于加强风电并网和消纳有关要求的通知》中提到，积极鼓励风能资源丰富地区开展采用蓄热电锅炉、各类储能技术等促进风电就地消纳的试点和示范工作；2014 年提出统筹做好“三北”地区风电的就地利用规划工作；2015 年提到要多措并举加快风能资源的就地利用，同时积极鼓励企业开展其他促进风电就地利用的技术示范工作。二是限制建设规模。国家能源局发布的风电并网消纳相关系列文件中，2012 年提到风电利用小时数明显偏低的地区不得进一步扩大建设规模；2013 年明确提出，风电利用率很低的地区在解决严重弃风问题之前原则上不再扩大风电建设规模；2014 年提出弃风限电较严重的地区，在问题解决前原则上不再扩大风电建设规模；2015 年提到要统筹考虑风电开发规模和电网消纳能力，要根据输电线路的输送容量确定风电建设规模。三是加强电网管理。2012 年风电消纳政策文件提出要协调好风电项目开发与配套电网建设进度；2013 年提出优化电网运行管理，着力提高风电在电力消费中的比重，同时要求各电网企业把保障风电消纳作为电力管理的重要内容，加强电网建设，打破行政区域限制，扩大风能资源配置范围，提高电网消纳风电的能力；2014 年提到，要进一步优化和创新本地电网的运行管理机制，统筹协调系统内调峰电源配置，优化风电并网运行和调度管理；2015 年提出优化本地电网调度运行，要在保证电网运行安全的前提下，确保清洁能源电量在外送电量中达到较高比例。同时必须高度重视风电场的建设和运行管理工作，不断提高风电产业的整体技术水平以及风电运行与电网的适应性。

（二）2015—2018 年聚焦“三北”地区以保障收购为重点

这一时期新能源电力消纳政策主要聚焦“三北”地区，明确了可再生能源发电全额保障性收购管理办法，核定了重点地区风电和光伏最低保障收购年利用小时数。

2015 年相关风电消纳政策提到“三北”地区风电消纳形势非常严峻，国家能源局要求各派出机构在统一部署下建立健全辅助服务补偿机制，深入挖掘系统调峰潜力，确保风电等清洁能源优先上网和全额收购；2016 年国家能源局发布的《关于做好“三北”地区可再生能源消纳工作的通知》中明确提出，要鼓励超出可再生能源保障性利用小时数的发电量参与市场交易；2016 年 3 月，国家发展改革委印发《可再生能源发电全额保障性收购管理办法》，提出加强可再生能源发电全额保障性收购管理，保障非化石能源消费比重目标的实现；2016 年相关风电消纳政策提出把解决可再生能源保障性收购、新能源和可再生能源发电无歧视无障碍上网问题作为当前电力体制改革工作的重要目标，落实可再生能源发电全额保障性收购，实施可再生能源优先发电制度，优先在发电计划中预留风电等新能源发电空间；同时提到 2016 年国家能源局将以蒙西电网区域作为落实可再生能源发电全额保障性收购制度的试点地区。2017 年国家发展改革委和国家能源局印发《解决弃水弃风弃光问题实施方案》，要求省级电力运行管理部门在编制年度优先发电、优先购电计划时，应预留规划内可再生能源发电保障性收购电量，并会同能源管理部门做好可再生能源发电保障性收购与电力市场化交易的衔接。

（三）2018 年至今不断完善政策体系、建立长效机制

2018 年以来，我国相继出台了《清洁能源消纳行动计划（2018—2020 年）》《关于建立健全可再生能源电力消纳保障机制的通知》等政策文件，设定了各省级行政区可再生能源电力消纳责任权重等，旨在通过电源消纳结构调整引导行业发展，重点从电源开发布局优化、电力市场化改革、宏观政策引导、电力系统调节能力提升、电网基础设施完善、电力消费方式

变革、考核与监管等七个方面构建了政策体系。

一是从清洁能源发展规划、投产进度、煤电有序清洁发展等方面进一步优化电源布局，合理控制电源开发节奏。《2030年前碳达峰行动方案》明确提出严格控制新增煤电项目，加快现役机组节能升级和灵活性改造，全面推进风电、太阳能发电大规模开发和高质量发展，坚持集中式与分布式并举，加快建设风电和光伏发电基地。《“十四五”现代能源体系规划》中也提到要加快发展风电、太阳能发电，积极安全有序发展核电，因地制宜发展其他可再生能源。

二是从电力中长期交易、清洁能源跨省区市场交易、现货交易、辅助服务补偿机制等方面加快电力市场化改革，发挥市场调节功能。《“十四五”现代能源体系规划》中提到要创新有利于非化石能源发电消纳的电力调度和交易机制，推动非化石能源发电有序参与电力市场交易，通过市场化方式拓展消纳空间，试点开展绿色电力交易。

三是从可再生能源电力配额制度、非水可再生能源电价政策、清洁能源优先发电制度、可再生能源法修订等方面加强宏观政策引导，形成有利于清洁能源消纳的体制机制。2018年4月，国家能源局印发《关于减轻可再生能源领域企业负担有关事项的通知》，明确提出实施可再生能源电力配额制，对各省级行政区域规定可再生能源占电力消费比重配额指标并进行考核，提高可再生能源利用水平。2020年财政部、国家发展改革委、国家能源局发布《关于促进非水可再生能源发电健康发展的若干意见》，提出持续推动陆上风电、光伏电站、工商业分布式光伏价格退坡。2021年国家发展改革委发布《关于做好2021年能源迎峰度夏工作的通知》，明确指出要严格落实优先发电制度，全力促进清洁能源多发满发。

四是从火电灵活性改造、火电最小出力与开机方式核定、自备电厂调峰、可再生能源功率预测等方面深挖电源侧调峰潜力，全面提升电力系统调节能力。2021年7月，国家发展改革委、国家能源局印发《关于鼓励可再生能源发电企业自建或购买调峰能力增加并网规模的通知》，提出鼓励煤电灵活性改造增加调峰资源；同年10月，国家发展改革委和国家能源局发布《关于开展全国煤电机组改造升级的通知》，提出鼓励燃煤发电机组替代供热，对存量煤电机组灵活性改造应改尽改，进一步推动了火电机组灵活性改造。

五是从电网汇集和外送清洁能源能力、跨省区通道可再生能源输送比例、城乡配电网建设、多种能源联合调度、电网运行管理等角度完善电网基础设施，充分发挥电网资源配置平台作用。2021年2月，国务院发布《关于加快建立健全绿色低碳循环发展经济体系的指导意见》，提出加快大容量储能技术研发推广，提升电网汇集和外送能力，实施城乡配电网建设和智能升级计划，推进农村电网升级改造。同年10月，国务院印发《2030年前碳达峰行动方案》，提出严控跨区外送可再生能源电力配套煤电规模，新建通道可再生能源电量比例原则上不低于50%。

六是从清洁能源的绿色消费模式、可再生能源就近高效利用、储能技术发展、北方地区清洁取暖、需求侧响应等角度促进源网荷储互动，积极推进电力消费方式变革。《"十四五"现代能源体系规划》提到要加快新型储能技术规模化应用。2022年6月，国家发展改革委办公厅、国家能源局综合司发布《关于进一步推动新型储能参与电力市场和调度运用的通知》，指出要建立完善适应储能参与的市场机制，鼓励新型储能自主选择参与电力市场，坚持以市场化方式形成价格，持续完善调度运行机制，发挥储能技术优势，提升储能总体利用水平。

七是从清洁能源消纳的目标考核、信息公开和报送、监管督查等角度落实主体责任，提高消纳考核及监管水平。国家能源局综合司于2021年3月印发《清洁能源消纳情况综合监管工作方案》，提到要监督检查清洁能源消纳目标任务和可再生能源电力消纳责任权重完成情况；督促电网企业优化清洁能源并网接入和调度运行，实现清洁能源优先上网和全额保障性收购；规范清洁能源电力参与市场化交易，完善清洁能源消纳交易机制和辅助服务市场建设；及时发现清洁能源发展过程中存在的突出问题，进一步促进清洁能源消纳，推动清洁能源行业高质量发展。同年 12 月国家能源局印发《光伏电站消纳监测统计管理办法》，提到规范完善光伏电站消纳统计工作，建立健全光伏电站消纳监测体系和信息发布制度（表 6–2）。

表 6–2 国家相关政策规划

政策文件	背景目标	主要措施
2012 年 4 月，国家能源局《关于加强风电并网和消纳工作有关要求的通知》	随着我国风电装机的快速增长，局部地区的弃风限电问题日趋严重。2011 年度，全国风电弃风限电总量超过 100 亿千瓦时，平均利用小时数大幅减少，个别省（区）的利用小时数已经下降到 1600 小时左右，严重影响了风电场运行的经济性，风电并网运行和消纳问题已经成为制约我国风电持续健康发展的重要因素	积极鼓励风能资源丰富地区开展采用蓄热电锅炉、各类储能技术等促进风电就地消纳的试点和示范工作，风电利用小时数明显偏低的地区不得进一步扩大建设规模，国家电网公司和南方电网公司要进一步加强电力运行管理工作
2015 年 3 月，国家能源局《关于做好 2015 年度风电并网消纳有关工作的通知》	2015 年，“三北”地区投产的风电规模会有较大幅度的提高，风电消纳的形势将非常严峻	做好“三北”地区风电的就地利用和外送基地的规划，加快中、东部和南方地区风电的开发建设，积极开拓适应风能资源特点的风电消纳市场
2015 年 3 月，国家发展改革委、国家能源局《关于改善电力运行调节促进清洁能源多发满发的指导意见》	改善电力运行调节，促进清洁能源持续健康发展	对于清洁能源装机比重较大地区，应采取市场化方式，鼓励清洁能源优先与用户直接交易；对于清洁能源装机比重较小地区，新增用电需求要优先满足清洁能源消纳，明确接受外输电中清洁能源的比例并逐步提高

续表

政策文件	背景目标	主要措施
2015年5月，国家发展改革委《关于完善跨省跨区电能交易价格形成机制有关问题的通知》	完善电价形成机制，推进跨省跨区电力市场化交易，促进电力资源在更大范围优化配置	跨省跨区送电由送电、受电市场主体双方协商或通过市场化交易方式确定送受电量、价格
2015年10月，国家发展改革委办公厅《关于可再生能源就近消纳试点的意见（暂行）》	在可再生能源富集的甘肃省、内蒙古自治区率先开展可再生能源就近消纳试点，为其他地区积累经验，是努力解决当前严重弃风、弃光现象的大胆探索，是电力市场化改革背景下促进可再生能源发展的机制创新	可再生能源在局域电网就近消纳、可再生能源直接交易、可再生能源优先发电权、其他鼓励可再生能源消纳的运行机制
2016年2月，国家能源局《关于做好“三北”地区可再生能源消纳工作的通知》	促进“三北”地区风电、光伏发电等可再生能源消纳，充分挖掘可再生能源富集地区电能消纳潜力和电力系统辅助服务潜力，着力解决弃风、弃光问题，促进可再生能源与其他能源协调发展，满足民生供热需求	鼓励可再生能源发电企业作为市场主体积极参与市场直接交易并逐步扩大交易范围和规模，鼓励超出可再生能源保障性利用小时数的发电量参与市场交易，做好风电等可再生能源清洁供暖工作
2016年4月，国家发展改革委办公厅《关于同意甘肃省、内蒙古自治区、吉林省开展可再生能源就近消纳试点方案的复函》	甘肃、内蒙古和吉林三地可再生能源弃电问题异常严峻，弃风和弃光率远超其他地区，用电市场供大于求、可再生能源消纳不足是导致三地可再生能源弃电的重要原因。此次国家发展改革委的文件批复，延续了促进可再生能源消纳的导向，明确提出试点省份要“准确把握可再生能源就近消纳试点的外延和内涵”	要求积极推进市场化进程，探索建立完善辅助服务机制促进可再生能源消纳，具备条件的地区可以尝试建立备用容量市场增加火电机组调峰积极性

续表

政策文件	背景目标	主要措施
2016年3月和5月，国家发展改革委、国家能源局陆续出台《可再生能源发电全额保障性收购管理办法》《关于做好风电、光伏发电全额保障性收购管理工作的通知》	加强可再生能源发电全额保障性收购管理，做好可再生能源发电全额保障性收购工作，保障非化石能源消费比重目标的实现，保障风电、光伏发电的持续健康发展，推动能源生产和消费革命	综合考虑电力系统消纳能力，按照各类标杆电价覆盖区域，参考准许成本加合理收益，核定了部分存在弃风、弃光问题地区规划内的风电、光伏发电最低保障收购年利用小时数
2018年12月，国家发展改革委、国家能源局《清洁能源消纳行动计划（2018—2020年）》	2020年，确保全国平均风电利用率达到国际先进水平（力争达到95%左右），弃风率控制在合理水平（力争控制在5%左右）；光伏发电利用率高于95%，弃光率低于5%；全国水能利用率95%以上；全国核电实现安全保障性消纳	优化电源布局，合理控制电源开发节奏；加快电力市场化改革，发挥市场调节功能；加强宏观政策引导，形成有利于清洁能源消纳的体制机制；深挖电源侧调峰潜力，全面提升电力系统调节能力；完善电网基础设施，充分发挥电网资源配置平台作用等
2019年5月，国家发展改革委等部门《关于建立健全可再生能源电力消纳保障机制的通知》	2012年以来，在加快可再生能源开发利用的同时，水电、风电、光伏发电的送出和消纳问题开始显现	明确了各地承担好消纳权重的落实责任
2021年5月，国家能源局《关于2021年风电、光伏发电开发建设有关事项的通知》	2021年是“十四五”开局之年，风电、光伏发电进入新发展阶段。全国风电、光伏发电发电量占全社会用电量的比重达到11%左右，后续逐年提高，确保2025年非化石能源消费占一次能源消费的比重达到20%左右	建立长效机制：一是建立消纳责任权重引导机制。国家不再下达各省（区、市）的年度建设规模和指标，而是坚持目标导向，测算下达各省级行政区域年度可再生能源电力消纳责任权重，引导各地据此安排风电、光伏发电项目建设，推进跨省跨区风光电交易。二是建立并网多元保障机制。三是建立保障性并网竞争性配置机制

续表

政策文件	背景目标	主要措施
2021年10月，国家发展改革委、国家能源局《全国煤电机组改造升级实施方案》	煤电机组改造升级是提高电煤利用效率、减少电煤消耗、促进清洁能源消纳的重要手段，对推动碳达峰碳中和目标如期实现具有重要意义	统筹考虑大型风电光伏基地项目外送和就近消纳调峰需要，以区域电网为基本单元，在相关地区妥善安排配套煤电调峰电源改造升级，提升煤电机组运行水平和调峰能力。存量煤电机组灵活性改造应改尽改，“十四五”期间完成2亿千瓦，增加系统调节能力3000万~4000万千瓦，促进清洁能源消纳。“十四五”期间，实现煤电机组灵活制造规模1.5亿千瓦
2022年1月，国家发展改革委、国家能源局《“十四五”现代能源体系规划》	电力协调运行能力不断加强，到2025年，灵活调节电源占比达到24%左右，电力需求侧响应能力达到最大用电负荷的3%~5%	加大能源就近开发利用力度，积极发展分布式能源，鼓励风电和太阳能发电优先本地消纳。有序推进大型清洁能源基地电力外送，提高存量通道输送可再生能源电量比例，新建通道输送可再生能源电量比例原则上不低于50%，优先规划输送可再生能源电量比例更高的通道。创新有利于非化石能源发电消纳的电力调度和交易机制，推动非化石能源发电有序参与电力市场交易，通过市场化方式拓展消纳空间。建立可再生能源消纳责任权重引导机制，实行消纳责任考核，研究制定可再生能源消纳增量激励政策，推广绿色电力证书交易，加强可再生能源电力消纳保障

续表

政策文件	背景目标	主要措施
2022年5月，国家发展改革委、国家能源局《关于促进新时代新能源高质量发展的实施方案》	新能源开发利用仍存在电力系统对大规模高比例新能源接网和消纳的适应性不足、土地资源约束明显等制约因素	加快构建适应新能源占比逐渐提高的新型电力系统，具体包括全面提升电力系统调节能力和灵活性、着力提高配电网接纳分布式新能源的能力、稳妥推进新能源参与电力市场交易
2022年6月，国家发展改革委等9部委《“十四五”可再生能源发展规划》	可再生能源规模化发展和高效消纳利用的矛盾仍然突出，新型电力系统亟待加快构建	提升可再生能源存储能力，促进可再生能源就地就近消纳，推动可再生能源外送消纳，加强可再生能源多元直接利用，推动可再生能源规模化制氢利用，扩大乡村可再生能源综合利用

资料来源：根据白鹿智库消纳政策文件整理。

三、国际发展经验

碳中和目标下，全球开发新能源已经成为大势所趋，发达国家布局可再生能源更是由来已久。从发展历程来看，发电是这些新能源的主要利用方式，而新能源发电的消纳在欧美等发达国家已经积累了一定的成功经验。通过总结国外新能源电力市场的经验与教训，可以为我国新型电力系统的建设提供借鉴，更好地解决弃风弃光等新能源消纳问题。

（一）主要共同点

1. 制定可再生能源市场份额政策

为推动新能源的使用和推广，主要发达国家会制定可再生能源市场份额政策，又称为强制性可再生能源市场份额政策。该政策是欧美等发达国家和地区推广可再生能源的重要措施。如美国作为世界上首个实施可再生能源配额制的国家，有超过一半的州都实施了配额制。这些州依据各自的能源资源、市场环境、政策背景分别制定了适应本地的可再生能源配额制。英国政府正式颁布了《可再生能源义务法令》，通过法令要求供电服务商履行配额义务，规定在其销售的电能中，必须有可再生能源，不满足要求的要接受处罚。澳大利亚规定由可再生能源管理局每年设定可再生能源电量占国家能源总量比率的指标，规定电力零售商对外销售的电量中，必须有一定比例的可再生能源。

市场份额政策的实施，通常都有一系列的配套制度作为保障。

首先，规定可再生能源发电比例。通过强制性规定可再生能源发电在总发电量中所占比例，要求电网公司进行全额收购，否则予以相应惩罚。对于电力企业，要求生产的总电力中必须配有一定比例可再生能源，并且将保持该比例的逐年增加，从而确保可再生能源发电的市场份额稳定且增长。

其次，设立绿证交易制度。交易的基本单位为可再生能源证书（REC），一般以 1 兆瓦为单位，电力企业可以通过购买 REC 来实现配额任务。REC 的价格则由市场决定，代表了可再生能源环境属性的货币价值，具体为标杆火力上网电价和可再生能源证书交易价格之和。

再次，引入自愿绿证交易市场。一是自发自用，即自己安装光伏发电板或租用（如屋顶分布式光伏电站），生产的绿电由自己持有和使用；二是直接购买，通过与电厂签订合同购买绿电；三是零售采购，从电商或者配电公司购买获得。绿电购买者是多种多样的，主要是科技型企业，还包括地区政府、市政府、环境管理行政部门、银行业、消费行业、快消行业。

最后，构建可再生能源组合标准（RPS）追踪监控系统。该系统用于保证可再生能源交易信息的安全性和准确性。例如，发电机组的类型、位置、月产量信息等。同时，为各方开立账户，包括发电方、售电方、交易方、经纪人和大买家信息等。通过对这些信息的监控，能够及时了解每个发电机组的发电情况、使用情况和交易情况。运营方对信息进行管理，并定期发放证书。其中，涉及商业秘密的组织信息将被作为隐私进行保护。

总之，通过可再生能源配额制，欧美等发达国家和地区能够有效解决可再生能源的弃风弃光问题。

2. 建立电力现货市场的价格调节机制

电力现货市场的价格调节机制是通过市场机制推动可再生能源参与电力市场、实现高效消纳的有效手段。电力现货市场的价格调节机制的特点是以新能源开发激励为着力点，辅以容量电价、负电价政策。

首先，确立价格形成机制。在发展初期，诸多国家主要采用固定上网电价机制（FIT），新能源不直接参与市场交易，而是由配电网运营商以固定电价收购，由输电网运营商统一纳入现货市场。对于分布式可再生能源而言，采用固定电价机制可以有效地促进包括屋顶太阳能、小型风力电站在内的可再生能源的发展。例如，英国政府于1990年颁布《非化石燃料义务》，规定可再生能源电价固定，但发电量的多少由市场调节，开发商根据市场需求和利润率的高低自主决定是否介入可再生能源的开发。2000年德国在第一部《可再生能源法》中规定，以固定上网电价为主的可再生能源电力价格机制。由国家规定新能源发电量执行标杆上网电价，要求电网运营商确保对全国范围内的新能源发电量全额收购。日本于2009年启动“光伏发电购买计划”。根据这一计划，电力公司应以固定价格购买太阳能光伏系统产生的剩余电力。2012年，该计划被可再生能源的“上网电价计划”所取代。依据“上网电价计划”，电力公司有义务按照合同规定采购可再生能源电力。

随着新能源开发规模的扩大，电力市场的价格机制从固定电价机制、单一的保价销售向多样的价格补贴机制转变。电价补贴机制综合考虑了可再生能源发电的实际成本和价格政策需求，是一种以市场价格为基础，对可再生能源发放补贴的电价方式。目前欧洲主流的新能源电价补贴方式分为两类：一是以德国、西班牙、丹麦等为代表的固定（溢价）补贴（FIP），二是以英国为代表的差价合约（CFD）。采用溢价补贴机制，可以实现新能源利用其低边际成本的价格优势实现优先消纳，同时实现对电力市场供需平衡信息的及时传导，也避免了新能源的过度投资。而采用招标确定合同电价的方式，通过合约可以保证新能源企业收益合理，并避免不当的过度激励。

其次，辅以多级市场协调配合。欧洲电力市场相对成熟，尽管不同国家电力市场不完全相同，但都采用了中长期交易、日前市场、日内市场、平衡市场等多级市场相结合的市场机制，促进新能源消纳。中长期交易为新能源预留消纳空间；日前市场竞价充分发挥新能源边际成本低的优势；日内市场和平衡市场协调配合，共同处理新能源波动性出力特性引起的系统不平衡电量，平衡资源可跨国调用。不同国家各级市场的比例，由各国自身特点决定。此外，为应对近年来新能源快速发展、煤电退役等带来的供电安全问题，各国也鼓励现有煤电、气电等转为备用电源，即在电量市场外设立容量市场。

再次，在现货市场引入日内短期交易新产品。日内短期交易新产品有效促进了新能源参与电力市场，并对电力市场机制进行了改进。例如，为了满足新能源接入后市场对超短期交易的需求，2011 年德国引入一种新的日内交易产品，即 15 分钟日内产品交易，采用连续竞价交易的模式，保证了有意愿的交易双方能够第一时间达成交易。新产品交易有别于此前的小时级日内产品交易模式，其时限更短且交易更为灵活，很好地适应了高比例新能源、大出力时对交易时限和交易灵活度的新要求，提高了新能源的消纳水平。

最后，推动多国日前市场联合出清。例如，德国作为新能源利用率高的国家，与奥地利、荷兰、法国、瑞士、捷克、波兰、丹麦、比利时和卢森堡等国接壤，彼此间有充足的电网连接。跨国输电网主要由380千伏至400千伏线路组成；220千伏至285千伏输电线路作为辅助，这种统一同步的电网，可以保障国际统一电力市场的建设，促进各国电力市场融合。最终，通过实现日前市场联合出清，有力促进新能源的消纳。

3. 出台发展储能等扶持措施

储能是可再生能源消纳的最终技术载体。可再生能源消纳政策和机制的设计与建立离不开储能技术的支持，目前欧洲和美国在储能、调峰、预测、调度等多项技术的共同作用下，已经实现了可再生能源消纳在经济性上的大幅改进和提升。

首先，对储能行业进行政策扶持。在全球可再生能源装机规模持续扩大的背景下，多国相继出台了推动储能行业发展的支持政策。通过完善电力市场规则、提供补贴和投资税收减免等措施，各国的储能市场得以建立，而且储能参与电力市场的门槛也在不断降低。例如，美国联邦能源管理委员会在2018年要求ISO/RTO区域电力市场制定规则为储能公平参与电力市场扫清障碍，各地方政府各自颁布政策鼓励储能发展，如加州SPIG计划补贴分布式储能；英国在2017年颁布《英国智能灵活能源系统发展战略》，解决储能所有权不明的问题，消除储能进入并参与电力市场交易的障碍；日本在福岛核事故后颁布《电气修改法》，把储能技术开发作为实现日本下一步电力系统改革的一个重要组成部分；西班牙针对不同体量的储能进行阶梯式补贴；意大利在2020年推出生态补贴（Ecobonus），针对户用太阳能和光伏系统施行税收优惠；瑞典自2021年起向安装家用储能系统的个人提供税收减免。此外，有些国家还相应推出支持储能技术发展、开展储能项目示范、制定相关规范标准和建立完善法律法规等措施。这些措施与储能政策一起，共同加快了各国储能产业的商业化、规模化进程。

其次，采取适宜的技术调峰。电力系统良好的调峰能力是新能源可靠消纳的重要支撑。例如，丹麦的风电既利用与邻国挪威的水电进行错峰调度，也可以利用热电联产促进风电消纳；西班牙的风电调峰则通过大力推进调峰电源建设实现。同时，在新能源参与调峰机制下，电力系统运营商也可选择减出力调峰。例如，爱尔兰等国家通过给新能源发电机组的减出力提供奖励来弥补损失，而北欧等地区通过负电价控制机组出力。此外，可以采用开发储能设施、需求侧管理和电网虚拟电厂等多种技术措施共同实现对可再生能源电力消纳的长期支持。

最后，开发先进的新能源发电预测及调度运行技术。新能源发电受自然条件影响，发电功率波动大，因此新能源电力消纳过程离不开对新能源的电力电量的准确预测。例如，西班牙和法国政府要求装机容量超过规定数值的新能源发电企业自行配备相关出力预测系统，并逐步参与电力市场现货竞价交易。当输电网运营商的输电线路存在阻塞，其先给下属配电网调度下发限电指令，令其限制一定份额的电力。然后配电网采取措施直接限制连接在本电网的可再生能源电力，或者给其下属的中压电网调度中心发指令，令其限制一定份额的电力。在新能源出力已达到很高比例时，灵活的市场及调度运行机制可以使电网运行安全得到保证。

（二）各自特色

从整体来看，无论是德国、北欧地区还是美国，面对可再生能源消纳问题，根据各自的特点提出了自己的解决方案，这可以为我国可再生能源消纳路径的设计和选择提供案例参考。

1. 德国：重点解决可再生能源发电的灵活性、调峰技术

德国少核贫水，曾经非常依赖煤炭、石油等化石燃料，目前新能源发电占比超过 60%，但也造成电网波动剧烈（瞬时出力在 15%～110% 波动）。德国弃风、弃光电量一直保持在较低水平，2018 年德国弃风、弃光电量仅约 54 亿千瓦时，约占可再生能源发电量的 2.8%，主要得益于采取了四个手段：在供给侧建设更加灵活、清洁的电源项目，在需求侧构建用户侧响应系统，发挥储能的作用，建成更大的电网。其中起决定性作用的是第一条。

第一，德国大部分硬煤电厂和褐煤电厂经过灵活性改造，增强了爬坡能力，可在可再生能源余缺变化下快速调整出力，满足市场用电负荷变化的需求。德国常规煤电机组改造后最小出力为 25%～30%，相当于调峰深度可达额定功率的 70%～75%，远高于我国福建省（40%～60%）的水平；爬坡速率可达每分钟 6%，是福建省的 1.5 倍。

第二，德国的现货市场电价调节机制较为完善，为了适应电价市场化波动，常规灵活性电源能够在秒级和分钟级快速响应、调节出力，从而减少电力系统弃风、弃光电量。借助新能源出力精准预测技术，风电和光伏发电功率预测准确率分别可达 96% 和 93% 以上。

第三，虽然水力资源先天不足，德国的抽水蓄能电站却具有很强的调

节能力。德国31座抽水蓄能电站主要在早晚两个用电高峰时间出力，分别对光电和风电进行补充和调节。部分蓄水池由废弃的矿井改造而成，也算是对煤矿旧址的合理利用。

第四，德国与邻国之间存在密切的电网互联。德国与相邻的9个国家通过输电线路进出口电力，当可再生能源发电功率较高时，德国除了靠常规电源调节出力，还可以将多余电力出口至邻国。2019年，德国电力出口总量达730亿千瓦时，仅次于法国电力出口总量（733.5亿千瓦时），排全球第二位。近半数的风力、光伏、水力发电虽然没有在德国被消纳，却被灵活地出口至其他国家。此外，德国现存的以及规划中即将新建的风电企业大部分位于风力资源丰富的北部，而大都市区和高能耗的工厂多建于南部和西部，因此发电中心和高能耗的工厂并不匹配，目前连接德国南部和北部的直流输电线并不能完全承担将北部的剩余发电传输至南部的任务，德国政府和电网运营商开始加快建设更多的南北输电线路。

2. 北欧：建立国家之间的电力互联机制和市场调节机制

一是实行电力、电网的市场互联。国家之间联网可以调节电力供求的余缺，相互配合调节风电契合度，同时互联的电力市场机制可以大大提升电网运行的灵活性、稳定性。北欧电力市场每天在多国之间进行电力交换。丹麦灵活的水电可以调节间歇性风电，使丹麦消纳高比例风电。而挪威只需要将水电厂略作改造，就可以获得更高的利润。北欧电力市场的制度创新对于其他国家或地区利用国际互联电网调动各种灵活性资源提高可再生能源消纳能力具有很强的借鉴意义。

二是实行灵活的电价机制，以提升电力系统灵活性、稳定性。北欧电力市场每15分钟就会调整一次电价，如果极寒天气来临，用电需求和用热需求都会增加，电价也会随之波动，发电策略需要提前作出调整。北欧电力市场通过辅助服务市场和平衡调节市场联动的方式，为提供电力灵活性的热电联产机组设计了补偿机制。同时，智慧发电系统尽可能地准确预测天气，以保证利润最大化，减少不必要的损失。北欧电力市场从瑞典、挪威共建的跨国电力交易中心涉及欧洲15个国家的电力现货市场，其经验对我国打破电力交易省际壁垒有很大的参考价值和借鉴意义。

三是电热互动。许多欧洲国家的热电厂（包括垃圾热电厂）既是电力公司，又是供热公司，能够把供电和供热很好地协同起来。比如，它们用大型储热罐来进行智能调控电、热供应，主要依据北欧电力市场波动的电价，电价低的时候就少发电，电价高的时候就多发电，用储热罐来保证供热的稳定运行。这种热与电协同控制系统很值得我国借鉴。

3. 美国：适应可再生能源的电力市场优化机制

随着可再生能源比例的提高，美国电力系统运行和电力市场运营面临的压力都在逐步增大。为了更好地适应新变化带来的挑战，美国对现行电力市场中能量市场、辅助服务市场、容量市场等机制都相应进行了优化，这样不但提高了电力系统灵活性，也确保了发电资源充裕度，最终实现了对可再生能源消纳促进的作用。

首先，根据实际需要扩大了能量市场的范围。在美国西部地区，通过运行市场机制区域与周边非市场机制区域之间的电力交易，共享电力平衡资源，实现电力能量市场交易范围的扩张。如加州2014年建立起由本州独立系统运营机构主导的可再生能源电力交易市场，当出现电力平衡资源不足的时候，加州的能源不平衡市场（EIM）通过与附近非市场区域或垂直一体化电力公司的交易，解决本州可再生能源波动带来的用电不足问题，很好地适应了用户端电力需求实时变化的特点。

其次，增加辅助服务的交易品种。一是提供爬坡类产品。该类产品主要应对光伏发电在夜间供电临时短缺的问题。爬坡类产品包括燃气机组、抽水蓄能等，可以利用调节性能较好的发电机组满足即时的用电需求。美国中部的 MISO、西南的 SPP 以及西部的 CAISO 等电力市场均采用短期爬坡机制。二是提供系统惯性频率响应服务类产品。该产品是针对可再生能源对系统惯性的贡献较弱的特点，提供增强系统调节能力的服务。2014 年，针对这种特点，德州提出未来辅助服务市场应具有同步惯性频率响应（Synonous Inertial Response，SIR）的交易品种。

再次，确保电力资源充裕性。除了 PJM、MISO 等市场建立了容量市场机制外，美国德州、加州电力市场提出了解决资源充裕性不足问题的创新性措施。德州市场建立了稀缺定价（Scarcity Pricing）机制。德州电力以自营为主，为保证回收成本，电力市场采用稀缺定价机制，即在系统资源短缺时电价可以大幅提高，从而保证边际机组可以回收成本。同时，加州市场也建立起灵活性资源远期备用制度（Forward Flexible Capacity Requirements）。加州的 CAISO 系统可以对负荷进行预测，从而确定第二年系统中所需的灵活性资源量，并将需求信息分配给负荷服务商（LSE）。双方通过双边合约的方式交易灵活性资源（包括发电、储能、需求侧响应等）以满足预测提出的配额要求。成交后的灵活性资源在加州的日前与实时市场中提出报价，满足系统的灵活性需求。

最后，支持储能参与电力市场。为推动储能行业发展，美国联邦能源管理委员会提出，在市场准入方面，允许储能资源依据技术特点全面参与能量、辅助服务与容量等电力市场交易；在准入门槛方面，限制储能参与市场的上限不超过 100 千瓦；在报价机制方面，设计了充分考虑储能的技术与物理特性的差异性参数；在价格机制方面，规定储能可以作为电源或负荷被市场调度，并且以批发市场边际出清价格进行买卖。

从国际经验来看，为解决新能源规模化、产业化过程中出现的消纳问题，各国进行了政策、机制和技术保障等多方面的尝试，在可再生能源配额机制、电力现货市场价格调节机制、储能配电扶持措施等方面积累了大量成功的案例，这些经验可以为我国解决新能源消纳问题提供借鉴。同时，德国重点解决了可再生能源发电的灵活性和调峰问题、欧洲建立了国家之间的电力互联机制和市场调节机制、美国推出了适应可再生能源的电力市场优化机制，这些国家和地区不同的系统性解决方案也可以成为满足我国各地新能源消纳需求的重要参考。

四、我国发展前景预测

（一）总体情况

“十四五”时期，全国新能源消纳的压力整体较大。为合理消纳新能源，《“十四五”现代能源体系规划》《全国煤电机组改造升级实施方案》提出了相关目标。一是存量煤电机组灵活性改造应改尽改，五年完成2亿千瓦，增加系统调节能力3000万～4000万千瓦，促进清洁能源消纳。二是依托存量特高压通道、火电点对网通道以及新建西电东送通道，存量通道输电能力提升4000万千瓦以上，新增开工建设跨省跨区输电通道6000万千瓦以上，跨省跨区直流输电通道平均利用小时数力争达到4500小时以上。三是抽水蓄能装机容量达到6200万千瓦以上、在建装机容量达到6000万千瓦左右。四是全国可再生能源电力总量消纳责任权重达到33%左右，可再生能源电力非水电消纳责任权重达到18%左右，可再生能源利用率保持在合理水平。到2030年，风电、太阳能发电总装机容量达到12亿千瓦以上，大规模的新能源并网迫切需要大量调节电源提供优质的辅助服务，预计电源侧将承担50%～60%的灵活性资源需求，30%左右需要通过挖掘用户侧灵活性解决，其余 10% 左右需要通过包括抽水蓄能在内的各类储能设施解决。

（二）技术路径

1. 电源端：新型储能和火电灵活性改造是主要趋势

随着我国风电、光伏发电快速增长，电力系统调峰压力逐步加大，大力发展新型储能是提高电力系统调峰能力、促进可再生能源消纳的重要方式。储能凭借其可充可放的运行特性，在平抑新能源出力波动性、实现电网负荷削峰填谷、提高用户供电稳定性等方面可以发挥积极作用。作为一种可调度资源，储能成为解决风光消纳问题的有效途径之一。国家明确配储要求，风光配储比例要求 15%～20%，储能时长要求 4 小时以上。抽水蓄能和电化学储能是当前电源侧储能的两大发展方向。

支持电力用户加装储能设施，提升“削峰填谷”、综合能源管理等需求侧灵活调节能力，通过积极响应分时电价信号，推动实现高峰少用电、低谷多用电，在降低用户用能成本的同时，促进电力系统安全稳定经济运行。支持各地建设需求导向的新型储能发展机制，推动新型储能多元化、市场化、规模化发展。探索采用“揭榜挂帅”和“赛马”等方式，在电池储能技术、储热技术、电化学储能系统集成及安全等领域研究新建一批国家能源研发创新平台。

火电灵活性通常指火电机组的运行灵活性，即适应出力大幅波动、快速响应各类变化的能力，主要指标包括调峰幅度、爬坡速率及启停时间等，具体要求包括可实现机组最低负荷运行、输出功率灵活可变等。在现有技术条件和资源禀赋的约束下，火电仍是电力系统灵活性的核心组成部分。国内巨大的火电机组基数决定了其灵活性改造的广阔前景，在 2030

年之前，我国电力消纳灵活性资源的释放将会主要来自火电机组的灵活性改造。在完全退出之前，火电仍将作为调峰调频等电力辅助服务的主力军，维护新型电力系统稳定，为我国清洁电力系统转型保驾护航。

2. 电网端：特高压、区域互联和智能化是三大方向

特高压电网具有远距离、大容量、低损耗等优势，输电能力可达500千伏超高压输电的数倍，输电距离可达数千千米。特高压电网在推动可再生能源大规模外送消纳、保障社会经济可持续发展等方面发挥着越来越重要的作用，有利于将富集在我国西南、西北地区的清洁能源快速“搬运”到经济更为发达的中东部地区，解决电力供需矛盾。2022年1月，习近平总书记在中共中央政治局第三十六次集体学习时强调，要加大力度规划建设以大型风光电基地为基础、以其周边清洁高效先进节能的煤电为支撑、以稳定安全可靠的特高压输变电线路为载体的新能源供给消纳体系[1]。过去几年，受疫情、特高压核准滞后等因素影响，电网工程建设进度在一定程度上有所滞后。已建成的特高压工程外送容量远不能满足清洁能源送出需要，亟须加快建设以提升新能源并网能力。

在新型电力系统下，跨省跨区电网互联互通将承担更多的功能定位，在保障电力供应安全、消纳高比例新能源、提升电网运行效益、扩大电力交易规模等方面发挥更加显著的作用。通过电网互联互通，可有效提高不同地区电力互补互济、调剂余缺能力、缓解电力供应紧张，同时在应急情况下可以互为备用、相互支援，进一步提升极端条件下的保供电能力和事故应急处置能力。通过电网互联互通，建成联系紧密、规模更大的电网平台，有利于发挥新能源出力的时空互补特性，降低新能源的波动性和间歇性；也有利于将新能源富集地区的绿色电力输送到负荷中心地区消

1 《习近平主持中共中央政治局第三十六次集体学习并发表重要讲话》，中国政府网，2022年1月25日。

纳，从而扩大新能源消纳空间；同时还能利用不同地区多时间尺度调峰互补特性，增强调峰互济能力，助力新能源大规模开发和安全可靠消纳。互联互通大电网与若干独立电网相比，可以适当减少系统备用容量，提高火电利用效率，有利于促进网源协调可持续发展。通过电网互联互通，打通跨省跨区交易通道，推动各层级电力市场之间相互耦合、有序衔接，扩大电力中长期、现货、辅助服务市场交易范围，加速绿电交易等模式规模化发展，实现更大范围内电力资源的优化配置，建成更加高效的新能源消纳体系。

智能电网是在传统电力系统基础上，将数字技术、信息技术等前沿技术融入传统输配电系统中，以包括发电、输电、配电、储能和用电的电力系统为对象，通过合理利用传感、测量等先进技术，达到系统地优化电力的生产、输送和使用，确保电网系统安全、稳定、高效运行的目的。智能电网不仅可以通过信息技术、自动控制手段的运用提高电网的安全性和稳定性、实现电力传输效率的提升，还能将电网从一个有限封闭系统转变为一个安全开放系统，允许更多分布式、间歇式电力的接入，实现需求侧、供给侧数据的互通和反馈，提高全网的经济、技术、环境效率。

3. 用电端：价格响应、激励响应两种需求响应

依靠经济机制而非强制性手段，需求响应通过分时电价等价格信号或激励补贴，改变用户固有的习惯用电模式，用户主动完成错峰、避峰，实现电力系统从“源随荷变”到“源荷互动”转变。简单来说，就是用户通过主动减少或增加用电负荷，既能获得经济效益，又能提升电网可再生能源消纳水平和电力系统平衡能力。依照用户不同响应方式，可将需求响应分为价格型需求响应和激励型需求响应。

价格型需求响应主要基于用户的自主选择。行政部门通过合理制定

电价，引导用电端根据动态电价水平调整不同时段电力需求，从而实现电力系统的供需平衡。根据电力市场不同发展阶段，价格型需求响应可分为尖峰电价、分时电价和实时电价三类。实时电价建立在高度发展的电力现货市场的基础上，每小时或更短时间内就会更新一次电价，用户通过安装电价监测与反应设备，对电价调整作出实时反应。由于人工监测的成本过高，实时电价模式的推进还依赖于人工智能、智能仪表的发展，目前难以充分发挥价格信号的调节作用。

激励型需求响应种类丰富，用户可获得直接经济效益。激励型需求响应是指为避免电力系统发生紧急状况，电力部门对电力用户负荷进行直接或间接的控制，并对参与响应的用户给予可观的补偿，主要包括直接负荷控制、可中断负荷控制、紧急需求响应、需求侧竞价等。参与激励型需求响应的用户需要同电力部门签订系统高峰时期配合调整负荷的合同，并在其中明确参与响应的用户降低的负荷与经济激励之间的量化公式，以及用户没有承担合同中相应调峰义务对项目实施的赔偿等。

（三）问题和挑战

1. 短期新能源供给消纳体系不完善导致弃风弃光现象与用电荒现象并存

在“双碳”目标下，西部、北部地区新能源电站装机规模正快速提高，弃风弃光有卷土重来之势。根据全国新能源消纳监测预警中心发布的全国新能源并网消纳情况来看，2023 年我国 3 个地区风电利用率均低于 95%，分别是蒙西、河北、青海，弃风最严重的蒙西地区风电利用率为 93.2%。弃光最严重的西藏光伏利用率仅为 78.0%，稍好的青海光伏利用率为 91.4%。同时，受极端天气影响，水力发电压力骤升，四川、云南、贵州、重庆均出现用电危机和电力短缺，东部沿海地区也相继宣布相应限电、省电措施。“十四五”时期，随着新能源将实现跃升式发展，消纳的压力还在增大。

2. 长期以化石能源为主的能源结构向新能源供给消纳体系逐步转变是一项系统重塑工程，还存在多方面的制约因素

一是将新能源转化为稳定电力供应的技术体系尚未形成。风电和光伏等新能源发电具有随机性和波动性的天然属性，其适应电力系统扰动、进而主动支撑系统稳定的技术能力尚待提升，在发展空间、并网送出、安全运行、高效消纳、经济性等方面存在诸多挑战。二是新型储能和抽水蓄能形成支撑能力还需时间积累。新型储能作为新技术新业态，仍处于技术创新不断演进的过程中，在储能配置方式以及自身技术安全性、经济性等方面需进一步研究和加强。三是与可再生能源发展水平相适应的新工业体系刚刚起步。我国电力消费中传统工业负荷比重较高，用电特性平稳，刚性大，波动小，需求侧响应能力有限，与具有天然波动性的新能源特性存在一定错配。绿电制氢等新型工业用电灵活，与新能源特性匹配好，但受经济性、应用市场等制约，尚处于起步阶段。四是现行体制机制尚不适应新型电力系统模式创新。面对多主体协同运行的新型电力系统，需要加速构建市场化机制、价格疏导机制等，为新型储能、分布式电力交易、绿证交易等新业态新模式的发展创造良好的发展条件。

五、政策建议

推动新能源电力消纳需要以系统性思维，发挥有效市场和有为政府相结合的优势，基于源网荷储一体化发展方向，从政策、技术、机制等方面共同发力，协同推进新能源供给消纳体系建设。

（一）优化新能源供给结构和存储能力

1. 优化新能源开发空间布局

进一步开展全国风能、太阳能等新能源资源勘查和评估，确保新能源的精准、高效利用。在西北、华北等新能源资源充沛地区，从全局角度科学规划建设一批大型新能源电力基地，充分利用风光资源自身互补性，推进风电光伏基地规模化开发建设。结合各个地区的资源条件，加强土地、资金等要素支撑，为推动大型风光基地建设提供政策支持，引导新能源产业均衡布局。同时，加强传统能源与新能源优化组合，统筹新能源与常规能源的规划布局和协调发展，优化两类能源之间的建设规模、时序以及系统出力的均衡状态，稳步提高新能源电力比重，使传统电源更多地承担系统调峰、调频、调压和备用的功能。

2. 推动“新能源 + 储能”协同发展

加强新型储能建设，充分发挥储能在新能源电力发电端、输电端和用户端等各个环节的综合应用，提升新能源电力系统调节能力和容量支撑能力，实现电网的削峰填谷、平滑负荷、快速调整电网频率等，吸收过剩电力，减少“弃风弃光”。加强电化学储能、抽水蓄能等新型储能技术研发，推广多元化储能方式，科学制定新能源配储方式和比例，加快推动储能规模化发展。通过降低储能环节成本、完善峰谷分时电价政策、适度拉大峰谷价差等方式持续提升储能环节的经济性。推动智能微电网、“光储直柔”、蓄冷蓄热、虚拟电网等技术应用，优先消纳可再生能源电力。

（二）增强新能源电力供需匹配能力

1. 增强新能源电力跨区域输送能力

加快推进“西电东送”战略，加强跨区域电力输送能力建设，针对特高压输电、大电网安全、新能源并网消纳等关键核心技术，以及综合能源服务、能源大数据等新业态新模式开展深入研究，为规划建设新能源供给消纳体系提供技术支撑。提升现有特高压利用效率，加大特高压和配套电网建设力度，通过特高压跨区输电通道实现大范围资源优化配置，提升新建和富余输电通道新能源电量占比。建设更加灵活柔性、智能主动的配电网，提升电力系统智能化调度水平，增强配电网对分布式新能源电力的规模化承载能力，实现对分布式新能源的广泛接入和调度。促进“风光火储”打捆外送消纳，鼓励新能源电厂之间及与传统电厂之间的联合参与市场，通过内部聚合、互补平衡的方式，调整新能源发电曲线，提高能源整体出力的稳定性。

2. 提升电力系统的灵活调节能力

抓好煤炭清洁高效利用，统筹推动煤电节能降耗改造、供热改造和灵活性改造“三改联动”，发挥煤电调节性作用，提升火电机组适应出力大幅波动和快速响应的能力，为新能源电力消纳提供更强的支撑能力。统筹负荷侧、电源侧、电网侧的资源，完善新能源调度机制，多维度提升系统资源调节能力，确保电力调节能力与新能源开发利用规模与速度相匹配。进一步完善电力辅助服务市场机制，明确可中断负荷、虚拟电厂等辅助服务市场主体地位，通过相应的支持政策确保市场主体可持续发展。

3. 建立数字化赋能的新型电力系统

加快推动新型数字技术研发及在新型电力系统各环节中的应用，促进数字技术与电网深度融合，实现对源网荷储全环节全面感知，提高智能化协调和控制水平。利用大数据、人工智能等新技术建立电力供需动态监测和预测预警体系，提升新能源出力预测精度，提高风光等新能源发电出力“可观、可测、可控”水平。以数字技术赋能分布式能源并网消纳、需求响应、储能技术、电动汽车等发展，加快推动虚拟电厂、微电网、综合能源系统等新模式新业态发展，催生各类新型市场主体，提高电力系统各环节的市场活力。基于数字技术构建开放共享的电力交易平台，打通跨区域、跨领域、跨行业的数据壁垒，促进电力市场供需广域出清。

（三）完善适应新能源发展的消纳和交易机制

1. 推进全国统一电力市场建设

逐步建立全国统一的电力市场，建立统一的交易规则和技术标准，打破区域电力输送和消纳壁垒，实现电力资源在更大范围内共享互济和优化配置。依托大电网、大市场统筹全国新能源电力资源，加快建立适应新型电力系统运行特点的市场机制，提升电力系统稳定性和灵活调节能力，深度挖掘新能源电力的跨区域消纳能力。对于新能源电力富余的地区，应积极推进区域电力市场建设，促进跨省跨区市场开放合作，完善省际与省内电力市场衔接机制，循序推进跨省区交易，建立相对统一规则，逐步促进新能源在更大范围内消纳。

2. 完善新能源电力市场机制建设

稳妥有序推进新能源电力进入市场，推动中长期交易和电力现货市场建设，完善辅助服务市场与容量市场建设，加快推进适应波动性新能源消纳的市场体系建设。研究借鉴国际市场成功经验，建立新能源电力市场化补贴机制，完善容量补偿机制和电力系统运行成本的合理疏导机制，以市场化机制促进新能源消纳水平提升。进一步完善分时电价机制、加大峰谷价差，引导负荷端对新能源电力的消费习惯。探索开展绿色电力交易，引导用户端对绿色电力的消费需求，完善绿证交易、碳排放权交易等相关制度，并与绿色电力交易做好有效衔接。

3. 推动新能源电力高水平就近消纳利用

建立分布式新能源供给和消纳融合体系，破除新能源电力就地消纳的体制机制障碍，推动隔墙售电等政策突破，鼓励分布式新能源电力与周边用户端直接交易。加快建设支持就近消纳的现货市场，建立更加灵活的价格机制和开放公平的电网接入机制，完善微电网、存量小电网、增量配电网与大电网间的交易结算、运行调度等机制。建设新能源就近消纳示范基地，充分发挥产业园区、电力消耗重点企业在就近消纳中的作用，给予一定的政策支持。促进“风光火储氢”一体化发展，推动可再生能源规模化制氢利用。增强电动汽车、绿色建筑、工业负荷等与电网、新能源的互动协同，充分发挥储热、储冷、储电、储气、储氢等作用和途径，多种方式消纳新能源电力。

（四）加强新能源电力消纳的政策引导

1. 鼓励引导居民绿电消费

充分发挥消费侧转型对减碳的引领作用，大力宣传绿色低碳生活方式和绿色消费理念，推动绿色能源、绿色交通等低碳产业发展和制度建设，增强居民的绿电消费偏好。建立个人碳排放权市场，为居民建立个人碳账户，并平均分配碳配额（碳票），推动居民根据不同电力的消费情况和对应的碳排放情况进行配额交易。使用绿电的用户将获得减碳型碳票，碳票可用于交易、购物、兑换福利等相关场景，从而激励和引导用户加大对绿电的消费，形成需求侧减排激励机制。同时，可以将绿电消费与个人征信、贷款、子女入学等进行挂钩，为使用绿电的用户提供更加优惠的公共服务。

2. 扩大乡村新能源电力开发利用

协同推动乡村振兴战略和“双碳”目标，鼓励支持适应乡村发展的新能源技术研发和应用，通过碳排放权交易市场等推动构建以可再生能源为基础的乡村清洁能源利用体系。优化乡村绿电消费环境，全面提升乡村电气化水平，加快实施农村电网建设改造，加强新型基础设施建设，建设满足大规模分布式可再生能源接入、电动汽车下乡等发展需要的县域内城乡互联配电网。利用乡村闲置土地等开发分布式风光新能源，促进乡村可再生能源综合开发和就地利用，探索乡村生态产品、新能源的价值实现机制，建立适合乡村发展、具有经济可持续性的新能源开发利用模式。

3. 建立相关鼓励、引导和保障机制

继续引导用能重点地区和企业实施新能源替代，常态化实施可再生能源发电不纳入能源消费总量等鼓励措施。全面提升社会电气化水平，推进“电能替代”工程，提升消费端的用电需求。借鉴国际经验，建立可再生能源电力消纳保障机制，加强可再生能源电力消纳责任考核机制，实施强制性可再生能源市场配额政策，保证发电商、配电商使用一定比例的新能源电力。引导用户侧平滑用电需求，通过拉大峰谷差价、灵活调整价格等措施引导用户错峰用电，实现快速灵活的需求侧响应。因地制宜、科学制定新能源合理利用率目标，形成有利于新能源发展和新型电力系统整体优化、协调推进的动态调整机制，充分利用系统消纳能力，促进更大范围的电力资源优化配置。

后记

全球气候变化关系人类未来，绿色低碳转型发展已成为国际社会普遍共识。中国提出“双碳”目标以来出现的最重要变化，是一大批创新驱动的低碳绿色产业快速崛起，光伏、风电、储能、氢能和新能源汽车等产业展现出了超预期的强劲发展势头和创新活力。中国已成为全球最大的可再生能源生产国和消费国，在可再生能源累计装机容量、设备制造、绿色投资和市场发展等方面均处于世界前列。绿色创新带动大量的绿色投资，相关产业已经成为现阶段和今后一个时期排名居前的投资领域，形成创新和经济增长新动能。人们所担忧的绿色低碳与经济增长相互掣肘的关系已经转化为互利共赢的关系。中国的这些新进展，不仅是在理念上，更重要的是在现实中，增强了全球应对气候变化和能源转型的决心和信心，开拓了创新和转型带动绿色繁荣的广阔前景。在这个大背景下，北京腾景大数据应用科技研究院和北京宝丰碳中和研究院开展合作研究，旨在全面梳理并前瞻展望中国新能源产业的发展脉络，探索创新驱动下的绿色繁荣之道，分析这一进程面对的问题挑战和应对之策，旨在为政策制定者、业界实践者及学术研究者提供参考并希望有所启迪。本书是这项研究的首期成果。以后我们每年将以年度发展报告的形式，持续聚焦新能源技术和产业创新前沿，深化对新能源产业和能源转型进程规律特点的认识，与业内人士共同努力，推动中国在全方位创新带动绿色繁荣道路上不断取得有活力、高效、平稳的进展。

参考文献

［1］西安建筑科技大学．一种基于太阳能自动追光的能源系统：CN202120820078.3［P］．2021-11-16.

［2］蒋懿．中德可再生能源法比较研究［D］．中国政法大学，2010.

［3］吴悦旗．动态化变迁的《德国可再生能源法》及其制度之启示［J］．私法研究，2019，24（1）：106-125.

［4］任鸿雁．光伏产业应重回理性发展轨道［J］．中国贸易救济，2011（12）：16.

［5］顾家瑞．国外市场萎缩 光伏行业“自救”亟需启动国内市场［J］．农业工程技术（新能源产业），2013，522（6）：4-7.

［6］林楚．坚定不移地坚持推进光伏行业国际合作［N］．机电商报，2022-03-07（A07）.

［7］于春瑶，郭凯．分布式太阳能光伏发电能源系统发展［J］．黑龙江科技信息，2013（23）：52.

［8］刘卓，何金凤，周攀．德国光伏产业扶持政策借鉴及启示［J］．知识经济，2012，257（17）：118-119.

［9］韩苍穹，曹建业．意大利可再生能源战略规划及发展现状［J］．全球科技经济瞭望，2017，32（6）：14-18.

［10］侯洁林．德国《可再生能源法 2014》及其最新修订研究［D］．华北电力大学（北京），2017.

［11］刘祖明，唐军，郭增良，等．中国太阳光伏能源系统标准简介 // 第八届全国光伏会议暨中日光伏论坛论文集［M］. 北京：中国轻工杂志社，2004.

［12］黄浩，陈昭锋．德国光伏产业的商业模式［J］．新理财（政府理财），2016，244（Z1）：96–97.

［13］王德生．德国政府支持光伏技术创新联盟发展［J］. 电力与能源，2014，35（1）：15–18.

［14］周晨，马凌云．全国咨询工程师（投资）继续教育工作会议在北京召开［J］．中国工程咨询，2015，178（7）：12.

［15］风电产业发展现状和趋势 // 黄其励，彭苏萍．能源领域培育与发展研究报告［M］. 北京：科学出版社，2015.

［16］冯泽深，赵增海，郭雁珩，等 .2021 年中国风电发展现状与展望［J］．水力发电，2022，48（10）：1–3+8.

［17］王广跃．永磁直驱风力发电机组在线监控系统研究与实现［D］．扬州大学，2016.

［18］国家能源局批准两项针对风力发电机的风电标准［J］．电器与能效管理技术，2014，455（14）：70.

［19］王长路，王伟功，张立勇，等．中国风电产业发展分析［J］．重庆大学学报，2015，38（1）：148–154.

［20］孙瑜．风电设备国产化之路［J］．电力设备，2005（10）：

115–116.

［21］杨尔庄．液压技术在风力发电中的应用概况［J］．液压气动与密封，2006（2）：1–5.

［22］王茜，杨文娟．中国风电发展历程及相关建议［J］．风能，2013，40（6）：42–48.

［23］王恰．中国风电产业40年发展成就与展望［J］．中国能源，2020，42（09）：28–32+9.

［24］李红强，沈镭．美国风电产业政策演进：历程、特征与影响因素［J］．世界地理研究，2012，21（1）：100–110.

［25］秦海岩．科学调整和完善风电电价政策［J］．风能，2014，48（02）：18–21.

［26］张卫东．加快完善电价补贴和资金筹集机制［J］．能源，2014，66（5）：76–78.

［27］朱柯丁，宋艺航，谭忠富，等．中国风电并网现状及风电节能减排效益分析［J］．中国电力，2011，44（6）：67–70+77.

［28］孔娟，郭丕斌．发达国家风电产业政策比较研究［J］．科技和产业，2012，12（7）：1–4.

［29］王玉萍，赵媛．世界风电政策分析及对我国风电政策的建议［J］．安徽农业科学，2008（1）：293–294+321.

［30］李秀磊．国内外风电产业政策比较研究［J］．能源与节能，2014（12）：87–88+91.

［31］陈海生，吴玉庭．储能技术发展及路线图［M］．北京：化学工

业出版社，2022.

［32］钟财富，韩雪，时璟丽，等．我国风电机组退役改造置换的需求分析和政策建议［J］．风能，2021，(1)：66-70.

［33］国际能源署．2023 年电力市场报告［R］．国际能源署，2023.